Publikums- und Bevölkerungsstudie 2023

Niedersächsische Staatstheater Hannover

**Studien zur
Besucher- und Kulturmarktforschung
Band 2**

Im Auftrag der Niedersächsischen Staatstheater Hannover

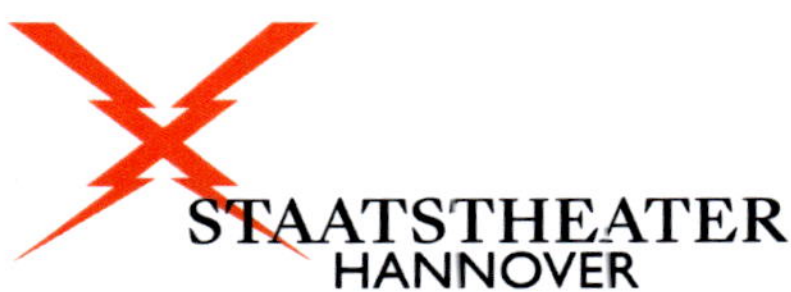

Achim Müller • Klaus Siebenhaar

Stadt – Theater – Publikum

PUBLIKUMS- UND BEVÖLKERUNGSSTUDIE 2023

Niedersächsische Staatstheater Hannover

Studien zur Besucher- und Kulturmarktforschung ist eine Schriftenreihe des Instituts für Kultur und Medienwirtschaft, Berlin.

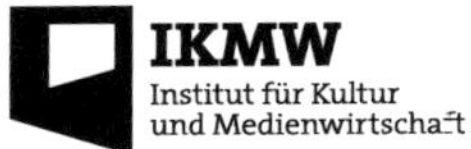

Inhalt

VORWORT DER NIEDERSÄCHSISCHEN STAATSTHEATER HANNOVER

Theater sind Orte, die die Welt befragen. Seit über zweitausend Jahren kommen Menschen hier zusammen, um sich inspirieren und unterhalten zu lassen, sich intellektuell und emotional auszutauschen. In vielen Inszenierungen und Veranstaltungen setzen auch wir uns heute in Schauspiel, Musiktheater, Tanz und Konzertformaten mit zeitgenössischen Themen und aktuellen Fragestellungen auseinander, auf der Suche nach Positionierung und der adäquaten künstlerischen Ausdrucksform. Bestmögliches Theater, in der Gesellschaft verankert und auf Augenhöhe: Das ist unser Auftrag, Tag für Tag.

Um zukunftsfähig zu bleiben und diese Aufgabe auch unter sich verändernden Prämissen erfüllen zu können, müssen die Theater lernen, auch sich selbst zu befragen. Das gilt ebenso für uns am Staatstheater Hannover. Wir wollen verstehen, wie die Menschen, für die wir tagtäglich diese Anstrengungen aufbringen, auf uns blicken. Was die Erwartungen an uns als öffentlich getragene Institution ist. Denn wir wissen: Die Welt verändert sich rasant und auch die Theater müssen sich immer wieder verändern. In der Digitalisierung, in der Nachhaltigkeit und bei der Diversität unseres Publikums und unseres Personals – die Herausforderungen sind groß. Transformation ist keine Modeerscheinung, sie ist zwingend notwendig und wir müssen sie aktiv gestalten und voranbringen. Denn Theater sollten nicht nur auf der Bühne Großes vollbringen, sondern auch gesellschaftliche Vorreiter sein und mit gutem Beispiel vorangehen.

Die letzte große Publikumsbefragung am Staatstheater Hannover wurde 2015 durchgeführt. Die aktuelle Befragung sollte eigentlich mit dem Start der Intendantinnen Sonja Anders und Laura Berman in der Spielzeit 2019/20 erfolgen. Doch die Corona-Pandemie und später der Ukraine-Krieg haben diese Pläne durchkreuzt. Das waren tiefe Einschnitte in das Miteinander der Menschen und in der Kultur. Erst jetzt haben wir scheinbar das neue „Normal" erreicht. Und es gibt keinen geeigneteren, keinen zwingenderen Zeitpunkt als diesen, um zu fragen: Was hat sich verändert? Worauf kommt es an? Wie machen wir weiter?

Gemeinsam mit dem Institut für Kultur und Medienwirtschaft Berlin unter der Projektleitung von Prof. Dr. Klaus Siebenhaar und Achim Müller, die auch 2015 für die Publikumsbefragung verantwortlich waren, haben wir einen neuen, größeren Aufschlag gewagt: Erstmals haben wir neben einer Publikumsbefragung auch eine repräsentative Bevölkerungsbefragung in Hannover und der Region durchführen lassen und statistische Daten sowie demographische Referenzdaten ausgewertet und miteinander verglichen, unter Anwendung aller Instrumente der Empirie. Es ist damit die umfangreichste wissenschaftliche Erhebung an einem öffentlich getragenen Theater überhaupt. Das Wissen, welches wir erlangt haben, dürfte beispielhaft für die Situation an vielen anderen Theatern und Kultureinrichtungen in Deutschland sein.

Die Ergebnisse waren für uns zum Teil frappierend. Und wir werden noch einiges investieren müssen, um sie vollständig zu analysieren und in konkrete Handlungen und wirksame Maßnahmen zu überführen. Wir danken allen, die sich aktiv an der Befragung beteiligt haben, im Theater, auf der Straße oder am Telefon. Ihre Antworten helfen uns bei der Orientierung, wenn wir unser Theater weiterentwickeln und verändern.

Doch vorweg können wir sagen: Es gibt gute Nachrichten zu verkünden – und das ist vielleicht das wichtigste in diesen Tagen. Unser Theaterpublikum in Hannover spiegelt die große Vielfalt der hiesigen Stadtgesellschaft deutlicher als angenommen und wir erreichen mit unserem Programm mehr Menschen denn je. Zugleich ist die gesellschaftliche Akzeptanz und Wertschätzung des Staatstheaters gestiegen – auch bei Menschen, die nur selten oder gar nicht ins Theater kommen.

Aber zur traurigen Wahrheit gehört auch, dass die Besuchsfrequenz stark zurückgegangen ist: Es gehen zwar mehr Menschen ins Theater, aber seltener. Sie kaufen also insgesamt deutlich weniger Tickets. Das Kultur- und Freizeitverhalten hat einen fundamentalen Wandel erfahren, die Sehnsucht der Menschen nach Unterhaltung, Ablenkung, Erbauung und „mental health" hat zugenommen. Netflix und Sofa, Sport, Natur, Familie und Yoga – das sind die heimlichen, aber mächtigen Konkurrenten der Theater geworden.

Wir stehen vor einer Zäsur. Und die Theater müssen einmal mehr in ihrer zweitausendjährigen Geschichte beweisen, dass sie sich wandeln können, ohne ihre Identität aufzugeben. Denn die Theater brauchen ihr Publikum. Ohne Publikum gibt es kein Theater. Und ohne Theater wäre diese Welt sehr arm dran. Gemeinsam und mit Elan gehen wir neue Wege – und diese Studie mag uns dafür einen Kompass an die Hand geben.

Sonja Anders	*Jürgen Braasch*	*Laura Berman*
Intendantin	Verwaltungsdirektor	Intendantin
Schauspiel Hannover		Staatsoper Hannover

VORWORT DER AUTOREN

„Jede Stadt ist ein Individuum" (Karl Scheffler), und so hat auch jedes Stadt-Theater seine ganz eigenen gesellschaftlichen wie kulturellen Rahmenbedingungen und seine eigengesetzlichen Besonderheiten. Die Städte, ihre Theater und ihre Publika sind kulturpolitisch in der Diskussion. Das hat Gründe, die innerhalb und außerhalb des theatralen Wirkungsbereichs liegen. Vor dem Hintergrund eines „anschwellenden Bocksgesangs" (Botho Strauß) eine solche umfassende Bestandsaufnahme der Publikumssituation vorzulegen, verlangt Mut, Sorgfalt, Ambition und nüchtern-analytische Umsetzung bei Auftraggeber wie Auftragnehmer. Im Sinne einer erkenntnisstiftenden und aktivierenden Bestandsaufnahme mit Tiefgang kann das nur gelingen, wenn von beiden Seiten (Ergebnis-) Offenheit und Engagement gewährleistet sind.

Im Fall der Niedersächsischen Staatstheater hat es an beidem nicht gefehlt, die Verfasser haben sich über die vielfältigen Befragungsformate und -methoden hinaus um komparatistische Einordnung, Kontextualisierung und der komplexen Aufgabe entsprechende Differenzierung bemüht.

Wahrscheinlich zum ersten Mal ist dabei die Notwendigkeit, ja Unverzichtbarkeit paralleler Bevölkerungs- und Publikumsbefragungen evident geworden, will man denn ein differenziertes Gesamtbild der generellen und abendlichen Nutzung der Theater in postpandemischen Zeiten gewinnen. Erst im Vergleich dieser zwei Dimensionen („Wer besucht aktuell die Niedersächsischen Staatstheater?" und „Wie ist das Publikum an einem durchschnittlichen Vorstellungsabend zusammengesetzt?") wird klar, dass die fast ausschließliche Begrenzung auf abendliche Publikumsbefragungen nur die halbe Wahrheit zur Publikumssituation einer Stadt und ihrer Region wiederzugeben vermag. Das sollte den kulturpolitisch Verantwortlichen zu denken geben.

Die Studien mögen nun abgeschlossen sein, die Arbeit mit ihren Ergebnissen beginnt erst.

Berlin, im Juli 2023 *Achim Müller und Klaus Siebenhaar*

I | DIE STUDIE 2023:
Forschungsanforderungen und Zielsetzungen

Die vorliegende repräsentative Publikums- und Bevölkerungsstudie der Niedersächsischen Staatstheater gehört zu den umfassendsten und tiefgreifendsten Theaterpublikumsanalysen der unmittelbar post-pandemischen Zeit. Ihr Forschungsdesign verbindet die verschiedenen quantitativen wie qualitativen empirischen Befragungsmethoden mit Theatermarktentwicklungen und kultursoziologischen Kontexten: Befragungen in den Theatern mit begleitender Online-Befragung im März/April 2023, Straßenbefragung im April, telefonische Bevölkerungsbefragung im Mai sowie Fokusgruppengespräche ebenfalls im Mai 2023. Hinzu kommen Interviews mit Kassen- und Abenddienstpersonal (s. Dokumentation).

Umfangreiches internes Datenmaterial der zehner Jahre und die Langzeitstudienergebnisse des Kulturpolitischen Monitorings (Kulmon) des Landes Berlin sowie statistisches Material des Deutschen Bühnenvereins wurden für die Theatermarktentwicklung der zehner Jahre ausgewertet.

Forschungsbasierte Generationenszenarien der Nachkriegsgesellschaft mit dem besonderen Fokus auf die „Generation Z" sowie umfangreiches statistisches Material zur Soziodemographie der bundesdeutschen Gesellschaft dienten zur allgemeinen Fundierung und Vertiefung der lokalen Befragungen. Gleiches gilt für die inhaltsanalytische Aufbereitung des umfangreichen Medienmaterials zur „Publikumskrise", ihren Ursachen und möglichen Konsequenzen.

Ziel dieser Studie zur aktuellen Publikumssituation der Niedersächsischen Staatstheater war also von vornherein, die lokalen Ergebnisse und Erkenntnisse in größere kulturelle und gesellschaftliche Zusammenhänge einzubetten und sie so in ihrer Spezifik wie Allgemeinverbindlichkeit differenziert beurteilen zu können.

Alle methodisch-praktischen Forschungsetappen wurden von der Erstellung des Fragebogens bis zur Auswahl der Fokusgruppenteilnehmer in enger Abstimmung mit der Geschäftsführung und den Verantwortlichen für Marketing, Kommunikation, Vertrieb und Service entschieden und durch Workshops kontinuierlich begleitet und diskutiert.

Diese enge und vertrauensvolle Zusammenarbeit sicherte in Verbindung mit qualifizierten Schulungen des externen Erhebungspersonals ein hohes und produktives Engagement bei den Befragungen (hohe Rücklaufquote durch professionelle Ansprache des Publikums), ohne die gebotene wissenschaftliche Forscherdistanz zu beeinträchtigen.

Im direkten Vergleich mit der letzten Publikumsstudie aus dem Jahr 2015, aber vor allem auch mit der Bevölkerungsstudie (s. Kap. V), ergeben sich darüber hinaus sowohl wichtige Rückschlüsse auf die stadtgesellschaftlichen und kulturellen Statusentwicklungen der Niedersächsischen Staatstheater als auch vertiefende Einblicke in die soziodemographischen und nutzungs- bzw. verhaltensorientierten Veränderungen der Publika. Gerade der Zeitraum zwischen 2015 bis 2023 erscheint mit seinen wandlungsdynamischen Prozessen zwischen Migration, Pandemie, Ukraine-Krieg und Wirtschaftskrise geradezu paradigmatisch in der Widerspiegelung von Kontinuitäten, Diskontinuitäten, Neu- oder Umorientierungen insbesondere auch im Kultur- und Theaterbetrieb. Diese veränderten soziokulturellen Verkehrsformen bilden den Ausgangspunkt und erkenntnisstiftenden Rahmen aller Analysen und Erklärungen zukünftiger Aufgabenstellungen und Publikumsentwicklungen der Niedersächsischen Staatstheater.

II | ZUR LAGE – IN HANNOVER UND ANDERSWO:

Publikumssituation im deutschsprachigen Theaterraum Frühjahr 2023

Mit dem Beginn der ersten „normalen" Spielzeit 2022/23 nach der Pandemie setzt die mediale Berichterstattung über die zögerliche Rückkehr des Theaterpublikums, halbleere Schauspielpremieren („50 % ist das neue Ausverkauft"), selektives Nutzungsverhalten (= Konzentration auf den Kanon) in allen Sparten ein.

Im Herbst/Winter 2022 wechselt die mediale Außenperspektive endgültig in den „Krisen"-Modus: Die in vielen deutschsprachigen Regionen, selbst im theatromanen Wien nur mäßig besetzten Parkettreihen und Ränge werden als Indikatoren einer tiefsitzenden Störung des Verhältnisses von Publikum und Bühnenbetrieb diagnostiziert, die durch die Pandemie nun schonungslos aufgedeckt worden ist. Von „Entkoppelung", „Entwöhnung", „Unzufriedenheit" bei den Theatergängerinnen und -gängern ist da die Rede, das Publikum will sich nicht länger „bevormunden", „belehren", „indoktrinieren" lassen von einer abgehobenen „Theaterbetriebsblase", die ihm diskursiv-elitär die „falschen Themen" und „Ästhetiken" offeriert. Das Publikum beginne sich einem Theater zu verweigern, das nicht mehr das ihre ist – so der Tenor der Kritiker von FAZ bis taz. Das zweite „Narrativ" zur aufkommenden Theaterdämmerung sucht die Ursachen und Gründe in einem sich radikal veränderten kulturell-medialen Nutzungsverhalten nach weit über zwei Jahren Pandemie mit ihren physischen und psycho-mentalen Belastungen, die in temporäre Inaktivität oder auch Unwilligkeit münden.

Tatsache sind jedenfalls im überwiegenden Teil des deutschsprachigen Raums bis ins Frühjahr 2023 rückläufige Besuchszahlen von 15 bis 40 Prozent im Vergleich zur letzten „normalen" Spielzeit 2018/19 oder auch dem Kalenderjahr 2019. Aus Berlin und einigen ostdeutschen Ländern werden dagegen wieder „normale" oder sogar gegenüber 2019 gestiegene Zahlen gemeldet.

Im bundesdeutschen Länder-Vergleich gilt es deshalb zunächst die sehr unterschiedlichen Ausgangssituationen zu berücksichtigen: Die Stadtstaaten, allen voran Berlin, und die ostdeutschen Länder mit ihren sehr hohen Besuchen öffentlicher Theater und Konzerte pro 1.000 Einwohner (siehe Tabelle S. 32) liegen da weit vor den Schlusslichtern Niedersachsen und Nordrhein-Westfalen. Klammert man die Stadtstaaten einmal aus, liegen Welten zwischen Sachsen und Niedersachsen in der Theaternutzung pro 1.000 Einwohner. Vor allem in Sachsen, Thüringen, Berlin und Hamburg haben sich die Theater schneller wieder gefüllt, wenngleich selbst in Berlin im Kalenderjahr 2022 drei Millionen Besuche weniger als 2019 zu verzeichnen waren. Auch sind die Häuser bzw. Sparten unterschiedliche hart betroffen, was nicht in allen Fällen mit der Pandemie zu tun hat. Ein Blick auf die Publikumszahl (oder korrekter: die Zahl der Besuche) der Niedersächsischen Staatstheater für die Spielzeit 2022/23 im Vergleich 2018/19 ergibt folglich ein differenzierteres Bild: Für den Zeitraum von der Spielzeiteröffnung 2022 bis zum 31. Januar 2023 ist ein Publikumsverlust von über 50.000 (gut 25 %) bei allerdings deutlich verringertem Angebot (-30 % Vorstellungen spartenübergreifend), einer pandemiebedingt auf 80 % verringerten Kapazität und einem moderaten Rückgang der Auslastung (- 6 %) zu verzeichnen. Der Publikumsrückgang hält sich in Oper wie Schauspiel in etwa die Waage, im Schauspiel ist die Auslastung sogar leicht gestiegen, während sie in der Oper bei -13 % liegt.

Aussagekräftiger von der Entwicklung her ist eine differenzierte Analyse des 1. Quartals 2023 im Vergleich mit den entsprechenden Zeiträumen der Spielzeit 2017/18 und 2018/19 – zumal, wenn man insbesondere die „großen" Vorstellungen auf den Hauptbühnen heranzieht, also die zahlreichen kleineren Sonder- und Spezialformate ausklammert.

Der gravierendste Unterschied zu 2018 und 2019 liegt danach in der weitaus geringeren Zahl der Vorstellungen (-20 % zu 2019 und -12 % zu 2018), so dass sich daraus folgerichtig Rückgänge in den Gesamtbesuchszahlen (ohne Frei- und Steuerkarten) ergeben: -18 % für 2019 und -12 % für 2018. Da kann es auch kaum verwundern, wenn sich die Auslastungsquoten fast auf einem Niveau bewegen: 72 % in 2023, jeweils gut 75 % in 2018 und 2019. Geht man weiter ins Detail und konzentriert sich auf die Hauptveranstaltungen nach Sparten aufgeteilt, so lassen sich noch genauer die Problemzonen bzw. die „neue Normalität" bestimmen. Es fällt auf, dass eigentlich nur noch im Bereich Oper (ohne Musical/Operette) und Ballett Defizite bzw. Nachholbedarf bestehen – sowohl bei den Besuchszahlen als auch in der Auslastung, aber nicht in der Zahl der Vorstellungen. Dagegen führen deutlich weniger Hauptvorstellungen im Schauspiel (nach wie vor deutlich über 20 % geringeres Angebot) zu mehr Besuchen gegenüber 2018 und nur 10 % weniger gegenüber 2019 und insgesamt einen starken Aufwuchs in der Auslastungsquote, die erstmals seit 2018 signifikant über 70 % liegt.

Was lehren uns diese differenzierten, kleinteiligen Analysen in Bezug auf die Gesamtsituation im postpandemischen Frühjahr 2023? Alles wieder wie vorher oder zumindest unaufhaltsam auf dem Weg dorthin: Kontinuität statt Disruption oder „Zeitenwende"? Oder zeigt sich hier nur ein temporärer Nachholbedarf, und das „schlechte Ende" folgt erst? Lassen sich die festgestellten Teildefizite mit den üblichen künstlerisch-spielplanbedingten Schwankungsbreiten erklären? Oder hat sich etwas im Publikumsverhalten, in der Publikumsbeziehung verändert, das im Augenblick nur unterschwellig, subkutan spürbar bzw. wirksam ist und sich erst in den nächsten Jahren in seinen Konsequenzen entfalten wird?

Sicher und ratsam erscheint vor diesem Hintergrund und auf die Zukunft bezogen folgendes:

- Größtmögliche Nüchternheit in der Lagebewertung, d.h. analytisch-empirisches Wissen gepaart mit Orientierungs- und Zusammenhangswissen: historisch-prozessuale Ableitungen, Kenntnis der gesamtgesellschaftlichen Entwicklungslinien sowie Berücksichtigung geopolitischer und ökologischer Faktoren und ein für technisch-mediale Transformationsprozesse sensibilisiertes, offenes Bewusstsein. Eine solche wissensbasierte künstlerische wie kulturpolitische Grundhaltung verhindert sowohl passiv-bequemes Abwarten als auch trügerische Erwartungen, dass alles so weitergeht wie vorher.

Denn trotz sich allmählich wieder normalisierender Besuchszahlen zeichnen sich unter der Oberfläche tiefgreifende Umorientierungen und Wandlungsprozesse ab, die sich zunächst unter dem etwas sperrigen Begriff der veränderten „soziokulturellen Verkehrsformen" subsumieren lassen.

Dahinter verbirgt sich ein Set aus unterschiedlichen Verhaltens- und Umgangsformen, Alltagsroutinen und Beziehungspflege, sozialen Interaktionen, wertebasierten Präferenzen resp. Priorisierungen, die nach über zwei Jahren pandemischer Erfahrungen einer individuellen, aber auch milieu- und gruppenbezogenen Neubewertung und insbesondere Neugestaltung unterzogen worden sind und noch werden. Das gilt für die Arbeitswelt (Homeoffice z. B.), die eigene Mobilität (drinnen-draußen-Relationen), Ansprüche an soziale Kontakte sowie natürlich das gesamte Freizeit-, Medien- und Kulturnutzungsverhalten. Das lässt sich in seinen Konsequenzen und Auswirkungen sehr konkret bestimmen:

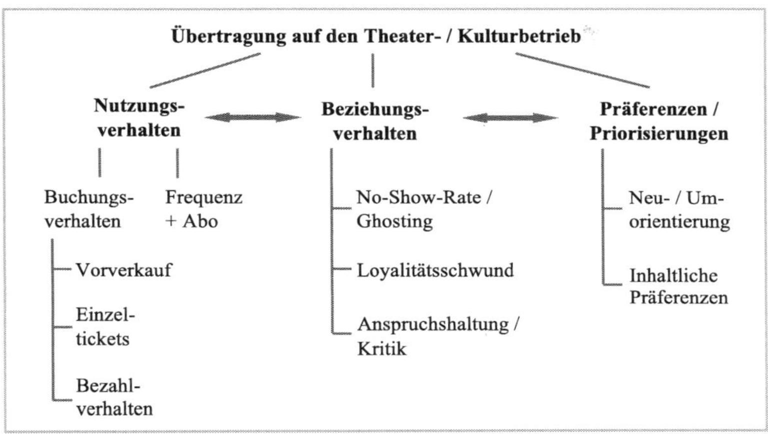

Soziokulturelle Verkehrsformen
(Institut für Kultur und Medienwirtschaft, IKMW, 2023)

In den ausführlichen Gesprächen mit dem Kassenpersonal und dem Abenddienst konnten viele dieser veränderten soziokulturellen Verkehrsformen detailliert und präzise verifiziert werden.

Die täglichen Beobachtungen des Kassen- und Abenddienstpersonals zeichnen ein Bild des zurückkehrenden Publikums, das von Vorsicht, Zögerlichkeit, auch Unsicherheit beim Kartenkauf gekennzeichnet ist. Es sind ambivalente Gefühle und Verhaltensmuster: (Vor-)Freude, eine gewisse Neugier und z. T. neue Wertschätzung einerseits, Bedenken ob potentieller gesundheitlicher Risiken, behutsame Wiederannäherung, sehr selektive Stückwahl oder auch Abwarten andererseits. Das bedeutet ganz praktisch, dass Plätze in schwach besetzten Reihen präferiert werden, die Besuchsfrequenz deutlich abnimmt und die „sicheren“ oder „kanonisierten“ Produktionen bevorzugt werden. Man ist wieder da, aber seltener, bewusster, wählerischer. Dies gilt nicht nur für Hannover, sehr Ähnliches ist aus anderen Städten und Theatern zu vernehmen. Große Teile des Publikums kehren sukzessive zurück – aber anders. Der Wiederbesuchszeitraum wächst, die „aufgestaute Nachfrage“ ist befriedigt, die „zurückgestellte Nachfrage“ wird langsam abgebaut, über die dauerhaft „gekappte Nachfrage“ lassen sich erst in der folgenden Spielzeit präzise Aussagen treffen.

Die Gesamtsituation, in Hannover wie anderswo, bleibt volatil – das gilt für das Besuchsverhalten im Allgemeinen wie für die Angebotsakzeptanz im Besonderen. Sicher ist nur, auch das offenbaren die Gespräche mit Kassen und Abenddienst sowie qualitative Befragungen, dass nicht-künstlerische Faktoren wie persönlicher Service, Atmosphäre, physischer Aufwand (Anfahrt, Vorstellungsbeginn etc.) eine größere Rolle bei der Entscheidung zum Theaterbesuch spielen als vor der Pandemie.

Anhand der in den USA entwickelten Publikumstypologie, die von den Einstellungsmustern und Haltungen, nicht von soziodemographischen Merkmalen ausgeht, lassen sich die aktuellen und zukünftigen Herausforderungen sehr praxisnah veranschaulichen.[1] Die Aufteilung in „Historic“, „Inactive“, „Unlikely“ und „Non-Visitors“ – in der deutschen Adaption folgend als „Aktive“, „Inaktive“, „Unwahrscheinliche“, „Nicht-Besucherinnen und -Besucher“ bezeichnet – bietet den ganz praktischen Vorteil, die coronabedingten Veränderungen im Verhalten, in Präferenzen und Orientierungen nicht nur statistisch zu dokumentieren, sondern auch von den strategisch-operativen Her- ausforderungen und Aufgabenstellungen her sichtbar zu machen.

1 Vgl. Colleen Dilenschneider: Active, Inactive, and Unlikely Visitors: What Cultural Organization Need To Know (2019). https: colleendilen.com

Unter „Historic Visitors" werden in den USA das „Stammpublikum", das regelmäßige, aktive Publikum der kulturellen Institutionen subsumiert. Sie repräsentieren quantitativ die kleinste der vier Großgruppen. Deutlich mehr und ausdifferenzierter in ihren Motiven finden sich als „Inactive Visitors" wieder, die bereits über Erfahrungen mit den unterschiedlichsten Kultureinrichtungen verfügen, sie aber aus einem vielfältigen Geflecht von Gründen zur Zeit nicht oder noch nicht wieder frequentieren. Die temporäre Zurückhaltung lässt sich auf gesundheitliche, prinzipielle Veränderungen der Lebensumstände, konkurrierende Optionen, Mobilitätsprobleme, zeitweilige Entfremdung u. ä. zurückführen. Die „Inaktiven" stellen das wieder oder neu zu gewinnende, mit Anreizen zu lockende, kommunikativ erreichbare „May-be"-Potential dar.

Dagegen versammelt sich unter dem Dach der „Unlikely Visitors" eine heterogene Gruppe, die z. B. von Theater in all seinen Facetten zumindest bereits gehört haben oder gar über einen gewissen Nutzungszeitraum Frustrierte, Desinteressierte geworden sind und sehr schwer erreichbar erscheinen. Soziodemographisch können dies Ältere wie Jüngere sein, die prinzipiell alternative Freizeitaktivitäten entwickelt haben und entsprechend kulturell nichts vermissen.

Bei den „Non-Visitors" fehlen alle Voraussetzungen einer erfolgversprechenden Ansprache oder Stimulation, es sind weder Kenntnis noch Bedürfnis vorhanden – jedenfalls in Bezug auf einen selbst popkulturell erweiterten Hochkulturbetrieb.

Auf das Bevölkerungsvolumen (ab zehn Jahre) bezogen und mit Blick auf den Theaterbetrieb repräsentieren die unmittelbar erreichbaren, relevanten Gruppen der „Historic Visitors" und „Inactive Visitors" 20–25 %, also etwa 10–15 Millionen aktive oder wiedererreichbare Zuschauerinnen und Zuschauer.

Noch einmal: So wenig das US-amerikanische Kulturverständnis, Kultursystem und die Kulturstatistik mit dem kontinentaleuropäischen bzw. deutschen deckungsgleich bzw. im Ganzen vergleichbar ist, so sehr lässt sich diese Besuchstypologie gerade für die aktuelle Situation adaptieren. Denn es geht um die zentrale Frage, wie dauerhaft und nachhaltig ist das gegenwärtige Besuchsverhalten, was hat sich im Einzelnen verändert, verschoben und welche strategisch-operativen Optionen lassen sich daraus für die öffentlichen Theater entwickeln. Dazu bedarf es in der Diagnose praxisnaher, grundsätzlicher Kategorisierungen aus der Lebensperspektive der aktiven, inaktiven, unsicheren, unwilligen und desinteressierten (Nicht-) Besucherinnen und Besucher. Dass es „anders" als vorher ist, zeigt sich bereits in der „Positivauswahl" des befragten Publikums der Niedersächsischen Staatstheater, wo immerhin ein Viertel im eigenen Besuchs- wie Freizeitverhalten Neu- oder Umorientierungen feststellen, die weder zu Inaktivität oder gar Verweigerung führen, aber selbst im Bereich des Stammpublikums („Historic Visitors") von den tradierten Besuchsgewohnheiten Abschied genommen wird und auch andere Prioritäten gesetzt werden.

Die Straßenbefragungen an unterschiedlichen urbanen Standorten ergeben ein noch viel differenzierteres und klareres Bild, da hier zumindest die Gruppe der „Inaktiven" und „Unwahrscheinlichen" zu Wort kommen. Von 180 an sechs Standorten Befragten wussten hier immerhin fast die Hälfte (rund 50 %) von Veränderungen bei sozialen Kontakten, Freizeitaktivitäten oder Lebenseinstellungen im Ganzen zu berichten. Aufschlussreich erschienen die oft unspektakulären, schleichenden Einstellungs-, Verhaltens- und Nutzungsveränderungen. Da ist die Rede von „weniger" Aktivitäten, „Schwierigkeiten, wieder hineinzukommen", „Mattigkeit", reduzierten Freundeskreisen, weniger Geld und Zeit oder schlicht radikalen Um- oder Neuorientierungen. Das Spektrum ist vielfältig in Bezug auf veränderte Lebenssituationen, unmittelbar coronabedingten

Verunsicherungen, psycho-mentalen Problemen, man hat sich Dinge bzw. Aktivitäten „abgewöhnt", macht jetzt einfach „anderes".

Aus den 51 %, bei denen wieder „alles wie vorher" ist, die nahtlos an die Zeit vor der Pandemie anknüpfen können oder sogar mehr Aktivitäten bei neuer Wertschätzung von Kulturveranstaltungen entwickeln (rund 7 %) rekrutierten sich die „Aktiven", das zurückgekehrte „Stammpublikum" der Niedersächsischen Staatstheater. Die 49 %, die sich aus den Zurückhaltenden und temporär Abstinenten (34 %) sowie den dauerhaft Verunsicherten und „Drop outs" (15 %) zusammensetzen, bilden die Gruppe der „Inaktiven" und der augenblicklich „Unwahrscheinlichen" oder dauerhaft Verlorenen („Unlikely"). Wichtig für beide Gruppen sind die außerkünstlerischen, rein die persönlichen Lebensumstände betreffenden Beweggründe, überhaupt nur eine Antwort bezieht sich auf eine programmlich-ästhetische Entfremdung. Die vertiefende spartenbezogene Auswertung zum Theater bringt keine grundsätzlich anderen Erkenntnisse. Etwa die Hälfte der Befragten diagnostiziert veränderte Lebens- und Freizeiteinstellungen, die zu deutlich weniger oder gar keinen Theaterbesuchen mehr führen, ohne damit eine künstlerische Entfremdung zu verbinden. Anderes ist nun wichtiger, insbesondere Sport, Natur, Garten. Bei vielen sind darüber hinaus die sozialen Kontakte weniger geworden, Freundeskreise haben sich reduziert oder gleich ganz aufgelöst. Ansatzweise finden sich Hinweise auf vorhandene oder drohende wirtschaftliche Engpässe.

Die andere Hälfte begrüßt und genießt die wiedergewonnene Freiheit und knüpft ungebrochen oder mit neuer Wertschätzung an das alte Theaternutzungsverhalten an. Dieses insgesamt gespaltene soziokulturelle Verhalten kennt also viele Facetten und bewegt sich aktivitäts- und haltungsmäßig zwischen „anderem", „weniger", „wieder" und „mehr".

Für die Niedersächsischen Staatstheater bedeutet das bis auf weiteres: Das Stammpublikum (= die „Aktiven") ist nicht vollständig zurück, die Zahl der „Inaktiven", „Unsicheren" oder gar „Verlorenen" ist signifikant und kann durch relativ geringe Anteile von Erstbesucherinnen und -besuchern bisher nicht kompensiert werden.

Im Vergleich zu den Abendbefragungen ist „auf der Straße" natürlich ein weitaus höheres Potential an corona- und lebensweltlich bedingten Veränderungen / Umorientierungen / neuen Optionen zu verzeichnen. Diese grundsätzlichen Befunde sowohl in den Theatern als auch in den Online- und Straßenbefragungen decken sich in ihren Befunden und Tendenzen in weiten Teilen mit der gerade publizierten Studie zur „Kulturellen Beteiligung in Österreich", der ersten nationalen postpandemischen Untersuchung von Daniel Schönherr und Harald Glaser (nur Online / Telefon landesweit 2.000 Befragte[2]). Auch hier knüpfen über 50 % unbeeindruckt an ihr kulturelles Nutzungsverhalten von 2019 an, die „Drop out"-Quoten für Theater, Oper, Konzert und Ballett liegen zwischen 15 und 20 %, und zwischen 25 und 30 % der Befragten beobachten bei sich Zurückhaltung, Verunsicherung oder mangelnde Empathie, wenn es um den Besuch von (Hoch-)Kulturveranstaltungen geht.

Die Pandemie und die sie begleitenden geopolitischen wie ökonomischen Krisenszenarien haben auch im Kultur- wie Theaterbetrieb existente Problemlagen noch sichtbarer werden lassen und die zukünftigen Herausforderungen (Publikumsschwund, Überalterung, Fachkräftemangel, Kostenexplosionen u. a.) konturenscharf umrissen, ohne allerdings den gesellschaftlichen Status, Stellenwert und die Reputation einzelner kultureller Institutionen in Frage zu stellen.

2 Vgl. Daniel Schönherr / Harald Glaser: Kulturelle Beteiligung in Österreich. Wien 2023 (SORA-Institut). https://boja.at

III | AUFTRAG PUBLIKUM:
10 Thesen zu Entwicklungstendenzen und Herausforderungen des Theater- und Kulturbetriebs zwischen „Zeitenwende“ und „Krise“

Von der „Zeitenwende“ (Olaf Scholz) im Allgemeinen und der „Theaterkrise“ im Besonderen war seit 2022 allenthalben zu hören. Nun gehören „Krisen“ zum konstitutiven Ausdruck im Prozess der Moderne – sind sie doch Zeiten, in denen, nach Reinhart Koselleck, eine Entscheidung naht zwischen „Erhofftem“ und „Befürchtetem“ Beides liegt im Bereich des Möglichen, so dass jede Krise mit Unsicherheit und Ängsten vor offenem Horizont verbunden ist.

Die in weiten Teilen zögerliche Rückkehr des Theaterpublikums in der ersten regulären postpandemischen Spielzeit 2022/23 befeuerte aus der medialen Außenperspektive, angereichert durch Stimmen aus dem Betrieb ein Krisenszenario, das auf drei sehr eng miteinander verbundenen Befunden basierte (s. Abb. S. 26).

Wie in vielen anderen Bereichen auch, schien die Pandemie schwelende Konflikte, verdeckte Fehlentwicklungen, ignorantes Unbehagen und negative Entwicklungslinien auch im Theaterbetrieb plötzlich und brennspiegelartig sichtbar gemacht zu haben. Versucht man jenseits anhaltender aktueller kritischer Debatten und Diskurse zwischen Hoffnungen und Befürchtungen ganz nüchtern und empirisch geerdet eine Art Publikumsbilanz der letzten 10 bis 20 Jahre entgegenzuhalten, dann lässt sich folgendes festhalten:

Entkopplung/ Entfremdung/ Entwöhnung beim Publikum	↔	Müdigkeit/ Unzufriedenheit beim Publikum	↔	Blasenbildung im Theaterbetrieb
durch: – Bevormundung / Belehrung / Indoktrination – Falsche Themen: „elitäre", „abgehobene" Spielplangestaltung und „Ästhetiken"		– Sehnsucht nach dem Kanon, nach Geschichten (erzählendes vs. diskursives Theater) – Sehnsucht nach einer anderen Wirklichkeit jenseits der Reproduktion des „Aktuellen"		– Identitätspolitische Segregation, abgespaltete Milieus jenseits des ökonomischen oder Bildungsstatus = Reproduktion von Milieuidentitäten = Ideologisierte geistige Homogenisierung = „bunter gemachte Elite" (taz vom 16.11.2022)

Mediales Krisenszenario
(Institut für Kultur und Medienwirtschaft, IKMW, 2023)

1) Die Theaterstatistiken der letzten 25 Jahre künden von einem langsam, aber kontinuierlich schrumpfenden Markt (unabhängig von den Corona-Einbrüchen 2020-22).

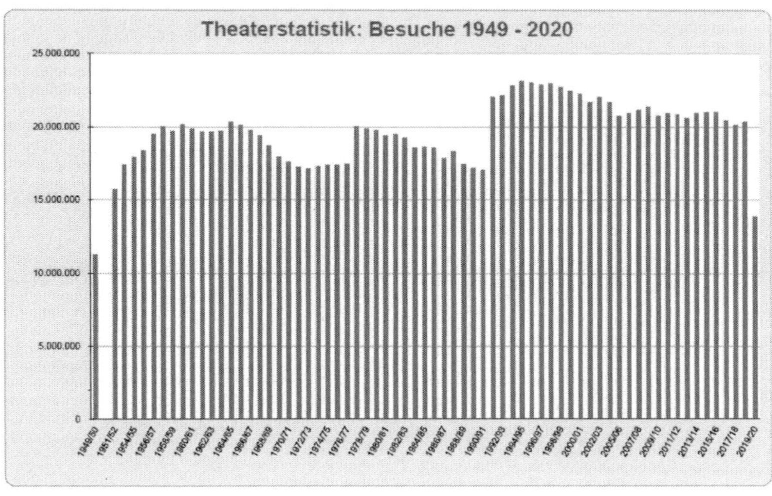

Schrumpfender Markt
(Rainer Glaap: Das langsame Sterben der Besucherorganisationen. 2022)

2) Die einstmals mächtigen Besucherorganisationen sind seit 30 Jahren in einem unaufhaltsamen Niedergang begriffen, in einzelnen Städten und Regionen haben sie bereits aufgehört zu existieren.

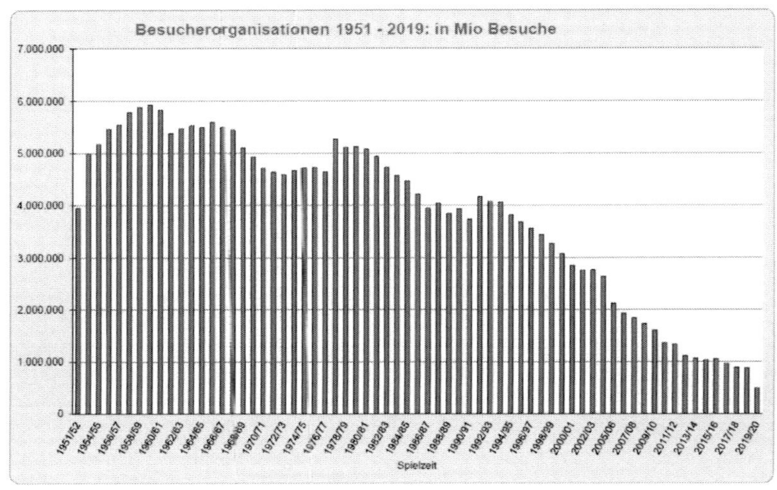

Bedeutungsverlust der Besucherorganisationen
(Rainer Glaap: Das langsame Sterben der Besucherorganisationen. 2022)

3) Mit dem Siegeszug der Tageskarte (rund 50 %) verbindet sich ein kontinuierlicher, starker Rückgang der Abonnements (nur noch 15 %), damit sinkt auch die Besuchsfrequenz. Was bereits vor der Pandemie die eigentliche Herausforderung darstellte, verschärft sich postpandemisch noch erheblich: Es wird deutlich mehr Publikum notwendig sein, um den Status quo ante zu erhalten! Nicht allein die Abo-Verluste und der Niedergang der Besucherorganisationen beschleunigen diesen Prozess, ein Teil des Publikums geht einfach aktuell und u. U. zukünftig weniger ins Theater.

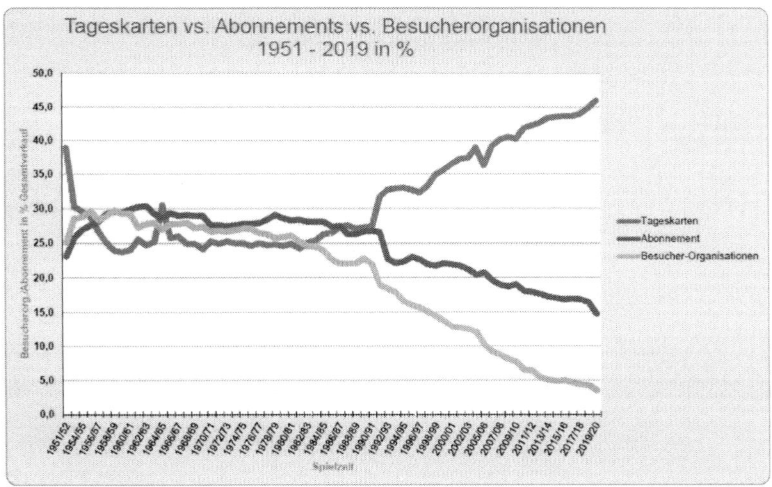

Ent-Bindung im Kartenkaufverhalten
(Rainer Glaap: Das langsame Sterben der Besucherorganisationen. 2022)

4) Es hat keinerlei signifikante Veränderungen der Publikumsstruktur bzw. Milieus gegeben, wiewohl die Anteile von Publikum mit „Migrationshintergrund" allmählich steigt – aber auch hier wie bei den anderen dominieren die hohen Bildungsabschlüsse (Abitur/Studium).

	Mehrsparten-häuser	Schauspiel-häuser und -sparten	Häuser insgesamt
Abgeschlossenes Studium	58 %	56 %	57 %
Abitur	19 %	20 %	19 %
Realschulabschluss Mittlere Reife	16 %	15 %	16 %
Hauptschulabschluss	5 %	4 %	4 %
(noch) kein Abschluss	1 %	1 %	1 %

Höchste Bildungsgrade aus Publikumsstudien des Zentrums für Audience Development (ZAD), Freie Universität Berlin / IKMW Berlin, in Deutschland 2011–2019

5) Auch bei der Altersstruktur gibt es keine wesentlichen Veränderungen, die „Überalterung" steigt mit dem Eintritt der „Babyboomer" in den Ruhestand noch tendenziell.

	Mehrsparten-häuser	Schauspielhäuser und -sparten	Häuser insgesamt
Bis 20 Jahre	6 %	8 %	6 %
21-30 Jahre	11 %	12 %	12 %
31-40 Jahre	9 %	8 %	10 %
41-50 Jahre	14 %	14 %	15 %
51-60 Jahre	20 %	23 %	21 %
61-70 Jahre	21 %	20 %	19 %
Über 70 Jahre	19 %	15 %	17 %

Altersstruktur aus Publikumsstudien des Zentrums für Audience Development (ZAD), Freie Universität Berlin / IKMW Berlin, in Deutschland 2011–2019

Oper/ Ballett/ Tanztheater	2010	2011	2012	2015	2016	2017	2019	Mittelwert 2010-2019	Veränd. 2010-2019
Bis 19 Jahre	3 %	3 %	3 %	3 %	2 %	3 %	2 %	3 %	-1 %
20-29 Jahre	16 %	15 %	14 %	14 %	13 %	12 %	10 %	13 %	-6 %
30-39 Jahre	10 %	11 %	11 %	14 %	13 %	13 %	14 %	12 %	4 %
40-49 Jahre	16 %	16 %	17 %	15 %	17 %	16 %	15 %	16 %	-1 %
50-59 Jahre	17 %	18 %	18 %	19 %	19 %	20 %	18 %	18 %	1 %
60-69 Jahre	21 %	21 %	21 %	17 %	17 %	18 %	17 %	19 %	-4 %
ab 70 Jahre	14 %	14 %	15 %	15 %	15 %	16 %	20 %	16 %	6 %

Sprech-theater	2010	2011	2012	2015	2016	2017	2019	Mittelwert 2010-2019	Veränd. 2010-2019
Bis 19 Jahre	2 %	2 %	2 %	3 %	3 %	3 %	2 %	2 %	0 %
20-29 Jahre	15 %	19 %	18 %	22 %	18 %	21 %	12 %	18 %	-3 %
30-39 Jahre	12 %	15 %	16 %	18 %	17 %	23 %	16 %	17 %	4 %
40-49 Jahre	17 %	17 %	18 %	16 %	17 %	17 %	14 %	17 %	-3 %
50-59 Jahre	17 %	18 %	17 %	17 %	17 %	15 %	20 %	17 %	3 %
60-69 Jahre	20 %	18 %	17 %	13 %	15 %	12 %	17 %	16 %	-3 %
ab 70 Jahre	13 %	9 %	11 %	9 %	10 %	8 %	17 %	11 %	4 %

Entwicklung der Altersstruktur an Theatern in Berlin
(VisitBerlin: KULMON-Jahresberichte)

6) Die regionalen bzw. bundesländerbezogenen Theaternutzungsquoten bleiben höchst unterschiedlich. Neben den Stadtstaaten mit Berlin an der Spitze weisen besonders die ostdeutschen Bundesländer eine traditionell überdurchschnittliche bis hohe Theaternutzung aus. Das bedeutet auch, dass einzelne Theaterstandorte keinerlei Einbuße oder gar Einbrüche zu verzeichnen haben und sehr schnell an die Besuchszahlen vor der Pandemie anknüpfen konnten.

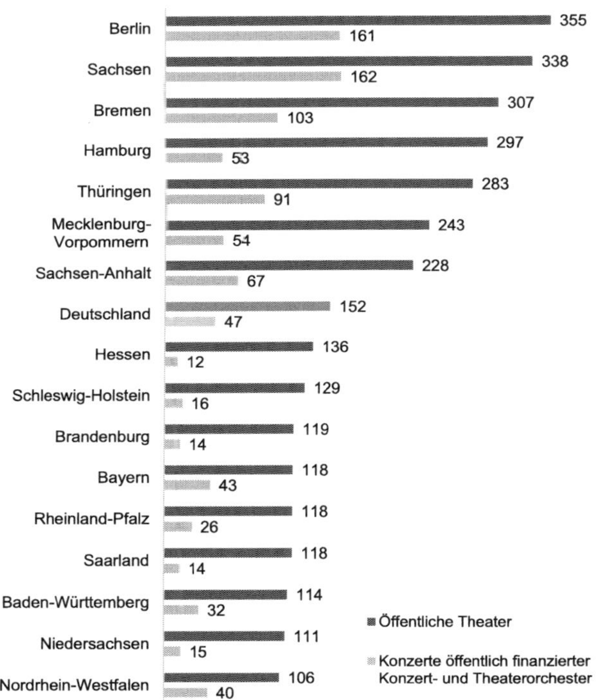

Besuche öffentlicher Theater und Konzerte öffentlich finanzierter Konzert- und Theaterorchester in der Spielzeit 2019/20 je 1.000 Einwohnerinnen und Einwohner nach Bundesländern
(Statistische Ämter des Bundes und der Länder: Kulturindikatoren auf einen Blick. 2022)

7) Trotz erheblich gewachsener Bemühungen und Aktivitäten im Bereich der „Kulturellen Bildung“ hat sich also soziodemographisch kaum etwas verändert – und das gilt spartenübergreifend, am dramatischsten für den Bereich der klassischen Konzerte.

8) Ordnet man nun diese theaterbezogenen Befunde in die gesamtgesellschaftliche Entwicklung der letzten 10 bis 20 Jahre ein, verschärft sich die eher negative Gesamtentwicklung noch angesichts:
   - einer durch Zuwanderungsgewinne wieder wachsenden Bevölkerung,
   - einer nie dagewesenen Akademisierung der Gesellschaft,
   - gestiegener Frei-Zeit und Freizeit-Budgets, aber auch dynamisch wachsender Medienkonkurrenz (digital, Streaming),
   - einer in den letzten 30 Jahren gestiegenen Lebenserwartung.

Was folgert daraus mittel- und langfristig in Bezug auf das Theaterpublikum?

9) Die demographische „Urnen“-Form der deutschen Gesellschaft spiegelt sich konkret und auch mittelfristig zunächst in einer Zweiteilung wider:
   - Die 14–49-Jährigen (= U 50), die von den Generationen „X“, „Y“ und „Z“ repräsentiert werden – also „popkulturell“, „multioptional“ und in der „GenZ“ komplett digital sozialisiert sind. Sie sind quantitativ weniger und „qualitativ“, d. h. in ihrem Nutzungsverhalten grundlegend anders als die erste Nachkriegsgeneration bis hin zu den „Babyboomern“
   - Die 50–90-Jährigen (= Ü 50), die mit dem Übergang der letzten, geburtenstarken Jahrgänge („Babyboomer“ der späten 1960er Jahre) einen starken Aufwuchs erfahren haben und die letzten „loyalen“, bindungsstarken Kohorten verkörpern. Berücksich-

tigt man darüber hinaus, das bis Mitte der 2030er Jahre etwa 30 Millionen Rentner und Pensionäre in Deutschland leben werden und – Stand heute – physisch-mental aktiv bleiben werden, wäre der gesamte Hochkulturbetrieb gut beraten, diese Klientel weiterhin zu pflegen.

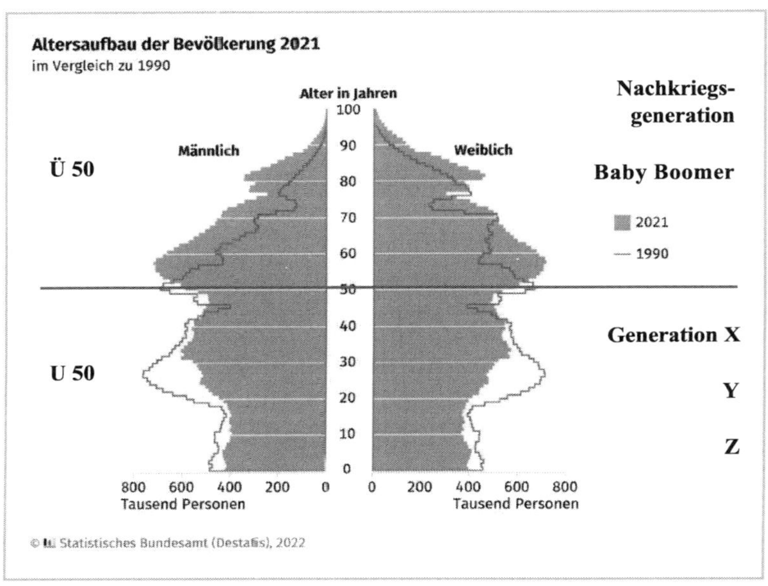

Die „Urne" in der Bevölkerung Deutschlands

- Die skizzierte Zweiteilung (U 50 / Ü 50) der Gesellschaft findet sich im gesamten Spektrum der Medien- und Kulturnutzung wieder, insbesondere in den vergleichsweise „nahen" / „verbundenen" Segmenten wie Öffentlich-Rechtlicher Rundfunk oder Qualitätsmedien (vor allem Printmedien wie Zeitungen, Bücher). Kulturtechniken oder Faktoren wie Aufmerksamkeits- und Konzentrationsbefähigung, digital geprägte Ästhetiken u. ä. markieren – mit fließenden Übergängen natürlich – die Trennline zwischen U 50 und Ü 50.

10) Diversität im Programm (nicht nur in Bezug auf traditionell / experimentell, sondern über hybride Formate wie AR Augmented Reality), sehr differenzierte datenbasierte Kommunikations- und Marketingstrategien, eine sehr ressourcenbewusste Doppelstrategie aus Bindung / Reaktivierung und sukzessiver Erneuerung / Erweiterung werden zum Pflichtprogramm theatraler Zukunftsplanung gehören.

Krisen, wenn sie denn als solche begriffen werden, sind auch immer eine Aufmunterung, sich ihnen also offensiv, selbstbestimmt zu stellen, indem man Ausschau nach „Stabilisation" hält.

IV | DIE KOMMENTIERTEN STUDIEN IN IHREN KERNERGEBNISSEN

A. Die Niedersächsischen Staatstheater und ihr Publikum (Live und Online) mit Bezug auf die Publikumsstudie 2015

- Das „Stammpublikum" der Niedersächsischen Staatstheater (NST) ist noch einmal akademischer geworden. Der Anteil der unter 50-Jährigen ist bei gut 30 % geblieben, die signifikanten positiven Veränderungen haben sich bei den 21 bis 30-Jährigen, den studentischen Zielgruppen, ergeben, deren Anteil insbesondere im Schauspiel deutlich gestiegen ist.
- Die größten Verluste sind bei den 41 bis 50-Jährigen festzustellen, da die letzten „Babyboomer" in die Kategorie Ü 50 gewechselt sind.
- Erfreulich ist der Aufwuchs beim Publikum mit „Migrationshintergrund" (incl. Ausländern), die tendenziell jünger und weiblicher sind, über sehr hohe Bildungsabschlüsse verfügen und vorwiegend aus Osteuropa kommen.
- Insgesamt sind Zufriedenheit mit den bzw. Wertschätzung der NST gestiegen, wenngleich die Besuchsfrequenz erheblich zurückgegangen ist, was – pandemiebedingt – mit veränderten „soziokulturellen Verkehrsformen" zusammenhängt. Immerhin empfinden diese Um- oder Neuorientierungen fast 25 % des Publikums.

Im Folgenden nun die Kernergebnisse der Publikumsbefragung in den Spielstätten / Online zwischen Februar und April 2023 auf der Grundlage von über 3.000 Befragten und z. T. im Vergleich mit 2015:

1) Das Publikum ist nicht jünger geworden, aber auch kaum älter:

U 50	ca. 31 %	(2015: U 50 ca. 32 %)
Ü 50	ca. 69 %	(2015: Ü 50 ca. 68 %)

Das Publikum im Schauspiel ist signifikant „jünger" (das gilt vor allem für die Altersgruppe 21 bis 30 Jahre):

Schauspiel	U 50	41 %
	Ü 50	59 %
Staatsoper	U 50	26 %
	Ü 50	74 %

2) Konstant geblieben ist die Geschlechterverteilung:
ca. 2/3 weiblich, ca. 1/3 männlich

3) Das Publikum ist „lokaler":
Hauptwohnsitz Hannover 56 % (2015: 45 %)

4) Das Publikum ist akademischer:
Mit Hochschulabschluss knapp 70 % (2015: 56 %)
Studentenzahlen sind auf 7 % gestiegen, was mit dem erhöhten Anteil der 21- bis 30-Jährigen korrespondiert (2015: ca. 5 %)

5) Das Publikum ist diverser geworden – in Oper wie Schauspiel gleichermaßen:

84 %	„komplett" deutsch	(2015: 95 %)
6 %	außerhalb Deutschlands geboren	(2015: 2 %)
9 %	Migrationshintergrund	(2015: 2 %)

Bei den rund 50 Herkunftsländern entfallen rund 80 % auf Europa, davon mehrheitlich (60 %) auf Osteuropa: Russland, Polen und mit Abstand Türkei sowie Russlanddeutsche aus Kasachstan.

Die Mehrheit gehört altersmäßig in die Kategorie der 14- bis 49-Jährigen, senkt also den Altersdurchschnitt insgesamt.

Es dominieren Akademikerinnen und Akademiker (deutlich über 60 %) und Abitur (über 20 %). Und der Frauenanteil ist noch einmal höher als bei den Herkunftsdeutschen (70 %).

6) Etwas weniger Erstbesucherinnen und -besucher:
5 % (2015: 8 %)

7) Die wechselseitige Durchdringung der Häuser hat sich erhöht, insbesondere zwischen Oper und Schauspiel.

8) Die Besuchsfrequenz ist signifikant zurückgegangen:
Fokus liegt bei 1 bis 3 Besuchen pro Jahr.
(2015: häufigste Kategorie 4 bis 6 Besuche p.J.)

9) Die Quote der über ein Jahr zurückliegenden Besuche war
im Schauspiel sehr hoch: 40 % (Oper: 18 %)

Das heißt aber auch, dass im Schauspiel die Zahl der Rückkehrer sehr viel höher ist.

10) **Verlagerung der anderen Freizeitaktivitäten in Richtung Kino, Ausstellungen und Streaming:**
Rund 25 % der Befragten bestätigen pandemiebedingte Veränderungen von Einstellungen, Aktivitäten und Besuchen.

Diese veränderten „soziokulturellen Verkehrsformen" bedeuten sowohl „weniger", „zusätzliche" oder „verstärkt andere" Aktivitäten, größere Vorsicht und Zurückhaltung, kostenbedingt kritischere oder spontane Auswahl- und Entscheidungskriterien, als auch eine neue Wertschätzung kultureller Angebote, „mehr" Aktivitäten.

11) **Stoffe sind mehr denn je wichtigstes Besuchsmotiv.**
Das „Thema des Abends" liegt auch bei der „Bedeutung künstlerischer Aspekte für einen gelungenen Theaterbesuch" vorn.

12) **Hohe künstlerische Qualität, Live-Erlebnis und gute Unterhaltung dominieren die Erwartungshaltung, die Werte liegen durchgehend zwischen 10 und 20 Prozentpunkte höher als 2015.**

13) **Informationen zur Vorstellung sind Trumpf.**

14) **Atmosphäre, Service und soziales Umfeld stellen weitere wichtige Faktoren eines gelungenen Theaterbesuchs dar.**

15) **Insgesamt gesteigerte Zufriedenheit mit den künstlerischen Leistungen** (Regie / Inszenierung, Programmvielfalt) im Vergleich zu 2015.

Und: sehr hohe Zufriedenheit mit dem künstlerischen Personal:
deutlich über 90 %.

16) **Bei der Besuchsentscheidung spielt darüber hinaus Flexibilität** (in Bezug auf Uhrzeit und Wochentag) **eine wichtige Rolle.**

Und: Fast die Hälfte des Publikums kommt mit den ÖPNV.

17) **Unterdurchschnittlich ist der Zufriedenheitsgrad bei den Angeboten im Bereich Barrierefreiheit, Senioren und Migration.**
Verbesserungsbedürftig erscheinen vor allem auch die Barrierefreiheit in den Gebäuden sowie die Sitzmöglichkeiten in den Foyers.

18) **Service- und Gastro-Personal erhalten Top-Bewertungen, auch die Gesamtatmosphäre und Beschilderung**
liegen nun bei 90 %.

Sehr große Zufriedenheit gibt es im Kassenbereich und beim Abendpersonal:
deutlich über 90 %

19) **Rund 75 % der Befragten sind mit den Kartenpreisen zufrieden.**

20) **Website, Newsletter und mediale Berichterstattung dominieren bzw. haben erheblich an Bedeutung gewonnen.**

„Abo-Termin" und der „Monatsspielplan" haben an Relevanz verloren.

B. Die Bevölkerung, die Stadt und ihre Staatstheater (Telefon und Straße)

Typologien und Profile
Die befragte Bevölkerung – Stadt und Region – werden in vier Publikums-Cluster aufgeteilt, die sich aus der zeitlichen Präsenz und direkten Erfahrung mit den Niedersächsischen Staatstheatern (NST) herleiten. Die üblichen soziodemographischen Unterscheidungen sind in die jeweiligen Profile der vier Großgruppen integriert.

1. **Die „Aktiven"**: Publikum mit aktueller Erfahrung in den letzten 12 Monaten (= weitestgehend das alte „Stammpublikum").

2. **Die „Inaktiven"**, die mit den NST vertraut sind, aber sie in den letzten 1 bis 3 Jahren nicht mehr besucht haben.

3. **Die „Unwahrscheinlichen"**, die die Bühnen von früher kennen, aber aus den unterschiedlichsten Gründen seit mehr als 4 bis über 10 Jahren nicht mehr frequentiert haben.

4. **Die „Nicht-Besucherinnen und Besucher"**, die zwar schon einmal etwas von der Existenz der Häuser gehört haben, aber niemals da waren und auch nicht hingehen werden.

Zu 1. Die „Aktiven" – 18 % der Bevölkerung
(Besuch in den letzten 12 Monaten)

- 18 % der Befragten fallen in diese Gruppe, die im Vergleich zur Publikumsbefragung deutlich jünger war: 60 % U 50, 40 % Ü 50.
- Auch im Geschlechterverhältnis gibt es graduelle Unterschiede: 53 % weiblich, 47 % männlich.
- Ähnlich sind dagegen die hohen Bildungsabschlüsse: 78 % Abitur und / oder Studium.
- Mit 26 % ist der Anteil mit Migrationshintergrund höher und entspricht in etwa dem statistischen Wert für Hannover.
- Leichte Differenzen gibt es ebenfalls bei den Herkunftsländern: Es dominieren Türkei, Russland und Griechenland.
- Bei den Freizeitaktivitäten lassen sich neben Streaming / Kino vor allem Hochkulturschemata erkennen: Gedenkstätten / Parks, andere Theater und klassische Konzerte werden präferiert, erstaunlich gering erscheint das Interesse an Ausstellungen und Bildender Kunst. Bei den bevorzugten Freizeitaktivitäten werden vor allem gute Unterhaltung, Inspiration, soziale Kontakte und hohe künstlerische Qualität erwartet.
- Bei 13 % hat die Pandemie zu Veränderungen positiver wie negativer Art geführt:

	Alle Befragten	Letzter Besuch				kenne mind. eine Institution, noch keine besucht
		vor max. 1 Jahr	vor 1 bis 3 Jahren	vor 4 bis 5 Jahren	vor mehr als 5 Jahren	
Ja	**12 %**	13 %	23 %	13 %	5 %	11 %
Nein	**88 %**	87 %	77 %	87 %	95 %	89 %

„Hat sich im Zuge der Corona-Pandemie etwas an Ihren Freizeitaktivitäten und an Ihren Erwartungen an die Aktivitäten verändert?"

- Die Ausgaben für Kultur- und Freizeitaktivitäten bewegen sich vorrangig im Segment 50 bis 100 Euro/monatlich (46 %).

Zu 2. Die „Inaktiven" – 8 % der Bevölkerung
(Besuch liegt 1 bis 3 Jahre zurück)

Gesellschaftliche Akzeptanzquote NST: 74 %
(„Staatsoper und Schauspiel prägen das kulturelle Leben in Hannover und Umgebung" = „trifft voll und ganz zu" oder „trifft eher zu")
Persönliche Relevanzquote NST: 38 %
(„Staatsoper und Schauspiel sind für meine Verwandten, Bekannten und Freunde von großer Bedeutung" = „trifft voll und ganz zu" oder „trifft eher zu")

- Die Inaktiven sind mit 8 % die kleinste Gruppe. Hier dominieren eindeutig die Ü 50-Jährigen mit (63 %) Schwerpunkt bei den 51–70-Jährigen.
- Dagegen ist der Anteil von Akademikerinnen und Akademikern mit 23 % vergleichsweise niedrig, es dominieren „Mittlere Reife" (41 %) und Abitur (36 %).
- Stark vertreten sind hier „Ruheständler" (26 %).
- Der Anteil der Personen mit Migrationshintergrund bewegt sich auf dem Level des Stammpublikums, wobei hier Spanien, Italien und Polen als Herkunftsländer vorne liegen.
- Die Präferenz für Sport und Bildende Kunst sind deutlich höher, Kino und Gedenkstätten / Schlösser / Parks bleiben weitere Favoriten.
- Die Erwartung von sozialen Kontakten und einem intensiven Live-Erlebnis sind in dieser Gruppe am höchsten.
- Die regionalen Kulturangebote sind vertraut und werden genutzt.
- In dieser Gruppe ist der Anteil derjenigen, die pandemiebedingt bei sich Veränderungen in den Kultur- und Freizeitaktivitäten feststellen, mit Abstand am größten (23 %).

Wo liegen nun Ansatzpunkte für erneute Besuche der Staatstheater?

1) Welche motivierenden Faktoren auf Seiten von Staatsoper und Schauspiel waren stimulierend?

   Nur drei Faktoren überschreiten die 10 %-Relevanzquote: „Bekannte Künstler", „ungezwungene Atmosphäre", „niedrigere Preise".

2) Gewichtiger und entscheidender erscheinen die Umfeldfaktoren bei den Befragten selbst:

   Es mangelt an einem interessierten Umfeld und an sozialen Kontakten, dies wäre mit Abstand die entscheidende Stimulanz, wieder ins Theater zu kommen. Die beiden relevanten Faktoren Geld und Zeit sind dem deutlich nachgeordnet. Allerdings bewegen sich mehrheitlich die Ausgaben für Kultur- und Freizeitaktivitäten im Unterschied zum „Stammpublikum" nur im niedrigeren Bereich von 20 bis 50 Euro/monatlich.

3) Die Akzeptanz- und Relevanzwerte für die NST liegen bei den „Inaktiven" gegenüber den beiden folgenden Gruppen sehr deutlich höher – und das betrifft gleichermaßen die künstlerisch-kulturelle wie gesellschaftliche und touristische Strahlkraft (rund 75 %). Fast 90 % halten die NST deshalb nicht für „überflüssig".

Diese Befunde decken sich im Kern mit den Ergebnissen des Bertelsmann-Forsa „Relevanzindikators" von 2023 und den dort ermittelten Akzeptanzwerten für den Theaterbetrieb. Auch die dort ermittelte große Diskrepanz zwischen Wertschätzung und realer Nutzung kann nur die überraschen, die mit den psycho-mentalen Faktoren solcher Befragungen wenig vertraut sind. Festzuhalten bleibt aber, dass die überwiegende Mehrheit der Bevölkerung an

Wert und Bedeutung der klassischen Hochkultureinrichtungen glaubt und deshalb ihre staatliche Subventionierung weder kritisiert noch gar in Frage stellt – unabhängig von eigenen Präferenzen und wirklicher Nutzung.

Zu 3. Die „Unwahrscheinlichen" – 31 % der Bevölkerung
(Besuch liegt 4 bis über 10 Jahre zurück)

Gesellschaftliche Akzeptanzquote NST:
54 % (Besuch vor 4-5 J.) | **56 %** (Besuch vor mehr als 5 J.)
Persönliche Relevanzquote NST:
25 % (Besuch vor 4-5 J.) | **15 %** (Besuch vor mehr als 5 J.)

- 31 % sind dieser Kategorie zuzuordnen. Mit über 60 % U 50 repräsentieren sie vor allem die jüngeren Zielgruppen, insbesondere die 21- bis 40-Jährigen.
- Die Bildungsabschlüsse sind mehrheitlich niedrig, der Anteil von Akademikerinnen und Akademikern liegt bei knapp 20 %. Wie in den anderen Clustern dominieren die Angestellten, der Anteil von Rentnerinnen und Rentnern ist bei mehr als 5 Jahre zurückliegenden Besuchen mit fast einem Drittel der höchste.
- Rund 20 % Migrationsanteil sind ein unterdurchschnittlicher Wert, bei den Herkunftsländern dominieren die Türkei, Syrien, Polen und Rumänien.
- Kino und Streaming liegen bei den Freizeitaktivitäten deutlich an der Spitze, insgesamt gestalten sie sich aber weniger intensiv und diversifiziert.
- Die Erwartungshaltungen sind stark auf Unterhaltung und soziale Kontakte fokussiert.
- Von Veränderungen sehen sich bei den Langzeitabstinenten (mehr als 5 Jahre) nur 5 % betroffen.
- Ein Viertel würde sich eine „ungezwungene Atmosphäre" und

keine 20 % niedrigere Preise wünschen.

- Signifikant auch, dass keine 5 % sich „unerwünscht" fühlen.
- Wie bei den „Inaktiven" ist das soziale Umfeld incl. fehlender Partner ein entscheidender Faktor, dazu passt auch, dass sich rund 30 % „Bekannte" im Theater wünschen.
- Ungewöhnlich hoch ist der Prozentsatz der künstlerisch-ästhetischen Barriere (28 % bei den 4 bis 6 Jahre ohne Besuch), entsprechend steigt hier der Prozentsatz der dauerhaft „Unwilligen".
- Auch sind die Akzeptanz- und Relevanzwerte deutlich, zwischen 15 und 20 % halten die NST für „überflüssig", über einem Drittel würden sie nicht fehlen.
- Die Ausgaben für Kultur- und Freizeitaktivitäten liegen auf dem Niveau der „Inaktiven".

Zu 4. Die „Nicht-Besucherinnen und Besucher" – 43 % der Bevölkerung (noch nie besucht resp. unbekannt)

Gesellschaftliche Akzeptanzquote NST: 33 %
Persönliche Relevanzquote NST: 8 %

- Die Nicht-Besucherinnen und -besucher stellen mit 43 % den größten Cluster dar.
- Sie sind altersmäßig mit Abstand die jüngste Gruppe, über 75 % sind U 50, wobei fast 50 % zwischen 21 und 40 Jahre alt sind.
- Mit 59 % Männeranteil fallen sie ebenfalls aus den üblichen (Hoch-) Kulturstatistiken heraus.
- Zwei Drittel verfügen über niedrige Bildungsabschlüsse.
- Der Migrationsanteil ist mit 42 % extrem hoch. Bei den Herkunftsländern dominieren die Türkei, Polen und Russland.
- Kino, Streaming, Sport und Disko sind die Favoriten bei den Freizeitaktivitäten, die erwartungsmäßig mit Unterhaltung,

sozialen Kontakten und Live-Erlebnis verbunden sind. Entsprechend eingeschränkt ist auch die Nutzung der lokalen Freizeit- und Kulturangebote.

- Die Corona-Pandemie hat bei 11 % Spuren hinterlassen.
- Es gibt so gut wie keine signifikanten motivierenden Faktoren, selbst mögliche stimulierende Umfeld- bzw. soziale Faktoren sind nur schwach ausgeprägt.
- Das Budget für Kultur- und Freizeitaktivitäten liegt niedriger als bei den anderen Gruppen, Ausgaben zwischen 20 und 50 Euro werden dennoch von fast der Hälfte monatlich verbucht.
- Dass in diesem Kontext die Akzeptanz- und Relevanzwerte für die NST die mit Abstand niedrigsten sind, erscheint schlüssig. Immerhin bestätigen noch gut ein Drittel die Bedeutung der Häuser für das kulturelle und gesellschaftliche Leben sowie die touristische Anziehungskraft Hannovers.

Straßenbefragung
Erweitert und ergänzt man diese Befunde durch die Straßenbefragungen an vier ausgewählten Standorten, so fällt zunächst der mehrheitliche Prozentsatz derjenigen auf, die Veränderungen in ihren „soziokulturellen Verkehrsformen" feststellen: weniger oder andere Kultur- und Freizeitaktivitäten (35 %), aber auch veränderte Lebenssituation und Unsicherheit bei sozialen Kontakten (15 %).

Da in den Straßenbefragungen die jüngeren Kohorten (67 % U 50) sehr stark vertreten sind, deutlich über ein Drittel einen Migrationshintergrund aufweisen, wird hier noch einmal explizit auf das gesamtgesellschaftliche Phänomen pandemisch bedingter Nutzungs- und Verhaltensveränderungen verwiesen.

Wiewohl im Unterschied zur telefonischen Bevölkerungsbefragung kein repräsentatives Bild entsteht, so decken sich die Einzelstimmen und -kommentare mit vielen Antworten der anderen Befragungen. „Weniger", „anders", „neu bewerten" sind auch hier die Schlüsselattribute, wenn diese individuellen Prozesse von Neu- oder Umorientierungen bewertet werden (siehe auch Kapitel II). Auch die gesonderten Gespräche mit den Interviewern und ihre Eindrücke von Befragten insgesamt bestätigen diesen Befund.

Zusammenfassend lassen sich im Hinblick auf die „soziokulturellen Verkehrsformen" drei wesentliche Tendenzen diagnostizieren: Reduzierung der sozialen Kontakte oder zumindest eine gewisse Zurückhaltung; Ausweitung der sportlichen, naturbezogenen Freizeitaktivitäten; Entwöhnung oder Abstinenz im kulturellen Nutzungsverhalten. Dass 2/3 der Befragten mit Staatsoper wie Schauspiel vertraut sind, sagt allerdings weniger etwas über den aktuellen Status aus als über die prinzipielle Verbundenheit der NST mit der Hannoveraner Stadtgesellschaft.

C. Die „Inaktiven" und die „Aktiven" im Fokusgruppengespräch

Die spezifischen Fokusgruppengespräche dienen der weiteren Vertiefung und Differenzierung des Publikumsverhaltens (Gründe für Inaktivität, Möglichkeiten zur Reaktivierung, veränderte Freizeitaktivitäten), der Besuchserfahrungen (Erinnerung an Besuche, künstlerisch-programmliche Präferenzen) und der Einstellungen des Publikums (Akzeptanz, Relevanz, Wertschätzung der NST).

Im leitfadengestützten Gespräch (siehe Dokumentation) werden authentischer als in den allgemeinen Befragungen Motivationen, Bedürfnisse, Wünsche, aber auch Aversionen, Kritik des aktuellen wie des gewesenen Publikums evident. Fokusgruppengespräche stellen als Ergänzung einen wichtigen Beitrag zum Gesamtbild und zur Gesamteinschätzung kultureller Institutionen dar. Erst recht gilt das, wenn die vielen Einzelstimmen und -ergebnisse nochmals strukturiert und geclustert werden.

Dazu ist in Anlehnung an ein von Marketingwissenschaftler Manfred Bruhn für die Marktforschung entwickeltes Kosten-Nutzen-Modell bei Kaufentscheidungen für den Kultur- und Theaterbereich adaptiert und modifiziert worden. Denn auch jeder Besuchs- oder Nicht-Besuchsentscheidung für den Theaterbereich liegt eine komplexe individuelle „Gewinn- und Verlustrechnung" (Nutzen / Kosten) zugrunde, die wertvolle Ansatzpunkte für die strategisch-operative Arbeit der Bühnen liefert.

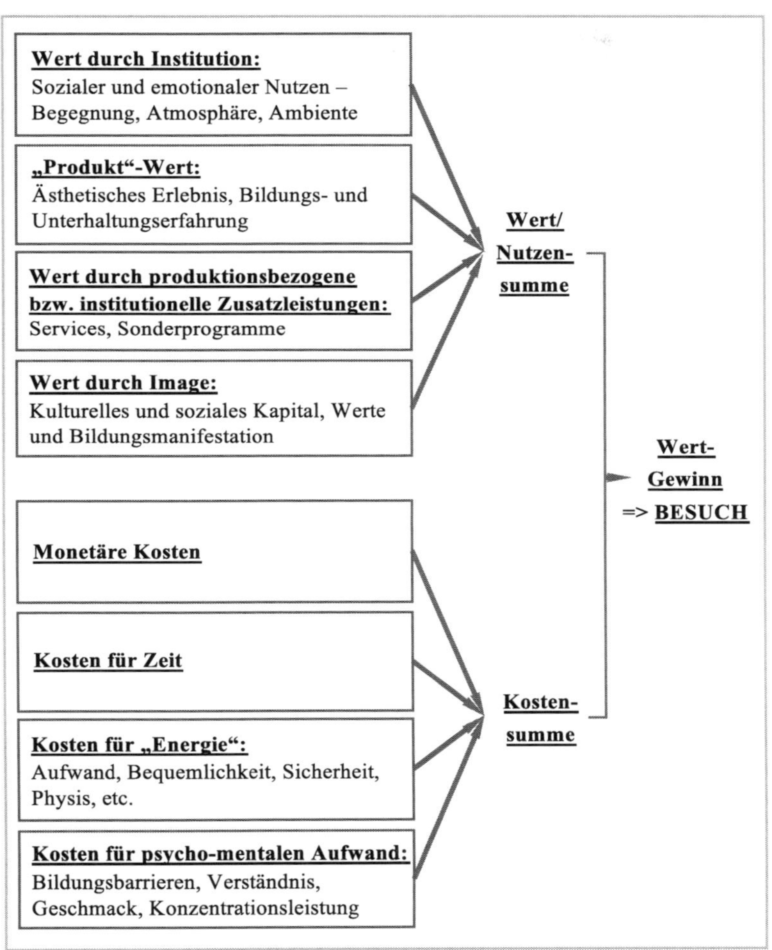

Nutzen, Kosten und Wert des Theaterbesuchs
(Institut für Kultur und Medienwirtschaft, IKMW, 2023)

Der wertbezogene Nutzen und die unterschiedlichen Kostenarten lassen sich sehr konkret auf Entscheidungsprozesse und -situationen herunterbrechen, die Kernaussagen der drei heterogen besetzten Fokusgruppen dokumentieren das. Es sind am Ende Verlust- und Gewinnbeschreibungen der einzelnen Besucherinnen und Besucher, die mit Erwartungen, Bedürfnissen und Enttäuschungen bis an die Grenze der Entfremdung verbunden sind. Sie korrespondieren in wesentlichen Aspekten mit der Inhouse-Publikumsbefragung, in Teilen auch mit der Bevölkerungsbefragung, aber gerade in den Argumentationsmustern spiegeln die Gespräche gesellschafts- und kunstbezogene „Befindlichkeiten" wie:

- Sehnsucht nach Alltagskompensation und geistreich-niveauvoller Entspannung – ohne das „Andere", „Experimentelle", „Neue" zu verdammen. Letztlich bekennt sich eine Mehrheit zur programmlichen Vielfalt, wiewohl man sich zu den eigenen Präferenzen bekennt („bürgerliche Tradition", „ästhetische Ergänzung"). Dies wird auch von den studentischen Interviewern der Straßenbefragung als übergreifende Haltung der Befragten angeführt.
- Immer wieder taucht ein Bedürfnis nach gemeinschaftsstiftenden Sonderformaten auf, festivalartige (Wieder-) Begegnung mit den Häusern.
- Emotionale Berührung, geistige Anregung steht als „Produktwert" eindeutig vor „Diskurs", „Belehrung"
- Durch die Pandemie und die wirtschaftliche Lage verstärkt, rücken monetäre, „energetische" (Aufwand, Belastungen etc.) sowie zeitliche „Kostenfaktoren" stark in den Vordergrund
- Es ist eine latente Sehnsucht nach dem Stadttheater „für alle" zu spüren, ist doch auch bei den „Inaktiven" eine z. T. tiefe Bindung an die NST zu erkennen.
- Das sozial-kommunikative und atmosphärisch-stimulierende Theatererlebnis in harten Zeiten kommt der kollektiven

Bedürfnislage am nächsten und wäre der entscheidende Impuls zum erneuten Besuch oder eben auch zum Zurückkehren.
- Aber: Offenkundig fühlen sich viele nicht mehr angesprochen, künstlerisch adressiert, was zugleich bedauert wird.

Letzteres lässt sich auch dem Bertelsmann-Forsa „Relevanzindikator“ entnehmen, wo „Angebote, die interessieren“, ganz oben auf der Liste der Rückkehrgründe rangieren. Neben dem inhaltlich-ästhetischen Wert/Nutzen sind es vor allem zeitliche und monetäre „Kosten“, die einem Wiederbesuch im Weg stehen.[3]

3 Vgl. Liz Mohn-Center / Bertelsmann Stiftung: Relevanzmonitor Kultur. Stellenwert von Kulturangeboten in Deutschland. Berlin 2023.

D. Fokusgruppengespräche mit migrantischem, aktivem Publikum

Wiewohl die beiden Fokusgruppen numerisch überschaubar blieben und nur mit hohem Organisationsaufwand zusammengestellt werden konnten, lieferten sie wesentliche Erkenntnisse für die Arbeit und das strategische Vorgehen auf diesem Gebiet. Die entscheidenden Weichenstellungen für eine spätere Affinität zum Theater findet neben der Familie (informeller Bildungsraum) im formalen Bildungsraum, der Schule also, statt. Die hochkulturelle Ersterfahrung in und über die Schule prägt alle weiteren Annäherungsprozesse. Denn an diese Erfahrungen kann in Stadtteil-Kulturzentren, in Theaterclubs angeknüpft werden. Hier kann über niedrigschwellige Angebote (z. B. über spielerische Tanz-/Theater-Workshops oder Mitmachformate) – im Unterschied zu Theaterkursen etwa – ein Brückenschlag zum Theater vorbereitet werden.

Darüber hinaus sind es Akteure, Mittlerfiguren aus der eigenen „Szene", die dann glaubwürdig und akzeptiert über partizipative Formen (z. B. „Universen"-Reihe, „Jugend spielt für Jugend International") die Verbindung ins Theater herstellen und kulturelle Barrieren überwinden helfen.

Die Reputation der Niedersächsischen Staatstheater in diesem Bereich ist vorhanden, problematisch gestaltet sich da nur – atmosphärisch-habituell bedingt – die Schwelle zu Oper und Ballett, während dies im Schauspiel eine viel geringere Rolle spielt.

E. Exkurs: Was macht, wohin geht die Generation Z?

Die viel diskutierte Generation Z repräsentiert aktuell etwa die Gruppe der 14- bis 26-Jährigen, also die Einstiegskohorten der „werberelevanten" Altersgruppen (14- bis 49-Jährige). Da die kommunalen wie bundesdeutschen statistischen Bevölkerungsstruktur-Kategorien nicht einheitlich sind und auch die Generationstypologien in ihren Altersgruppen-Abgrenzungen differieren (Generation Z beginnt beispielsweise mal 1995, in der Regel 1997 bis 2010, bisweilen auch 2011/12), so lässt sich der Bevölkerungsanteil der Generation Z sowohl bundesweit als auch auf Hannover bezogen auf kaum 20 % quantifizieren. Unterteilt man nach US-amerikanischem Vorbild noch einmal in Gen Z „older" (1997–2003) und „younger" (2004–2011)[4], so machen die „Jüngeren" in Hannover nur noch rund 8 % der Gesamtbevölkerung aus (deutschlandweit etwa 9 %). Vom entwicklungsperspektivischen Standpunkt bedeutet das, nüchtern betrachtet, ressourcenintensive Bemühungen um eine Kohorte, die rein zahlenmäßig mittel- bis langfristig die biologischen „Verluste" der heute über 65-Jährigen nicht zu kompensieren vermag. Ohne die Alten wird es in den nächsten zwanzig Jahren nicht gehen, der Öffentlich-Rechtliche Rundfunk bildet bereits heute die mögliche Zukunft des Hochkulturbetriebs ab, wenn es nicht gelingt, erfolgreich gegenzusteuern.

Was präferiert die Generation Z also, welche Wertorientierungen und Verhaltensmuster kennzeichnen sie?[1]

Aus der Flut der zum Teil oberflächlich-spekulativen, aber auch interdisziplinär erhellenden Artikel, Bücher und Studien lassen sich in Bezug auf psycho-mentale Dispositionen, Lebensstil, Verhalten, Werte, Beruf / Arbeit relativ präzise, wenn auch z. T. widersprüchli-

4 Vgl. dazu auch den Dokumentationsteil, Seite 205ff.

che Muster erkennen. Als erste komplett digital-, Social Media-sozialisierte Generation (das gilt besonders für die „younger" Gen Z) ist der Lebensstil komplett hybrid – Verschmelzung und Gleichzeitigkeit von analog / digital, real / virtuell – bei permanenter Online-Präsenz, dezidiert visualisiertem Dauerinformationsaustausch („piktorale Kommunikation"), exzessiv-narzisstischer Selbstdarstellung im Netz. Die psycho-mentale Disposition („Mental Health") in Bezug auf Umfeld, Sicherheits- und Wohlfühlbedürfnisse ist entschieden emotional, von Selbstbewusstsein wie Ängsten grundiert. Der Weltbezug und die Wertorientierung sind sozial von „Freundschaften" (Peer groups), Familie, Stimmungsvaleurs („Safe spaces") und Natur / Klima geprägt. Singularität und Hyperindividualismus schließen Gruppen- / Community-Orientierung ebensowenig aus wie Protest und durchgehende Konflikt- und Konfrontationsscheue („Achtsamkeit").

Bei den Wertorientierungen korrespondieren Diversität, fluide Identitäten mit Rollenklischees („New Barbies", Machoattitüden), Gerechtigkeitssinn, Respekt- und Fairnesshaltungen gehen einher mit Mobbing und Ausgrenzung (weitestgehend netzbasiert). Wie auch Klimabewusstsein und Konsumkritik und stylische Selbstinszenierungen (Self-Branding) nur vordergründig einen Widerspruch darstellen. Das popkulturell-postmoderne „Anything goes" verträgt sich offenkundig mit rigidem Moralismus und apokalyptischen Protestattitüden. Die Generation Z scheint schwer zu fassen!

Denn Optimierungssucht / Perfektionismus, Zukunftsängste gehören gleichermaßen zum Verhaltensrepertoire wie sprunghaft-disruptive Fluktuation, Unverbindlichkeit (freizeit- und konsumbezogene Multioptionalität und Illoyalität) „Ghosting", „Quiet Quittung" oder zunehmend ein temporärer Totalausstieg – „NEET" (Not in education, employment or training). Ansprüche und Ängste, Forderungen / Erwartungen, Selbsteinschätzungen und objektives

Leistungsvermögen, Feedbackprobleme und Empfindsamkeit sind in Bezug auf Arbeit / Beruf weder austariert noch in der Balance, sie bilden das polare Spannungsverhältnis schwer kalkulierbarer, disruptiver Lebenspraxen. Der selbst-inszenatorische, bisweilen narzisstische Gestus, der „stylisch" optimiert integraler Bestandteil des Alltags ist, verträgt sich aber durchaus mit den performativen Protestaktionen und medialem Aktivismus.

Generell bleibt festzuhalten: Jenseits aller Pauschalisierungen sind tiefgreifende Einstellungsveränderungen zu diagnostizieren – zu Arbeit und Beruf, Lebensstil und Freizeit, zu Gesellschaft und Umwelt, Kommunikation und Identitätsbildung. Es erscheint dabei von nachgeordneter Bedeutung, ob es sich dabei zeitgeistbedingt eher um Periodeneffekte denn Alterseffekte handelt – die Veränderungen sind überall spürbar, sichtbar, manifest. Ob Arbeitsmarkt oder Kulturbetrieb, erstmals sind es vier Generationen (in der Hochkultur genau genommen sogar 5!), die unter einen Hut gebracht werden müssen – und das bedeutet: sie anzuziehen, zu binden, zufriedenzustellen, zu orchestrieren. Das ist für die „Anbieter" zeitintensiver, mit höherem Aufwand wie Ressourceneinsatz (Kommunikation, Marketing, Programm, Infrastruktur) und Anpassungsfähigkeit verbunden.

Welche ganz praktischen Konsequenzen ergeben sich aus dieser Generation Z-Skizzierung nun für den (Hoch-) Kulturbetrieb?

Hinsichtlich des Kulturnutzungsverhaltens gehen die umfangreichen Begleitforschungen aus Frankreich zum nun auch aktuell in Deutschland kopierten „Kulturpass" („Pass Culture") einen ersten validen Hinweis. Die für 2021 vorliegenden Zahlen sind für die Kernbereiche des Hochkulturbetriebs – klassische Konzerte, Museen, öffentliche Theater – äußerst ernüchternd, die Präferenzen der 18-Jährigen gehen eindeutig in Richtung Bücher (das sind vorwiegend Manga-Comics), mit deutlichem Abstand folgen Kino- und Musikveranstaltungen (siehe Dokumentation). Nun gilt: Deutschland ist nicht Frankreich, allein von der Gesamttendenz her wird aber klar, dass die heute deutlich höheren Bildungsabschlüsse nicht mehr in eine gesteigerten Hochkulturaffinität oder -relevanz münden müssen. Im Vergleich etwa zu den großen Events im Bereich der zeitgenössischen Kunst-Szene haben es die klassischen „Performing arts" sehr schwer. Analysiert man die noch nicht publizierten Publikumsbefragungen der documenta fifteen in Kassel 2022 etwa, dann lässt sich der erhebliche Verjüngungsprozess durch ein zeitgeistgetriebenes sozialorientiertes „Community"-Konzept feststellen. Auch stichprobenartige Beobachtungen bei Biennalen, „Art weeks" u. ä. verdeutlichen, dass sich dort ein jüngeres Publikum angezogen fühlt. Hier entsteht leichter ein Gemeinschaftsgefühl, die Aufmerksamkeits- und Konzentrationsansprüche sind geringer, die Atmosphäre ist vielseitiger, „fluider", die Zeitspanne und Bewegungsabläufe sind selbstbestimmt-flexibel – alles Faktoren, die den soziokulturellen Verkehrsformen der Generation Z stärker entgegenkommen.

Ein kurzer Blick auf die erfolgreichste Netflix-Serie „Emily in Paris", die als Klischee-Erwartungsbedienung prototypisch für das globale Lebensgefühl der Generation Z steht, vermittelt wichtige Einblicke in ästhetische Präferenzen wie Rezeptionsverhalten. Das „Ambient TV" genannte Format ist KI-gesteuert (der Algorithmus als Drehbuchautor), also vorprogrammierte Pseudoindividualisierung, das Atmosphärische („smokt Helling surface") überlagert Inhalt und Aussage. Vor allem aber kommt die einfache Storyline ohne Konzentrationsanspruch („you don't have to pay attention") den Nebenbei-Medienkonsum sowie identifikatorischen (Selbst-) Inszenierungs- und Konsumbedürfnissen entgegen.[5]

5 Vgl. Kyle Chaka: „Emily in Paris: and the Rise of Ambient TV. https: new yorker.com

Nun stellt „Emily in Paris" nicht die Blaupause eines „Theaters von morgen" dar, allein sollte keiner die darin verborgenen Anspruchs- und Attrahierungsoptionen ignorieren. Es geht um Wohlfühlen, Vertrautheit,„emotionale Anker" Selbstbestätigung, gemeinschaftliche Selbstbestätigung inhaltlich wie ästhetisch. Auf drei Ebenen lässt sich das verifizieren – räumlich, perzeptiv, thematisch.

Für (Bildungs-)Räume heißt das:

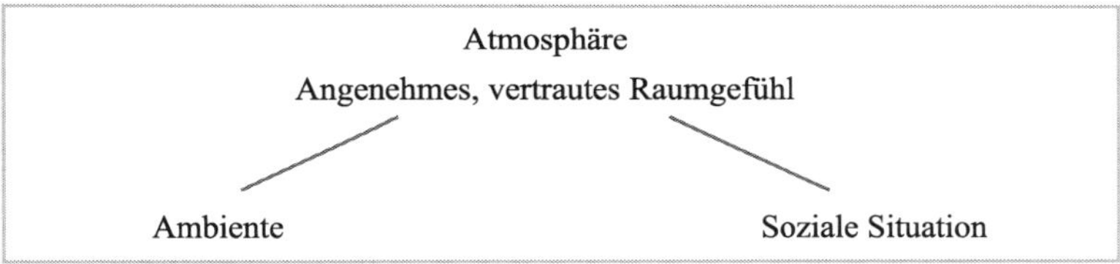

Für Perzeption und Rezeption bedeutet das:

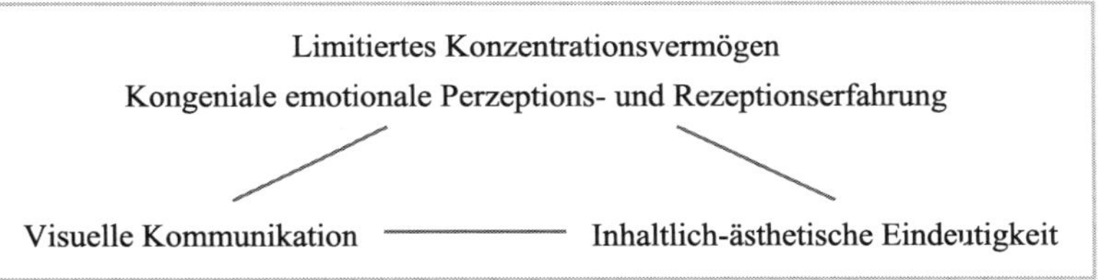

Für die thematisch-dramaturgische Ausrichtung gelten die Kriterien:

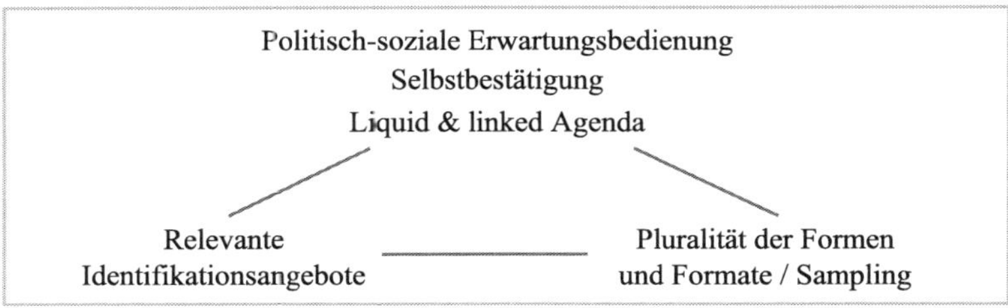

In den kleinen Spielstätten der NST lassen sich Teile dieser ästhetisch-atmosphärischen und programmlichen Bausteine wiederfinden: gemeinschaftsstiftende, locker-soziale Raumsituation mit entsprechender Service-Infrastruktur, klar von den großen Spielstätten abgegrenzte szenische Formate usw. Allerdings wird selbst hier die Herausforderung gegenüber des jüngeren Teils der Generation Z (unter 20-Jährige) evident: Die Anteile (mit Ausnahme Ballhof 1) differieren kaum vom Gesamtergebnis. Anders sieht es bei den über 20- bis 29-Jährigen aus, die dominieren.

	2023 insgesamt	Ballhof 1	Ballhof 2	Cumber-landsche
Bis 20	**5 %**	10%	6%	2%
21 bis 30	**11 %**	19%	27%	29%
31 bis 40	**7 %**	8%	20%	22%
41 bis 50	**8 %**	11%	7%	10%
51 bis 60	**22 %**	23%	15%	20%
61 bis 70	**27 %**	17%	19%	17%
Über 70	**20 %**	11%	7%	0%

Altersstruktur in den kleinen Spielstätten der NST

Das NST liegt beim studentischen Teil der Generation Z auf Kurs, wobei auch hier über hybride Formate oder festivalnahe Events noch Potential vorhanden ist. Das erfolgversprechende Einstiegsszenario stellen clubähnliche, multifunktional nutzbare Projekträume dar, die szenisch-programmlich an den Schnittstellen von Pop- und Digitalkultur liegen ohne auf thematische Relevanz verzichten zu müssen.

V | ZWEI WELTEN ODER DIE GANZE WAHRHEIT:

Stadt – Theater – Bevölkerung – Publikum

Es liegt auf der Hand und spielt doch keine Rolle im kulturpolitischen Diskurs um Hochkultur und ihre Publika: die notwendige Unterscheidung zwischen aktuellen Nutzern und abendlicher Nutzung öffentlicher Theater. Die zwei dazu notwendigen Grundsatzfragen lauten:

1. Wer besucht die Theater?
2. Wer sitzt in den Vorstellungen?

Die erste Grundsatzfrage lässt sich weiter differenzieren: Wer besucht aktuell die Theater? Wer hat sie in der näheren, weiteren Vergangenheit besucht? Wer hat noch nie ein Theater besucht und will es auch in Zukunft nicht? Die Antworten führen zu einer Kategorisierung innerhalb des Zeitstrahls: aktiv, inaktiv (zur Zeit), unwahrscheinlich (längst vergangen) und noch nie (kein Interesse, weil persönlich irrelevant).

In der zweiten Grundsatzfrage spiegelt sich das abendliche Publikum innerhalb eines Zeitraums und ausgewählten Repertoirevorstellungen wider – nicht mehr und nicht weniger!

Wer sich in seinen Analysen und soziokulturellen Bewertungen nur auf die Publikums-, genauer Besuchebefragungen verlässt, beschreibt die halbe Wahrheit. Das gesellschaftliche Gesamtbild, die objektiven Nutzungsverhältnisse und das wirklich Erkenntnisstiftende erwächst erst aus dem Vergleich von Bevölkerungs- und Publikumsbefragung, wie die Gegenüberstellungen der soziodemographischen Tabellen eindrücklich zeigt:

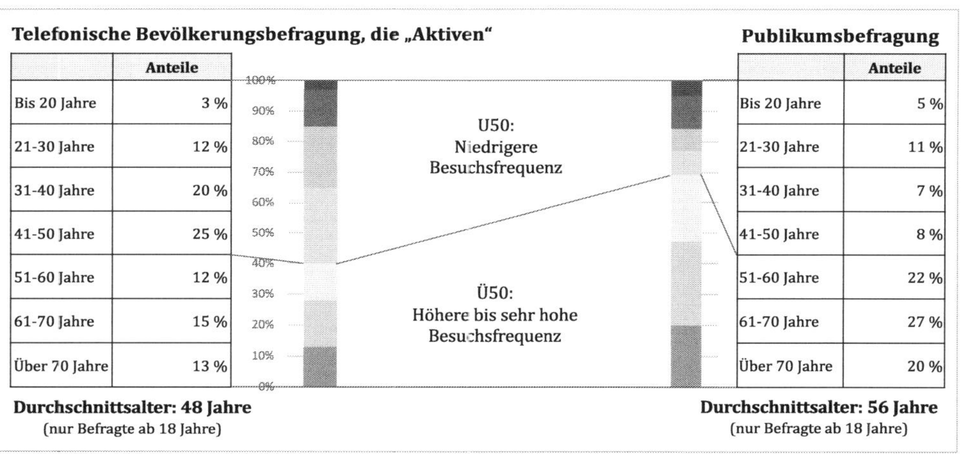

Telefonische Bevölkerungsbefragung, die „Aktiven“

	Anteile
Bis 20 Jahre	3 %
21-30 Jahre	12 %
31-40 Jahre	20 %
41-50 Jahre	25 %
51-60 Jahre	12 %
61-70 Jahre	15 %
Über 70 Jahre	13 %

Durchschnittsalter: 48 Jahre
(nur Befragte ab 18 Jahre)

Publikumsbefragung

	Anteile
Bis 20 Jahre	5 %
21-30 Jahre	11 %
31-40 Jahre	7 %
41-50 Jahre	8 %
51-60 Jahre	22 %
61-70 Jahre	27 %
Über 70 Jahre	20 %

Durchschnittsalter: 56 Jahre
(nur Befragte ab 18 Jahre)

Besucherinnen und Besucher in der Bevölkerung und Publikum in den Vorstellungen
(Institut für Kultur und Medienwirtschaft, IKMW, 2023)

Was lässt sich daraus schließen?

1) Die Mehrheit der Bevölkerung aus Hannover und Region kennt die NST und war bereits einmal dort, verfügt also über Theatererfahrung (insgesamt 57 %)
2) Immerhin 18 % sind aktuelle Theatergängerinnen und -gänger, das liegt 7 Prozentpunkte über dem Landesdurchschnitt (11 %) und 3 Prozentpunkte über dem Bundesdurchschnitt (15 %).
3) Die Theatergängerinnen und -gänger repräsentieren die städtisch-regionale Gesellschaft: altersmäßig, in Bezug auf den Migrationshintergrund, geschlechterspezifisch.
4) Das die Theater aktuell nutzende Publikum ist erheblich jünger, als es die Publikumsbefragungen an den Abenden ausweisen (60 % U 50).
5) Die Geschlechterverteilung ist ausgewogener, als es die Publikumserhebungen ausweisen.

6) Es gibt keine Mehrheit in der Stadt- und Regiongesellschaft, die die NST, ihre Subventionierung oder Bedeutung nachhaltig in Frage stellen.

Aber:
7) Die unter 50-Jährigen gehen viel seltener ins Theater als die über 50-Jährigen, so dass die älteren Jahrgänge entscheidend zu der Gesamtzahl der Besuche beitragen, deshalb sind sie sehr oft oder häufiger in den Vorstellungen zu finden. Und: Frauen gehen häufiger ins Theater als Männer.
8) Hohe Bildungsabschlüsse dominieren sowohl in der Bevölkerungs- als auch Publikumsbefragung. Das gilt erst recht für das Publikum mit Migrationshintergrund.
9) Je weiter der letzte Theaterbesuch zurückliegt, um so stärker nimmt die gesellschaftliche Akzeptanz und persönliche Relevanz ab.
10) Je jünger und niedriger die Bildungsabschlüsse, um so größer sind Abstinenz oder dauerhaftes Desinteresse dem Theater gegenüber.
11) Die Mehrheit der Bevölkerung war zwar bereits mindestens einmal im Theater, aber eine noch größere Mehrheit wird nie oder wird nicht mehr ins Theater gehen.

Bildung und auch anspruchsvoll-stimulierende Unterhaltung sind tendenziell anstrengend oder herausfordernd, sie unterliegen einer sehr persönlichen und komplexen Kosten-Nutzen-Entscheidung, die sich aus atmosphärisch-emotionalen, sozial-umfeldbezogenen, intellektuell-immateriellen, psycho-mentalen, zeitlichen, monetären Faktoren zusammensetzt. Diese Kosten-Nutzen-Entscheidungen basieren auf Hierarchien bei Nutzen (= Wert) und Kosten (= Belastungen), sie sind partiell, situativ und temporär beeinflussbar, haben aber einen nachhaltigen, konstanten Kernbereich, der weder durch materielle oder immaterielle Benefits steuerbar erscheint.

Wer da sozialromantischen Träumen, idealisierten oder ideologischen Wunschvorstellungen nachhängt, leugnet nicht nur Empirie und soziale Realitäten, sondern überlastet, überfordert wider besseren Wissens die Institution Theater. Das „Reale" offenbart sich erst in gebotener Deutlichkeit in parallel zu den Publikumsbefragungen durchgeführten repräsentativen Bevölkerungsbefragungen: ‚evidenzbasiert', differenziert und objektivierend-nüchtern.

Dass die zwei Welten der Publika widersprüchlich und auch mehrdeutig wirken, unterstreicht nur ihren Realitätsgehalt als zwei Seiten einer Medaille. Und noch etwas ist entscheidend: Dass am Ende dann doch schlüssige Gesamtbild erfordert tiefgreifende Interpretation des methodisch sauber generierten Datenmaterials und eine weitgreifende Kontextualisierung sowie studienvergleichende Einordnung und Bewertung. Sonst bleibt es bei oberflächlichen oder gar populistischen Befunden und Halbwahrheiten! Damit wäre keinem gedient.

VI | EMPFEHLUNGEN

Ausgangspunkt aller künftiger Strategien bildet ein „Herausforderungs"-Rechteck und dem sich daraus ableitenden mittelfristigen Herausforderungsszenario:

Programm / Besucher	**Organisation / Personal**
▪ Zurückhaltung / partielle Inaktivität des Publikums / zurückgehende Besuchsfrequenz	▪ Multiple Kostenexplosion und Anforderungssteigerungen (Nachhaltigkeit) bei, inflationsbedingt, sinkenden Zuwendungen
▪ Gewinnungs- und Bindungsstrategie U 50 Schwer kalkulierbare Angebotspolitik	▪ Fachkräftemangel Technik / Gewerke / IT
= Volatilität	= Ressourcenmangel Unsicherheit

Betrachtet man diese betriebsimmanenten Probleme, Risiken und Schwierigkeiten in den größeren gesellschaftlich-politischen und -wirtschaftlichen Zusammenhängen, dann braucht es wenig prophetischer Gaben, um den Niedersächsischen Staatstheatern herausfordernde Zeiten vorherzusagen. Bereits jetzt machen sich Kauf- und Ausgabenzurückhaltung in fast allen Konsum-, Freizeit- und Kulturbereichen bemerkbar. Das wird sich in den nächsten Jahren nicht ändern. Um so entscheidender wird der noch gezieltere Ressourceneinsatz (Zeit, Personal, Geld) notwendig sein, um sich über Publikums-/Besuchszahlen, Programmvielfalt und Wirken in die Stadt-/regionale Gesellschaft hinein kulturell wie sozial sichtbar zu legitimieren. Darauf zielen die folgenden Empfehlungen und Vorschläge ab.

Maßnahmen

1) STRATEGIE:
Generell alles auf eine Doppelstrategie (U 50 / Ü 50) ausrichten; die Niedersächsischen Staatstheater verfügen dafür über Reputation und stadtgesellschaftliche Ausstrahlung

2) MARKETING:
Bindung / Reaktivierung priorisieren, dann gezielte „Neu-Akquise" über Programm / Kommunikation / Ort. Vor allem: systematische Aktivierung der umfangreichen Datenbank.

3) KOMMUNIKATION:
Intensivierung der direkten Kommunikation: Kasse / Abenddienst dienen als Vorbild, das gezielte Gespräch mit „Inaktiven" zu suchen. Noch aktivere, gezieltere Social-Media-Aktivitäten (Instagram, Influenzer) für junge Zielgruppen.

4) PROGRAMM:
„Modell" „Yaras Hochzeit" für jüngere-diverse Zielgruppen, ohne das „Stammpublikum" zu verschrecken. Gerade im Mix aus gesellschaftlich-relevanten Themen, popkulturellen Ästhetiken und „aufmunternden" Botschaften liegt ein großes programmliches Potential für ein in vielerlei Hinsicht „diverses" milieu- und generationsübergreifendes Publikum. Ansonsten gilt: größtmögliche stilistisch-ästhetische, programmlich Vielfalt bei sukzessiver Hybridisierung des Angebots (augmented / extended reality).

5) VERMITTLUNG:
Bildungsaktivitäten noch stärker auf die informellen (Eltern, Peer-Groups) und formalen Bildungsräume (Schulen aller Art) fokussieren, deren Bedürfnisse / Möglichkeiten noch intensi-

ver als Ausgangspunkt (d. h. curricular verankert) aller Aktivitäten nehmen. In den Schulen vollzieht sich die primäre kulturelle Bildung, das Theater als non-formaler Bildungsraum kann nachhaltig nur darauf aufbauen.

6) DIVERSITÄT:
Nicht allein auf „marginalisierte" Gruppen konzentrieren, sondern sich differenziert und verstärkt auch auf die Erreichbaren und zahlenmäßig relevanten Großgruppen hin ausrichten.

7) TRANSFER:
Für die Zielgruppen U 30 sind die kleinen Spielstätten (Ballhof 1/2, Cumberlandsche) und ihre Angebote attraktiv und werden entsprechend frequentiert. Mittelfristig entscheidend wird sein, diese Publikumskohorten an die großen Spielstätten heranzuführen. Die kleinen Spielstätten könnten verstärkt als Erprobungsräume hybrider Formate (siehe Programm) genutzt werden.

VII | DOKUMENTATION

TEIL 1: METHODIK

Die Studie fokussiert einerseits die Bevölkerung der Stadt und Region Hannover: Wer besucht aus dieser Region die Niedersächsischen Staatstheater Hannover aktiv, weniger oder gar nicht? Welche Faktoren könnten zu häufigeren, erneuten oder ersten Besuchen motivieren? Andererseits wird das Publikum analysiert, das in den Vorstellungen anzutreffen ist: Wie ist es zusammengesetzt? Wie hat es sich entschieden? Mit welchen Erwartungen kommt es? Wie erlebt und bewertet es, wie zufrieden ist es mit dem Theaterbesuch? Ein gemeinsamer Schwerpunkt in allen Forschungsschritten waren zudem anhaltende Auswirkungen der Corona-Pandemie auf das Kultur- und Freizeitverhalten.

Sowohl bei der Untersuchung der Bevölkerung als auch des Publikums werden parallel quantitativ-statistische und qualitative-offene Erhebungs- und Analysemethoden verwendet. Außerdem wurden für grundlegende Bezugspunkte bei der Einordnung der neu erhobenen Daten bestehende Kartenverkaufsdaten von Staatsoper und Schauspiel sowie bestehende Statistiken zu Bevölkerung, Motivationsstrukturen und Kultur- und Freizeitaktivitäten kumuliert und analysiert. Diese wurden ergänzt durch Gruppendiskussionen mit Kassen- und Abenddienstpersonal von Staatsoper und Schauspiel Hannover. Die folgende Graphik gibt einen Überblick über die Elemente des Forschungsprozesses:

Untersuchung der Bevölkerung der Stadt und Region Hannover	**Untersuchung des Publikums in den Vorstellungen der NST**
Repräsentative telefonische Bevölkerungsbefragung	Repräsentative Publikumsbefragung in den Spielstätten und online
Qualitative Straßenbefragung	Fokusgruppen - mit „inaktivem" Publikum - mit Menschen mit Migrationshintergrund

Aufbereitung und Analyse grundlegender und kontextualisierender bestehender Daten

- Analyse von Kartenverkaufsdaten sowie von Statistiken zu Bevölkerung und Kultur- und Freizeitaktivitäten
- Gruppendiskussionen mit Kassen- und Abenddienstpersonal

Repräsentative telefonische Bevölkerungsbefragung

Untersuchungsgegenstände und Erhebungsinstrument

- Für die repräsentative telefonische Bevölkerungsbefragung wurde ein Fragenkatalog mit weitgehend geschlossenen Fragen zu folgenden Untersuchungsgegenständen entwickelt:
- Kultur- und Freizeitaktivitäten
- Erwartungen an bevorzugte Kultur- und Freizeitaktivitäten
- Veränderungen von Kultur- und Freizeitaktivitäten in Folge der Corona-Pandemie
- Besuch von Staatsoper und Schauspiel Hannover sowie weiteren Kulturinstitutionen und Freizeitangeboten in Hannover
- Faktoren, die zu häufigeren, erneuten oder ersten Besuchen von Staatsoper und Schauspiel bewegen könnten
- Bewertung der Relevanz von Staatsoper und Schauspiel für Hannover insgesamt sowie für das persönliche Umfeld
- Soziodemographie: Alter, Geschlecht, Wohnort, Geburtsland und Selbstbezeichnung.

Zielgruppe und Ansprache

Mit der Durchführung der Erhebung wurde M&K Marktforschung und Kommunikation, Rostock, beauftragt. Das Unternehmen hat bereits mehrere repräsentative Bevölkerungsbefragungen im Kulturbereich durchgeführt.

Erhoben wurden die Daten bei zufällig ausgewählten Personen ab 18 Jahren in Postleitzahlbereichen in der Stadt und der Region Hannover. Die Stichprobe wurde so gesteuert, dass die Anzahl der Interviews der Verteilung der Bevölkerung über die Postleitzahlbereiche im Erhebungsgebiet entsprach. Ferner wurde die Stichprobe nach der Verteilung der Geschlechter und der Altersgruppen im Erhebungsgebiet quotiert. Insgesamt wurden 500 Interviews abgeschlossen.

Erhebung
Die Erhebung erfolgte in Form von computergestützten Telefoninterviews (CATI) auf der Grundlage des Fragenkatalogs. Die Interviews dauerten durchschnittlich zehn Minuten.

Da für die Befragten, deren letzte Besuche in Staatsoper oder Schauspiel Hannover nicht länger als zwölf Monate zurücklagen, durch die Publikumsbefragung fundierte Informationen zu Entscheidungsfaktoren und Erwartungen an Besuche vorlagen, wurde dieser Gruppe keine Fragen nach Faktoren für häufigere Besuche der Staatstheater sowie zur Bewertung der Staatstheater gestellt.

Qualitative Straßenbefragung

Die Straßenbefragung ergänzte die telefonische Bevölkerungsbefragung durch eine nicht durch vorgegebene Antwortkategorien gerahmte, qualitativ-offene Untersuchung.

Untersuchungsgegenstände und Erhebungsinstrument
Für die qualitative Straßenbefragung wurde ein teilstandardisierter Leitfaden entwickelt. Um die Ergebnisse der Straßenbefragung mit denen der repräsentativen telefonischen Bevölkerungsbefragung vergleichen zu können, wurden die Themen des Leitfadens größtenteils aus dem Fragenkatalog der telefonischen Bevölkerungsbefragung abgeleitet:

- Kultur- und Freizeitaktivitäten
- Erwartungen an bevorzugte Kultur- und Freizeitaktivitäten
- Veränderungen von Kultur- und Freizeitaktivitäten in Folge der Corona-Pandemie
- Kenntnis und Besuch von Staatsoper und Schauspiel Hannover sowie Kulturinstitutionen und Freizeitangeboten in Hannover

- Barrieren für Besuche von Staatsoper oder Schauspiel Hannover
- Faktoren, die zu häufigeren, erneuten oder ersten Besuchen von Staatsoper und Schauspiel bewegen könnten
- Bedeutung von Staatsoper und Schauspiel im persönlichen Umfeld der Befragten
- Soziodemographie: Alter, Geschlecht, Wohnort, Geburtsland und Selbstbezeichnung.

Erhebungsorte und Erhebung
Für die Straßenbefragung wurden sechs Orte des öffentlichen Lebens in Hannover ausgewählt, an denen nach Einschätzung der Staatstheater und dem Sozialatlas Hannover unterschiedliche Bevölkerungsmilieus erwartet wurden: Kröpcke, Lister Meile, Engelbosteler Damm, Limmer Straße, Lindener Markt und Maschsee.

Geführt wurden die Interviews von Mitarbeitenden der Niedersächsischen Staatstheater, die bereits bei der Publikumsbefragung in den Spielstätten Fragebögen verteilt hatten und dadurch Erfahrung mit der Ansprache von Menschen für die Studie der Staatstheater hatten.

Die Interviews dauerten durchschnittlich drei bis vier Minuten und wurden auf der Grundlage des Leitfadens offen geführt: Die vorgegebenen Themen wurden an den Sprachstil der Befragten angepasst abgefragt, die Beantwortung erfolgte ohne Vorgabe von Anwortkategorien. Vom 25. bis 30. April 2023 wurden 180 offene Interviews geführt.

Interviews mit Erheberinnen und Erhebern der Straßenbefragung
Mit einer Erheberin und einem Erheber der Straßenbefragung wurden nach Abschluss der Erhebungen zwanzigminütige offene Interviews geführt, in denen sie nach übergreifenden Einschätzungen zu folgenden Punkten gefragt wurden:

- Soziodemographisches und habituelles Profil von aktiven, inaktiven und Nicht-Besucherinnen und -Besuchern
- Faktoren, die zu häufigeren, erneuten oder ersten Besuchen von Staatsoper und Schauspiel bewegen könnten.

Repräsentative Publikumsbefragung in den Spielstätten und online

Untersuchungsgegenstände und Erhebungsinstrument
Der Fragebogen für die repräsentative Publikumsbefragung wurde aus dem Fragebogen der Publikumsbefragung im Jahr 2015 entwickelt und umfasste weitgehend geschlossene Fragen zu folgenden Bereichen:

- Mediennutzung und Zufriedenheit mit den Medien von Staatsoper und Schauspiel Hannover
- Besuchsmuster für Staatsoper und Schauspiel Hannover und ihre Spielstätten
- Entscheidungsfaktoren und Erwartungen für den Besuch von Staatsoper und Schauspiel Hannover
- Zufriedenheit mit künstlerischem Angebot, Atmosphäre, Personal und Kartenverkauf von Staatsoper und Schauspiel Hannover
- Andere Kultur- und Freizeitaktivitäten und ihre Veränderungen in Folge der Corona-Pandemie
- Soziodemographie: Alter, Geschlecht, höchster Bildungsabschluss, beruflicher Status, Wohnort, Geburtsland, Sprachen und Selbstbezeichnung.

Der Fragebogen wurde in einer Print-Version für die Verteilung in den Spielstätten sowie in einer Online-Version für die Online-Befragung produziert.

Grundgesamtheit und Repräsentativität
Die Publikumsbefragung ist repräsentativ für das Publikum der Niedersächsischen Staatstheater im Repertoirebetrieb in Staatsoper und Schauspiel Hannover im Erhebungszeitraum vom 23. Februar bis 30. März und von 11. bis 30. April 2023.

Wie bei der Publikumsbefragung 2015 und Publikumsbefragungen an anderen Häusern wurden reine Schulaufführungen nicht einbezogen, weil bei jungen Altersgruppen Verständnisschwierigkeiten die Ergebnisse verfälschen könnten und weil formal-juristische Anforderungen an empirische Untersuchungen von Schülerinnen und Schülern die Ziehung einer repräsentativen Stichprobe in Frage gestellt hätten.

Aus dem Repertoirebetrieb von Staatsoper und Schauspiel im Erhebungszeitraum wurden 64 Vorstellungen in Staatsoper, Schauspielhaus, Ballhof 1 und 2 sowie in der Cumberlandschen für die Erhebung ausgewählt. Für die Anzahl von Erhebungen pro Produktion wurde berücksichtigt, wie oft die Produktionen im Erhebungszeitraum gespielt wurden. Die Erhebungen wurden außerdem so auf die Wochentage verteilt, dass die Wochentage entsprechend ihres Anteils am Spielplan abgedeckt waren.

Erhebung in den Spielstätten
Die Fragebögen wurden vom Personal der Niedersächsischen Staatstheater Hannover verteilt. Die an der Verteilung beteiligten Mitarbeiterinnen und Mitarbeiter wurden von Achim Müller, Direktor Forschung und Projektmanagement des IKMW, für die Erhebung geschult. Zur Qualitätssicherung wurden die Regeln der Erhebung in einem Briefing für die Mitarbeiterinnen und Mitarbeiter festgehalten.

Die Verteilung der Fragebögen bei den ausgewählten Vorstellungen erfolgte nach dem Zufallsprinzip beim Eintreffen des Publikums in den Häusern. Die Befragten konnten die ausgefüllten Fragebögen bei den Mitarbeiterinnen und Mitarbeitern der Staatstheater abgeben oder in dafür bereitgestellte Boxen einwerfen. Alternativ konnten sie den Bogen später ausfüllen und ihn per Post zuschicken oder bei einem späteren Besuch abgeben.

Online-Erhebung
Ergänzend zur Befragung in den Spielstätten, wurde an Publikum, das online ein Ticket für die für die Erhebung ausgewählten Vorstellungen erworben hatten, zwei bis drei Tage nach der Vorstellung per Mail eine Einladung zur Beantwortung des Online-Fragebogens versendet. Da diese Mail allen Besucherinnen und Besuchern, die online ein Ticket erworben hatten, zugeschickt wurde, musste hier keine Zufallsauswahl getroffen werden.

Stichprobe
Im Erhebungszeitraum wurden 3.007 Fragebögen ausgefüllt eingereicht, davon 2.043 Fragebögen aus der Verteilung in den Spielstätten und 964 Beantwortungen des Online-Fragebogens. Um Unterschiede in der Rücklaufquote bei den verschiedenen Produktionen auszugleichen, wurden die Fragebögen für die Analyse entsprechend des Anteils der Produktionen an den Besuchen an den Erhebungsabenden gewichtet.

Fokusgruppen

Als qualitative Vertiefung der repräsentativen Publikumsbefragung wurden Fokusgruppendiskussionen mit zwei Zielgruppen geführt: mit „inaktivem" Publikum, deren letzte Ticketkäufe länger als ein Jahr zurücklagen, und mit Menschen mit Migrationshintergrund.

Fokusgruppen mit „inaktivem" Publikum
Für die Fokusgruppen mit „inaktiven" Besucherinnen und Besuchern wurden aus den Ticketing-Daten der Niedersächsischen Staatstheater 2.000 Besucherinnen und Besucher, deren Online-Ticketkäufe länger als ein Jahr zurücklagen, zu Fokusgruppen eingeladen.

Mit 16 dieser „Inaktiven" wurden drei Fokusgruppendiskussionen geführt. Der teilstandardisierte Leitfaden für diese offenen Gruppendiskussionen behandelte folgende Themen:

- Entwicklung der bisherigen Besuche von Staatsoper und Schauspiel und Aspekte, die die bisherige Besuchserfahrung bestimmen
- Gründe für den großen Abstand zum letzten Besuch
- Faktoren, die zu erneuten Besuchen bewegen könnten
- Bedeutung der Corona-Pandemie für Veränderungen bei den Besuchen von Staatsoper oder Schauspiel sowie bei Kultur- und Freizeitaktivitäten insgesamt
- Soziodemographie: Alter, Geschlecht, höchster Bildungsgrad.

Die anonymisierten Transkriptionen wurden einer qualitativen Inhaltsanalyse unterzogen und die Aussagen den Kategorien eines für den Kulturbereich angepassten Modells von wahrgenommenen Publikumsnutzen, -kosten und -wert zugeordnet.

Fokusgruppen mit Menschen mit Migrationshintergrund

Für die Fokusgruppen mit Menschen mit Migrationshintergrund wurden sieben Initiativen und Vereine angesprochen, zu denen die Niedersächsischen Staatstheater im Rahmen des 360°-Programms Kontakt aufgebaut hatten, angesprochen und gebeten, die Einladung an ihre Mitglieder zu verteilen.

Aus dieser Ansprache meldeten sich 11 Personen für Fokusgruppen an. Durch kurzfristige Absagen und Nicht-Erscheinen wurden schließlich zwei Diskussionen mit fünf Personen mit Migrationshintergrund geführt. Der Leitfaden für diese Diskussionen behandelte folgende Themen:

- Wahrgenommene Kultur- und Freizeitaktivitäten inklusive der dafür aufgesuchten Institutionen und Orte sowie des sozialen Rahmens und der Begleitung bei den Aktivitäten
- Bisheriger Kontakt zu Staatsoper oder Schauspiel Hannover (Gespräche, Informationen aus Medien, Besuche, Teilnahme an Programmen)
- Faktoren, die zu häufigeren, erneuten oder ersten Besuchen bewegen könnten
- Soziodemographie: Alter, Geschlecht, höchster Bildungsgrad, Geburtsland.

Für die Vergleichbarkeit der Ergebnisse mit denen der Fokusgruppen mit „inaktivem" Publikum wurden auch hier die anonymisierten Transkriptionen einer qualitativen Inhaltsanalyse unterzogen und die Aussagen den Kategorien des Modells von wahrgenommenen Publikumsnutzen, -kosten und -wert zugeordnet.

Analyse von Kartenverkaufsdaten und bestehenden Statistiken

Zur Interpretation und Einordnung der für diese Studie neu erhobenen Daten („Primärdaten") wurden umfangreiches bestehendes Datenmaterial und Statistiken aus anderen Erhebungen herangezogen. So wurden aktuelle Kartenverkaufszahlen für das erste Quartal 2023 mit den Zahlen der entsprechenden Quartale der letzten beiden Vor-Corona-Spielzeiten (2017/18 und 2018/19) verglichen.

Für den gesamtgesellschaftlichen Kontext wurden umfangreiche Bevölkerungs- und Kulturnutzungsdaten herangezogen:

- Altersentwicklung der Bevölkerung in Deutschland
- Entwicklung der Studierendenzahlen und der Geschlechterverteilung unter Studierenden
- Entwicklung des Anteils der Bevölkerung mit Migrationshintergrund
- Nutzung kultureller Angebote im Vergleich zwischen den Bundesländern
- Entwicklung der Besuche öffentlich geförderter Theater
- Entwicklung von Abonnements und Besucherorganisationen
- Charakterisierung von Habitus und Motivationsstruktur der Generationen seit dem Zweiten Weltkrieg.

TEIL 2: DOKUMENTATION DER UNTERSUCHUNGSERGEBNISSE

A Repräsentative Publikumsbefragung (vor Ort und Online)

A.1 Gesamtzahlen 2023 im Vergleich mit der Befragung 2015

Soziodemographie

Altersgruppen

n (2023) = 2.616	**Befragung 2023**	Befragung 2015
bis 20 Jahre	**5 %**	6 %
21 bis 30 Jahre	**11 %**	7 %
31 bis 40 Jahre	**7 %**	7 %
41 bis 50 Jahre	**8 %**	12 %
51 bis 60 Jahre	**22 %**	21 %
61 bis 70 Jahre	**27 %**	24 %
Über 70 Jahre	**20 %**	23 %

Geschlecht

n (2023) = 2.775	**Befragung 2023**	Befragung 2015
Weiblich	**65 %**	63 %
Männlich	**34 %**	37 %
Divers	**1 %**	n.a.*

*n.a. = nicht abgefragt

Wohnsitz

n (2023) = 2.580	**Befragung 2023**	Befragung 2015
Hannover (Stadt)	**56 %**	45 %
Region Hannover (ohne Stadt)	**25 %**	29 %
Niedersachsen (ohne Region Hannover)	**13 %**	13 %
Deutschland (ohne Niedersachsen)	**5 %**	12 %
Ausland	**1 %**	1 %

Höchster Bildungsabschluss

n (2023) = 2.790	**Befragung 2023**	Befragung 2015
Abgeschlossenes Studium an Universität, Fachhochschule, Berufsakademie	**67 %**	56 %
Abitur, Fachabitur	**19 %**	17 %
Mittlere Reife, Realschulabschluss	**11 %**	19 %
Hauptschulabschluss	**1 %**	4 %
Anderer Schulabschluss (bitte angeben)	**1 %**	1 %
(Noch) kein Schulabschluss	**1 %**	n.a.

Beruflicher Status

n (2023) = 2.754	**Befragung 2023**	Befragung 2015
angestellt	**37 %**	39 %
selbständig/freiberuflich	**9 %**	10 %
im Ruhestand	**37 %**	43 %
im Studium	**7 %**	5 %
in Schule, Ausbildung oder FSJ	**5 %**	4 %
derzeit nicht erwerbstätig	**1 %**	2 %
Sonstiges	**3 %**	<1 %

Geburtsland/Staatsbürgerschaft

Als Indikator für den Migrationshintergrund wurde 2015 die Staatsbürgerschaft der Befragten und ihrer Eltern abgefragt. 2023 wurden mit Bezug auf die Empfehlung im Rahmen des 360°-Programms die Geburtsländer ermittelt.

n (2023) = 2.637	**Befragung 2023**	Befragung 2015
Selbst und beide Eltern in Deutschland geboren	**84 %**	n.a.
Selbst in Deutschland und mindestens ein Elternteil außerhalb Deutschlands geboren	**9 %**	n.a.
Selbst außerhalb Deutschlands geboren	**6 %**	n.a.

2015: Eigene Staatsbürgerschaft	**Befragung 2023**	Befragung 2015
Von Geburt an Deutsch	**n.a.**	95%
Deutsch durch Einbürgerung	**n.a.**	2%
Eine andere Staatsbürgerschaft	**n.a.**	1%
Doppelte Staatsbürgerschaft	**n.a.**	1%

2015: Staatsbürgerschaft der Mutter	**Befragung 2023**	Befragung 2015
Von Geburt an Deutsch	**n.a.**	96%
Deutsch durch Einbürgerung	**n.a.**	1%
Eine andere Staatsbürgerschaft	**n.a.**	2%
Doppelte Staatsbürgerschaft	**n.a.**	1%

2015: Staatsbürgerschaft des Vaters	**Befragung 2023**	Befragung 2015
Von Geburt an Deutsch	**n.a.**	95%
Deutsch durch Einbürgerung	**n.a.**	1%
Eine andere Staatsbürgerschaft	**n.a.**	3%
Doppelte Staatsbürgerschaft	**n.a.**	1%

Soziodemographisches Profil von Menschen mit unterschiedlichen Geburtsländern

Alter

n (2023) = 2.466	Selbst außerhalb Deutschlands geboren	Selbst in Deutschland und mindestens ein Elternteil außerhalb Deutschlands geboren	Selbst und beide Eltern in Deutschland geboren
Bis 20	6 %	8 %	4 %
21 bis 30	13 %	22 %	10 %
31 bis 40	19 %	10 %	6 %
41 bis 50	18 %	10 %	7 %
51 bis 60	16 %	19 %	23 %
61 bis 70	13 %	23 %	29 %
Über 70	15 %	9 %	21 %

Geschlecht

n (2023) = 2.587	Selbst außerhalb Deutschlands geboren	Selbst in Deutschland und mindestens ein Elternteil außerhalb Deutschlands geboren	Selbst und beide Eltern in Deutschland geboren
Weiblich	69 %	66 %	64 %
Männlich	28 %	30 %	35 %
Divers	3 %	4 %	1 %

Höchster Bildungsabschluss

n (2023) = 2.610	Selbst außerhalb Deutschlands geboren	Selbst in Deutschland und mindestens ein Elternteil außerhalb Deutschlands geboren	Selbst und beide Eltern in Deutschland geboren
Abgeschlossenes Studium an Universität, Fachhochschule, Berufsakademie	61 %	68 %	68 %
Abitur, Fachabitur	25 %	19 %	18 %
Mittlere Reife, Realschulabschluss	8 %	11 %	12 %
Hauptschulabschluss	4 %	1 %	1 %
(Noch) kein Schulabschluss	0 %	0 %	0 %
Anderer Schulabschluss	3 %	0 %	1 %

Beruflicher Status

n (2023) = 2.581	Selbst außerhalb Deutschlands geboren	Selbst in Deutschland und mindestens ein Elternteil außerhalb Deutschlands geboren	Selbst und beide Eltern in Deutschland geboren
angestellt	52 %	44 %	36 %
selbständig/freiberuflich	14 %	11 %	9 %
im Ruhestand	20 %	23 %	39 %
im Studium	6 %	13 %	7 %
in Schule, Ausbildung oder FSJ	5 %	5 %	5 %
derzeit nicht erwerbstätig	0 %	0,2 %	1 %
sonstiges	4 %	5 %	3 %

Wohnsitz

n (2023) = 2.445	Selbst außerhalb Deutschlands geboren	Selbst in Deutschland und mindestens ein Elternteil außerhalb Deutschlands geboren	Selbst und beide Eltern in Deutschland geboren
Stadt Hannover	46 %	60 %	56 %
Region Hannover	22 %	19 %	26 %
Niedersachsen	17 %	15 %	13 %
Deutschland	9 %	6 %	5 %
Ausland	7 %	0 %	0,3 %

n (2023) = 2.637	Selbst außerhalb Deutschlands geboren	Selbst in Deutschland und mindestens ein Elternteil außerhalb Deutschlands geboren	Selbst und beide Eltern in Deutschland geboren
Deutschland	-	100 %	100 %
Polen	10 %		
Russland	10 %		
Türkei, inkl. kurdische Region	5 %		
Kasachstan	5 %		
Belgien	4 %		
Rumänien	4 %		
Italien	4 %		
Ukraine	4 %		
USA	4 %		
Frankreich	4 %		
Tschechien	3 %		
Iran	2 %		
Niederlande	2 %		
Großbritannien	2 %		
Griechenland	2 %		
Chile	2 %		
Finnland	2 %		
Kurdistan	2 %		
Lettland	2 %		
Bolivien	2 %		
Luxemburg	1 %		
Indonesien	1 %		
Thailand	1 %		
Österreich	1 %		
Kanada	1 %		
Mexiko	1 %		
Slowakei	1 %		
Nigeria	1 %		
Aserbaidschan	1 %		
Bosnien	1 %		
Indien	1 %		
Singapore	1 %		
Estland	1 %		
Marokko	1 %		
Usbekistan	1 %		
Ungarn	1 %		
Turkmenistan, UdSSR	1 %		

n (2023) = 2.637	Selbst außerhalb Deutschlands geboren	Selbst in Deutschland und mindestens ein Elternteil außerhalb Deutschlands geboren	Selbst und beide Eltern in Deutschland geboren
Saudi-Arabien	1 %		
Spanien	1 %		
Argentinien	1 %		
EU	1 %		
Kosovo	1 %		
Südkorea	1 %		
Georgien	0,4 %		
Schweiz	0,4 %		
Südafrika	0,4 %		
Tschetschenien	0,4 %		
Australien	0,3 %		
Syrien	0,3 %		
Weißrussland	0,3 %		

n (2023) = 2.634	Selbst außerhalb Deutschlands geboren	Selbst in Deutschland und mindestens ein Elternteil außerhalb Deutschlands geboren	Selbst und beide Eltern in Deutschland geboren
Deutschland	13 %	37 %	100 %
Polen	9 %	2 %	
Russland	13 %	3 %	
Türkei	4 %	7 %	
Kasachstan	4 %	2 %	
Tschechien	2 %	3 %	
Rumänien	5 %	0,4 %	
Ukraine	4 %	1 %	
Niederlande	2 %	1 %	
Großbritannien	3 %	1 %	
Griechenland	2 %	1 %	
Italien	3 %	0 %	
Belgien	2 %	1 %	
Chile	2 %	1 %	
Estland	1 %	1 %	
Spanien	0 %	2 %	
Österreich	1 %	2 %	
Bessarabien	0 %	2 %	
UdSSR	2 %	1 %	
Iran	2 %	0 %	
Frankreich	1 %	1 %	
China	0 %	2 %	
Finnland	2 %	0 %	
Indonesien	1 %	0 %	
Jugoslawien	0 %	1 %	
Aserbaidschan	1 %	0 %	
Bolivien	1 %	0 %	
Bosnien	1 %	0 %	
Dänemark	0 %	1 %	
Nigeria	2 %	0 %	
Lettland	2 %	0 %	
Kurdistan	2 %	0 %	
Kazachstan	1 %	0 %	
Tschechoslowakei	0 %	2 %	
Schweiz	0 %	1 %	
Slowakei	1 %	0 %	
Schweden	0 %	1 %	
Sierra Leone	0 %	1 %	
Syrien	0 %	1 %	

n (2023) = 2.634	Selbst außerhalb Deutschlands geboren	Selbst in Deutschland und mindestens ein Elternteil außerhalb Deutschlands geboren	Selbst und beide Eltern in Deutschland geboren
Ungarn	1 %	1 %	
Thailand	1 %	0 %	
Tahiti	1 %	0 %	
Vietnam	1 %	0,4 %	
Mexiko	1 %	0 %	
Weißrussland	0,3 %	0,2 %	
Argentinien	1 %	0 %	
Japan	0 %	0,4 %	
Georgien	0,4 %	0 %	
EU	1 %	0 %	
Kolumbien	0 %	0,4 %	
Kosovo	1 %	0 %	
Kroatien	0 %	0,4 %	
Marokko	1 %	0 %	
Portugal	0 %	1 %	
Südafrika	0 %	0,2 %	
Südkorea	1 %	0 %	
Tadschikistan	0 %	0,2 %	
Tunesien	0,4 %	0 %	
Türkei/Kurdische Region	0,4 %	0,3 %	
USA	0 %	0,2 %	
Usbekistan	0,4 %	0 %	
Äthiopien	0 %	0,4 %	

n (2023) = 2.634	Selbst außerhalb Deutschlands geboren	Selbst in Deutschland und mindestens ein Elternteil außerhalb Deutschlands geboren	Selbst und beide Eltern in Deutschland geboren
Deutschland	6 %	36 %	100 %
Polen	9 %	14 %	
Türkei	5 %	9 %	
Russland	12 %	2 %	
Ukraine	5 %	3 %	
Frankreich	4 %	4 %	
Rumänien	5 %	1 %	
Österreich	2 %	2 %	
Grossbritannien	4 %	1 %	
Italien	4 %	0,2 %	
Kasachstan	2 %	2 %	
Niederlande	2 %	1 %	
Tschechien	2 %	2 %	
Tschechoslowakei	0 %	3 %	
USA	3 %	1 %	
Belgien	3 %	0 %	
Griechenland	2 %	1 %	
Iran	2 %	0,3 %	
Thailand	1 %	1 %	
Dänemark	0 %	2 %	
China	0 %	2 %	
Bessarabien	0 %	1 %	
Estland	1 %	1 %	
Usbekistan	1 %	1 %	
Indonesien	1 %	1 %	
Kurdistan	2 %	0 %	
Sowjetunion	2 %	0 %	
Kanada	1 %	0 %	
Syrien	0,3 %	1 %	
Ungarn	1 %	0,4 %	
Argentinien	1 %	1 %	
Vietnam	1 %	0,4 %	
Nigeria	1 %	0 %	
Aserbaidschan	1 %	0 %	
Bosnien	1 %	0 %	
Finnland	1 %	0 %	
Turkmenistan, UdSSR	1 %	0 %	
Schweiz	0 %	1 %	
Österreich-Ungarn	0 %	1 %	

n (2023) = 2.634	Selbst außerhalb Deutschlands geboren	Selbst in Deutschland und mindestens ein Elternteil außerhalb Deutschlands geboren	Selbst und beide Eltern in Deutschland geboren
Spanien	0 %	1 %	
Lettland	1 %	0 %	
Congo	0 %	1 %	
Kolumbien	0 %	1 %	
Uganda	0 %	1 %	
Portugal	0 %	1 %	
Indien	0 %	1 %	
Schweden	0 %	1 %	
Kosovo	1 %	0 %	
Marokko	1 %	0 %	
Mexiko	1 %	0 %	
Bolivien	1 %	0 %	
Chile	1 %	0 %	
EU	1 %	0 %	
Südkorea	1 %	0 %	
Jugoslawien	0 %	0,4 %	
Liechtenstein	0 %	0,4 %	
Sri Lanka	0 %	0,4 %	
Georgien	0,4 %	0 %	
Tschetschenien	0,4 %	0 %	
Tunesien	0,4 %	0 %	
Litauen	0 %	0,3 %	
Slowakei	0 %	0,3 %	
Weißrussland	0,3 %	0 %	
Ägypten	0 %	0,2 %	
Phillipinen	0 %	0,2 %	

n (2023) = 2.637	Selbst außerhalb Deutschlands geboren	Selbst in Deutschland und mindestens ein Elternteil außerhalb Deutschlands geboren	Selbst und beide Eltern in Deutschland geboren
„Weiß“	45 %	60 %	78 %
„Deutsch“	5 %	16 %	17 %
Nationalität (z.B. „polnisch“, „türkisch-deutsch“, „russland-deutsch“)	29 %	12 %	0,4 %
„Europäer“, „europäisch“	10 %	6 %	5 %
„Weltbürger“, „Mensch“, „überall zu Hause“	3 %	7 %	3 %
Person of Colour, schwarz	3 %	8 %	0,1 %
Religiös („deutsch-jüdisch“, „jüdisch-russisch“)	2 %	0 %	0,2 %
Regional (z.B. „asiatisch“, „kaukasisch“, „norddeutsch“, „pfälzisch“, „schlesisch“, „Ostfriese“)	9 %	5 %	2 %
Geschlecht („lesbisch“, „schwul“, „nicht-binär“)	0%	0,4 %	0,1 %
Ablehnungen und Ironisierungen der Frage	1 %	1 %	4 %

Besuchsmuster

Erstbesucherinnen und -besucher

n (2023) = 2.790	**Befragung 2023**	Befragung 2015
Vor dem Erhebungsabend weder Staatsoper noch Schauspiel Hannover besucht	**5 %**	8 %
Vor dem Erhebungsabend in der Staatsoper nicht die Staatsoper Hannover besucht	**6 %**	n.a.
Vor dem Erhebungsabend im Schauspiel nicht das Schauspiel Hannover besucht	**8 %**	n.a.

Überschneidungen zwischen dem Publikum von Staatsoper und Schauspiel Hannover

Besuch der Staatsoper unter Befragten im Schauspiel n (2023) = 1.377	**Befragung 2023**	Befragung 2015
Bereits die Staatsoper Hannover besucht	**86 %**	n.a.

Besuch des Schauspiels unter Befragten in der Staatsoper n (2023) = 1.248	**Befragung 2023**	Befragung 2015
Bereits das Schauspiel Hannover besucht	**82 %**	n.a.

2015 in der Staatsoper	In Opern	Im Ballett	In Konzerten
Schauspielhaus schon besucht	77%	87%	84%

2015 im Schauspielhaus	
Staatsoper schon besucht	90%

Letzte Besuche von Staatsoper und Schauspiel vor dem Erhebungstermin

		2023	2022	2020-2021	2013-2019	Vor 2013
Letzter Besuch der Staatsoper n (2023) = 2.433 **	**2023**	**58 %**	**22 %**	**5 %**	**11 %**	**4 %**
	2015	n.a.	n.a.	n.a.	n.a.	n.a.
Letzter Besuch des Schauspiels n (2023) = 2.243 **	**2023**	**45 %**	**22 %**	**10 %**	**18 %**	**5 %**
	2015	n.a.	n.a.	n.a.	n.a.	n.a.

Monaten

		Über 12x	7-12x	4-6x	2-3x	1x	Kein Besuch *	Keine Antwort
Staatsoper n (2023) = 2.626 **	**2023**	**4 %**	**14 %**	**22 %**	**27 %**	**15 %**	**18 %**	**13 %**
	2015	6 %	17 %	28 %	24 %	14 %	11 %	8 %
Schauspielhaus n (2023) = 2.421 **	**2023**	**2 %**	**7 %**	**13 %**	**22 %**	**17 %**	**40 %**	**20 %**
	2015	3 %	12 %	18 %	23 %	18 %	25 %	20 %
Ballhof n (2023) = 2.267 **	**2023**	**1 %**	**1 %**	**3 %**	**13 %**	**21 %**	**62 %**	**25 %**
	2015	1 %	1 %	5 %	16 %	20 %	58 %	34 %
Cumberlandsche n (2023) = 2.168 **	**2023**	**0,4 %**	**1 %**	**1 %**	**5 %**	**12 %**	**81 %**	**28 %**
	2015	1 %	2 %	6 %	17 %	21 %	54 %	35 %
Sonstige Spielstätten n (2023) = 1.401 **	**2023**	**2 %**	**1 %**	**6 %**	**14 %**	**16 %**	**61 %**	**53 %**
	2015	n.a.	n.a.	n.a.	n.a.	n.a.	n.a.	n.a.

* Antwortoption 2015: "Länger als 12 Monate her"

** Fallzahlen ohne „keine Antwort"

Kultur- und Freizeitaktivitäten

n (2023) = 2.804	**Befragung 2023**	Befragung 2015
Angebote im Programm der Staatstheater Hannover		
Oper	**57 %**	65 %
Schauspiel	**55 %**	58 %
Klassische Konzerte	**54 %**	53 %
Ballett	**43 %**	52 %
Lesung	**29 %**	27 %
Musical / Revue	**22 %**	31 %
Kinder- & Jugendtheater	**6 %**	10 %
Andere Freizeitaktivitäten		
Kino	**70 %**	72 %
Bildende Kunst / Ausstellungen	**63 %**	56 %
Gedenkstätte / Schlösser / Parks	**46 %**	47 %
Kabarett / Varieté	**29 %**	37 %
Streaming	**23 %**	n.a.
Rock- / Popkonzert	**33 %**	26 %
Sport / Sportveranstaltung (Live)	**20 %**	22 %
Disko / Club	**17 %**	14 %

n (2023) = 2.804	**Befragung 2023**	Befragung 2015
Tanztheater	**16 %**	15 %
Gaming	**7 %**	n.a.
Nichts von allem	**1 %**	1 %

Veränderungen im Zuge der Corona-Pandemie (2015 nicht abgefragt)

Hat sich im Zuge der Corona-Pandemie etwas in Ihrer Einstellung zu Kulturangeboten und Ihren daraus folgenden Besuchen und Aktivitäten verändert? n (2023) = 2.733	**2023**
Ja	**24 %**
Nein	**76 %**

Aussagen zur Art der Veränderungen (Anteile an Befragten, die eine Aussage gemacht haben)

Positive und neutrale Aussagen n (2023) = 631	**Anteil an Aussagen**
Mehr Wertschätzung kultureller Angebote, sowohl für sich selbst als auch für die Gesellschaft	**38 %**
Mehr Aktivitäten als zuvor, entweder bereits realisiert oder als Bedarf oder Absicht	**15 %**
Interessen vielfältiger geworden, inklusiver digitaler Angebote	**3 %**
Veränderungen der Lebensverhältnisse	**1 %**

(Eher) negative Aussagen n (2023) = 631	**Anteil an Aussagen**
Weniger Aktivitäten als zuvor	**24 %**
Vorsicht, Abstand und Schutz als Grundhaltung	**17 %**
Kurzfristigere, bewusstere, präferenzbasierte, kritischere Auswahl, auch wegen Kosten	**6 %**

Anreise am Tag der Erhebung (2015 nicht abgefragt)

n (2023) = 2.795	**2023**
Öffentlicher Nahverkehr / GVH	**49 %**
PKW	**38 %**
Fahrrad	**12 %**
Zu Fuß	**9 %**
Sonstige	**1 %**

Faktoren für die Entscheidung zum Besuch am Erhebungstag

Die Antwortmöglichkeiten wurden 2023 angepasst und neue Optionen aufgenommen.

n (2023) = 2.781	**Befragung 2023**	Befragung 2015
Der Stoff (die Oper, das Stück)	**47 %**	43 %
Empfehlung von Partnerin/Partner, Freundinnen/Freunden, Bekannten oder Verwandten	**21 %**	17 %
Karte ist Teil meines Abonnements	**20 %**	29 %
Der Wochentag passte	**19 %**	15 %
Berichterstattung in den Medien	**17 %**	9 %
Die Uhrzeit passte	**16 %**	n.a.
Die Regie / Inszenierung	**14 %**	16 %
Bestimmte / bestimmter Künstlerin / Künstler und Darstellerin / Darsteller	**9 %**	12 %
Meine Begleitung hat die Karten organisiert	**9 %**	n.a.
Karte geschenkt bekommen	**7 %**	14 %
Rabatt / Promocode oder Gutschein	**5 %**	n.a.
Ich kennen jemanden, die / der an der Aufführung mitwirkt	**4 %**	4 %
Im Rahmen eines Städtetrips/Kurzurlaubs	**1 %**	n.a.

Erwartungen an den Besuch von Staatsoper oder Schauspiel Hannover

Die Antwortmöglichkeiten wurden 2023 verringert und neue Optionen aufgenommen.

n (2023) = 2.814	**Befragung 2023**	Befragung 2015
Hohe künstlerische Qualität	**78 %**	60 %
Ein intensives Live-Erlebnis	**77 %**	64 %
Gute Unterhaltung	**71 %**	58 %
Überraschung und Inspiration	**49 %**	51 %
Verbesserung der Allgemeinbildung	**22 %**	28 %
Menschen treffen	**16 %**	n.a.
Vor und nach der Vorstellung etwas unternehmen	**13 %**	n.a.
In relevanten Diskussionen up-to-date sein	**9 %**	n.a.
Sonstiges	**4 %**	4 %

Bedeutung künstlerischer Aspekte für einen gelungenen Theaterabend (2015 nicht abgefragt)

	Sehr wichtig	Weniger wichtig	unwichtig	Keine Antwort
Bekannter Stücktitel und / oder Musik n (2023) = 2.477 *	32 %	49 %	19 %	18 %
Regie und Konzeption der Inszenierung n (2023) = 2.524 *	73 %	24 %	3 %	16 %
Die Darstellerinnen / Darsteller bzw. Musikerinnen / Musiker n (2023) = 2.533 *	65 %	30 %	5 %	16 %
Das inhaltliche Thema des Abends n (2023) = 2.498 *	70 %	27 %	3 %	17 %

* Fallzahlen ohne „keine Antwort“

Offene Antworten zu der Fragen nach weiteren relevanten künstlerischen Faktoren für einen gelungenen Theaterabend

n (2023) = 492

Antworten zu Bühnenbild und Produktionsdesign als wichtige Faktoren	Anzahl der Aussagen
Bühnenbild im allgemeinen	97
Kostüme im allgemeinen	26
Licht	13
Audio-visuelle Effekte, neue Medien	7
Bühnenbild nicht zu modern, bezaubernd, schön, opulent	6
Ton	3

Antworten zu Inszenierung und Dramaturgie als wichtige Faktoren	Anzahl der Aussagen
Inszenierung und Dramaturgie im allgemeinen	29
Nachvollziehbare Handlung, stimmige und ausgewogene Inszenierung	25
Werktreue	16
Traditionelle, klassische Inszenierungen	8
Aktuelle, zeitgenössische, ungewöhnliche Inszenierungen	6
Keine Nacktheit	5
Sparsame Inszenierungen (z. B. wenig Nebel, Bilder)	5
Politische Regie	2
Keine provokanten, erschreckenden Szenen und Überforderungen	2
Offenheit, Kontakt zum Publikum	2
Nicht zu lang	1

Antworten zu Merkmalen der Staatstheater ohne konkrete Bezüge als wichtige Faktoren	Anzahl der Aussagen
Aktualität, Bezug zur Lebenswelt, Gegenwartsbezug	35
Innovation, Originalität	12
Politische Haltung, kontroverse Auseinandersetzung	12
Künstlerische Qualität (ohne Konkretisierung)	11
Ästhetik (ohne Konkretisierung)	10
Vielfalt der Sichtweisen	8
Diversität / Vielfalt	6
Humor	6
Keine (linke) Politik, Erziehung, Moral	5
Tradition, klassisch	4
Neues	4
Teilhaben an kulturellem Leben	4
Modernität	3
Schönheit, Anmut, Poesie	2
Weniger Experiment	2
Entspannt, nicht verkniffen	2
Keine schweren Themen	2
Berührend	2
Authentizität	1
Leidenschaft	1
Internationalität	1

Antworten zu Darstellern auf der Bühne als wichtige Faktoren	Anzahl der Aussagen
Allgemeine Qualität der Darsteller auf der Bühne	28
Qualität der Sprache und Verständlichkeit	14
Qualität der Sänger im besonderen	14
Diversität der Darsteller auf der Bühne, inkl. People of Colour	4
Parität von Frauen und Männern auf der Bühne	1

Antworten zu Musik, Musikern und Dirigenten als wichtige Faktoren	Anzahl der Aussagen
Qualität der Musiker, des Orchesters und des Dirigats	33
Auswahl der Musikstücke	8
Klassische Musik im allgemeinen	3
Zeitgenössische Musik und Komponisten im allgemeinen	3

Antworten zur persönlichem Erfahren und Erleben als wichtige Faktoren	Anzahl der Aussagen
Intensive emotionale Reaktion	7
Impulse, Inspiration	5
Unterhaltung	3
Entspannen, abschalten, alles vergessen	3
Überrascht werden	3
Vergleich zwischen Inszenierungen, Allgemeinbildung	2
Nachdenken, Reflektion	1
Spaß	1
Wohlfühlen	1
Live-Erlebnis	

Antworten zum Programm als wichtiger Faktor	Anzahl der Aussagen
Neue Stoffe / Stücke / Texte	8
Seltene Stoffe/ Stücke / Texte	7
Zeitgenössische Stoffe/ Stücke / Texte	6
Kleine Formate, Einblicke in Arbeitsprozesse	5
Stoffe / Text im allgemeinen	4
Gastspiele / Gastregie	4
Vielfalt der Stoffe/ Stücke / Texte	3
Innovative Stoffe/ Stücke / Texte	3
Mehr Klassiker	3
Balance von modernem und traditionellem Theater	3
Seltene und alte Opern	3

Antworten zu Ballett und Tanz als wichtige Faktoren	Anzahl der Aussagen
Tanz und Bewegung	3
(Mehr) klassisches Ballett	3
Choreographen, Jörg Mannes	2
Ballett im allgemeinen	1
Corporate Design, Schriften	2
Website	1
Starke Werbung und Bilder	1
Kritik in den Medien	1

Antworten zu Kommunikation und Werbung als wichtige Faktoren	Anzahl der Aussagen
Vor- und Nachbesprechungen	3
Informationen zum Stück	3
Corporate Design, Schriften	2
Website	1
Starke Werbung und Bilder	1
Kritik in den Medien	1

Antworten zu Atmosphäre und Architektur als wichtige Faktoren	Anzahl der Aussagen
Atmosphäre im allgemeinen	4
Gastronomie	2
Atmosphäre auf der Bühne	1
Barrierefreiheit	1

Bedeutung anderer Faktoren für einen gelungenen Theaterabend (2015 nicht abgefragt)

	Sehr wichtig	Weniger wichtig	unwichtig	Keine Antwort
Informationen zur Vorstellung (Programm / Website / Trailer) n (2023) = 2.597 *	69 %	28 %	3 %	14 %
Atmosphäre/Architektur n (2023) = 2.487 *	60 %	36 %	4 %	17 %
Service (Mitarbeiter/innen / Gastronomie) n (2023) = 2.501 *	42 %	50 %	8 %	17 %
Begleitung / soziales Umfeld n (2023) = 2.471 *	52 %	38 %	10 %	18 %
Hygiene und Infektionsschutz n (2023) = 2.429 *	36 %	46 %	18 %	19 %
Einführung / Publikumsgespräch n (2023) = 2.493 *	32 %	52 %	15 %	17 %

* Fallzahlen ohne „keine Antwort"

Offene Antworten zu der Fragen nach weiteren relevanten Faktoren für einen gelungenen Theaterabend

n (2023) = 269

Antworten zum Atmosphäre, Architektur und Ausstattung als wichtige Faktoren	Anzahl der Aussagen
Gastronomie (Essen, Getränke)	21
Bequeme Sitze in den Sälen	12
Gute Akustik	8
Gute Sicht	7
Ausgeglichene Temperatur	5
Lockerheit, Freundlichkeit	5
Frische Luft, Lüftung	4
Atmosphäre im allgemeinen	3
Genug Zeit für Wege im Haus	1
Ausgewählte Kleidung	1
Sauberkeit	1
Safe Space	1

Antworten zu persönlichem Erleben und Erfahren als wichtige Faktoren	Anzahl der Aussagen
Genießen, beglückt sein	5
Nachdenken	4
Anregung, Inspiration	3
Gute Laune	3
Neugier	3
Intensive emotionale Reaktion	2
Einzigartige Erfahrung	1
Miteinander sein	1
Live-Erlebnis	1

Antworten zu Merkmalen der Staatstheater ohne konkrete Bezüge als wichtige Faktoren	Anzahl der Aussagen
Qualität (ohne Konkretisierung)	6
Politische Relevanz, kritische Reflektion aktueller Themen	5
Spielfreude, Spaß	3
Empathie, Mitmenschlichkeit	1
Nicht zu abstrakt	1
Diversität / Perspektivwechsel	1
Cool	1
Humor	1

Antworten zum Inszenierungen als wichtige Faktoren	Anzahl der Aussagen
Verständliche, nachvollziehbare Inszenierung	7
Inszenierungen im allgemeinen	6
Keine (erzwungene) Partizipation des Publikums	3
Neue, moderne, mutige, kreative Inszenierungen	3
Gesamteindruck von Darstellung, Musik, Bühnenbild usw.	2
Klassische Inszenierungen	1
Kein Regietheater	1

Antworten zum Publikum als wichtiger Faktor	Anzahl der Aussagen
Ruhe, Aufmerksamkeit, Disziplin	12
Begleitung für den Besuch	4
Publikum im allgemeinen	2
Zahlreiches Publikum	2
Resonanz zwischen Bühne und Publikum	1

Antworten zum Informationen zum Stück als wichtige Faktoren	Anzahl der Aussagen
Einführungen	9
Nachgespräche	6
Programmhefte	3
Flyer	1
Literaturhinweise	1
Inhaltswarnungen	1

Antworten zum Programm als wichtiger Faktor	Anzahl der Aussagen
Stoffe / Text im allgemeinen	8
Gute Mischung	2
Party	2
Kleine Formate, Einblicke in Arbeitsprozesse	2
Opern aus allen Epochen	1
Weniger Roman-Adaptionen	1
Einbeziehen von Laien	1
Auch Stücke ohne Gesellschaftskritik	1

Antworten zu Ticketerwerb und Preisen als wichtige Faktoren	Anzahl der Aussagen
Nicht zu teuer	5
Unkomplizierter, reibungsloser Ticketerwerb	3
Rabatte, Aktionen	3
Verfügbarkeit von Karten	1
Flexibilität von Tauschen	2
„vernünftiges" Bühnenbild	1
Kostüme im allgemeinen	1
Preis im allgemeinen	1

Antworten zu Zugang und Barrierefreiheit als wichtige Faktoren	Anzahl der Aussagen
Zufahrt, Parkmöglichkeiten	5
Anbindung an ÖPNV, inkl. Ticket	4
Barrierefreiheit allgemein	2
Rollstuhlgeeignet	1
Untertitel	1

Antworten zu Bühnenbild und Produktionsdesign als wichtige Faktoren	Anzahl der Aussagen
Licht	4
Bühnenbild im allgemeinen	2
Sound	2
„vernünftiges" Bühnenbild	1
Kostüme im allgemeinen	1

Antworten zur Dauer der Vorstellung als wichtiger Faktor	Anzahl der Aussagen
Nicht zu lang	11
Länge angeben (z. B. auf Karte)	1

Antworten zu Uhrzeit und Wochentag als wichtige Faktoren	Anzahl der Aussagen
Nicht zu früh	8
Uhrzeit im allgemeinen	2
Wochentag im allgemeinen	1

Antworten zur Pausen als wichtige Faktoren	Anzahl der Aussagen
Mit Pausen	5
Ohne Pausen	2

Antworten zur Künstlern auf der Bühne als wichtige Faktoren	Anzahl der Aussagen
Darstellung im allgemeinen	2
Sprache, Verständlichkeit	2
Gute Schauspieler	1
Gute Sänger	1

Antworten zur persönliche und äußeren Bedingungen als wichtige Faktoren	Anzahl der Aussagen
Zeit haben	3
Wetter	1

Antworten zur Kommunikation als wichtiger Faktor	Anzahl der Aussagen
Kritiken in Medien	2
Persönliche Empfehlungen	1

Zufriedenheit

2023 wurden mehrere Kategorien der Zufriedenheit zusammengefasst oder neu aufgenommen.

Zufriedenheit mit dem künstlerischen Angebot

		„zufrieden" und „sehr zufrieden" (1&2)	„Teils teils" (3)	„unzufrieden" und „sehr unzufrieden" (4&5)	Kann ich nicht be-urteilen	Keine Antwort
Stil der Inszenierungen n (2023) = 2.557 *	**2023**	**73 %**	**23 %**	**4 %**	**5 %**	**15 %**
	2015	n.a.	n.a.	n.a.	n.a.	n.a.
Künstlerische Leistungen der Regie (Inszenierung) n (2023) = 2.523 *	**2023**	**76 %**	**20 %**	**4 %**	**7 %**	**16 %**
	2015	69 %	27 %	5 %	15 %	9 %
Künstlerische Leistungen der Darsteller:innen/ Musiker:innen n (2023) = 2.539 *	**2023**	**93 %**	**6 %**	**2 %**	**5 %**	**16 %**
	2015	n.a.	n.a.	n.a.	n.a.	n.a.
Vielfalt des Programmangebots n (2023) = 2.540 *	**2023**	**75 %**	**21 %**	**4 %**	**7 %**	**16 %**
	2015	72 %	23 %	5 %	12 %	10 %
Zusatzveranstaltungen wie Werkeinführungen, Matineen n (2023) = 2.437 *	**2023**	**69 %**	**25 %**	**6 %**	**33 %**	**19 %**
	2015	76 %	20 %	4 %	49 %	13 %
Angebote für Kinder, Familien, Jugendliche n (2023) = 2.365 *	**2023**	**58 %**	**27 %**	**15 %**	**43 %**	**21 %**
	2015	n.a.	n.a.	n.a.	n.a.	n.a.
Barrierefreie Angebote (z.B. Audiodeskription, Hörverstärkung, Untertitel) n (2023) = 2.367 *	**2023**	**55 %**	**29 %**	**16 %**	**48 %**	**21 %**
	2015	n.a.	n.a.	n.a.	n.a.	n.a.
Angebote für Senior:innen n (2023) = 2.372 *	**2023**	**45 %**	**33 %**	**22 %**	**49 %**	**21 %**
	2015	n.a.	n.a.	n.a.	n.a.	n.a.
Angebote für Menschen mit verschiedenen Herkunftsbiografien n (2023) = 2.366 *	**2023**	**57 %**	**29 %**	**14 %**	**47 %**	**21 %**
	2015	n.a.	n.a.	n.a.	n.a.	n.a.

* Fallzahlen ohne „keine Antwort"

Wunsch nach mehr Informationen oder Untertiteln in einer anderen Sprache (2015 nicht abgefragt)

Wünschen Sie sich mehr Informationen oder Untertitel in einer anderen Sprache? n (2023) = 2.538	**2023**	2015
Ja	**8 %**	n.a.
Nein	**92 %**	n.a.

Zufriedenheit mit Atmosphäre, Gebäude und Mitarbeitenden

		„zufrieden" und „sehr zufrieden" (1&2)	„Teils teils" (3)	„unzufrieden" und „sehr unzufrieden" (4&5)	Kann ich nicht beurteilen	Keine Antwort
Atmosphäre n (2023) = 2.530 *	**2023**	**91 %**	**7 %**	**2 %**	**1 %**	**16 %**
	2015	89 %	10 %	1 %	1 %	8 %
Beschilderung n (2023) = 2.449 *	**2023**	**88 %**	**9 %**	**3 %**	**7 %**	**19 %**
	2015	86 %	12 %	2 %	5 %	12 %
Sanitäre Anlagen n (2023) = 2.493 *	**2023**	**84 %**	**13 %**	**4 %**	**9 %**	**17 %**
	2015	76 %	19 %	5 %	4 %	9 %
Barrierefreiheit n (2023) = 2.387 *	**2023**	**65 %**	**23 %**	**12 %**	**43 %**	**21 %**
	2015	66 %	20 %	15 %	50 %	13 %
Sitzmöglichkeiten/Aufenthaltsqualität rund um die Vorstellung n (2023) = 2.472 *	**2023**	**71 %**	**23 %**	**6 %**	**2 %**	**18 %**
	2015	n.a.	n.a.	n.a.	n.a.	n.a.
Service-Personal n (2023) = 2.566 *	**2023**	**96 %**	**3 %**	**1 %**	**3 %**	**15 %**
	2015	n.a.	n.a.	n.a.	n.a.	n.a.
Gastronomie-Personal n (2023) = 2.488 *	**2023**	**93 %**	**6 %**	**2 %**	**17 %**	**17 %**
	2015	n.a.	n.a.	n.a.	n.a.	n.a.

* Fallzahlen ohne „keine Antwort"

Zufriedenheit mit dem Abo- und Kartenservice

		„zufrieden" und „sehr zufrieden" (1&2)	„Teils teils" (3)	„unzufrieden" und „sehr unzufrieden" (4&5)	Kann ich nicht beurteilen	Keine Antwort
Kartenpreise n (2023) = 2.520 *	**2023**	**76 %**	**21 %**	**4 %**	**7 %**	**17 %**
	2015	74 %	24 %	2 %	6 %	10 %
Verkauf über die Website n (2023) = 2.438 *	**2023**	**86 %**	**9 %**	**5 %**	**14 %**	**19 %**
	2015	84 %	11 %	6 %	41 %	19 %
Telefonischer Kartenkauf n (2023) = 2.411 *	**2023**	**91 %**	**6 %**	**3 %**	**37 %**	**20 %**
	2015	78 %	14 %	8 %	63 %	21 %
Verkauf an der Theaterkasse n (2023) = 2.427 *	**2023**	**93 %**	**5 %**	**2 %**	**30 %**	**19 %**
	2015	92 %	6 %	1 %	18 %	13 %
Ermäßigungen und Aktionspreise n (2023) = 2.430 *	**2023**	**78 %**	**17 %**	**4 %**	**18 %**	**19 %**
	2015	n.a.	n.a.	n.a.	n.a.	n.a.
Digitale Verfügbarkeit meines Tickets n (2023) = 2.434 *	**2023**	**93 %**	**4 %**	**3 %**	**16 %**	**19 %**
	2015	n.a.	n.a.	n.a.	n.a.	n.a.

		„zufrieden" und „sehr zufrieden" (1&2)	„Teils teils" (3)	„unzufrieden" und „sehr unzufrieden" (4&5)	Kann ich nicht beurteilen	Keine Antwort
Freundlichkeit und Kompetenz der Mitarbeiter an der Kasse n (2023) = 2.455 *	**2023**	**94 %**	**4 %**	**2 %**	**21 %**	**18 %**
	2015	n.a.	n.a.	n.a.	n.a.	n.a.
Kassenöffnungszeiten n (2023) = 2.423 *	**2023**	**82 %**	**15 %**	**3 %**	**30 %**	**19 %**
	2015	86 %	12 %	2 %	22 %	14 %
Andere Vorverkaufsstellen n (2023) = 2.302 *	**2023**	**72 %**	**18 %**	**10 %**	**53 %**	**23 %**
	2015	n.a.	n.a.	n.a.	n.a.	n.a.

* Fallzahlen ohne „keine Antwort"

Zufriedenheit mit Staatsoper und Schauspiel insgesamt

n (2023) = 2.567 *	„zufrieden" und „sehr zufrieden" (1&2)	„Teils teils" (3)	„unzufrieden" und „sehr unzufrieden" (4&5)	Keine Antwort
2023	**91 %**	**8 %**	**1 %**	**15 %**
2015	90 %	9 %	1 %	8 %

* Fallzahlen ohne „keine Antwort"

Mediennutzung

Informationskanäle für Informationen über die am Erhebungsabend besuchte Vorstellung

n (2023) = 2.837	**2023**	2015
Website von Staatsoper und Schauspiel	**35 %**	20 %
Partner / Freunde / Bekannte / Verwandte	**27 %**	25 %
Abo-Termin (2015: „Abonnement")	**16 %**	30 %
Jahresprogramm/Spielzeitheft	**16 %**	18 %
Newsletter	**16 %**	6 %
Vorherige Besuche	**16 %**	21%
Berichterstattung in den Medien	**15 %**	n.a.
HAZ-Beilage Die Spielzeit	**15 %**	17%
Internet allgemein	**14 %**	14%
Monatsspielplan / Leporello	**12 %**	18%
Schule / Lehrer / Studium	**6 %**	6 %
Social Media von Staatsoper und Schauspiel	**5 %**	n.a.
Plakate	**2 %**	4 %
Außenwerbung am Haus	**1 %**	4 %
Fahrgastfernsehen	**1 %**	1%
Andere	**3 %**	4%

Informationskanäle für Informationen über Staatsoper und Schauspiel insgesamt

n (2023) = 2.837	2023	2015
Website von Staatsoper und Schauspiel	**28 %**	19 %
Vorherige Besuche	**20 %**	32 %
Jahresprogramm/Spielzeitheft	**16 %**	22 %
Newsletter	**15 %**	6 %
Partner / Freunde / Bekannte / Verwandte	**15 %**	15 %
HAZ-Beilage Die Spielzeit	**13 %**	21 %
Internet allgemein	**12 %**	12 %
Monatsspielplan / Leporello	**12 %**	19%
Berichterstattung in den Medien	**10 %**	n.a.
Abo-Termin (2015: „Abonnement")	**9 %**	21%
Schule / Lehrer / Studium	**5 %**	5 %
Social Media von Staatsoper und Schauspiel	**5 %**	n.a.
Plakate	**5 %**	9 %
Außenwerbung am Haus	**3 %**	6 %
Fahrgastfernsehen	**2 %**	2 %
Andere	**1 %**	2 %

Zufriedenheit mit den Medien von Staatsoper und Schauspiel Hannover

2023 wurden Medien zusammengefasst oder neu aufgenommen.

		„zufrieden" und „sehr zufrieden" (1&2)	„Teils teils" (3)	„unzufrieden" und „sehr unzufrieden" (4&5)	Kann ich nicht beurteilen	Keine Antwort
Monatsspielplan/Leporello n (2023) = 2.288 *	**2023**	**86 %**	**10 %**	**5 %**	**14 %**	**24 %**
	2015	83 %	14 %	4 %	32 %	25 %
Website Staatsoper / Schauspiel n (2023) = 2.367 *	**2023**	**81 %**	**14 %**	**5 %**	**5 %**	**21 %**
	2015	74 %	18 %	8%	20 %	28 %
Social Media (Instagram, Twitter, Facebook, YouTube) n (2023) = 1.781 *	**2023**	**65 %**	**27 %**	**8 %**	**26 %**	**41 %**
	2015	n.a.	n.a.	n.a.	n.a.	n.a.
Jahresprogramm/ Spielzeitheft n (2023) = 2.249 *	**2023**	**82 %**	**13 %**	**5 %**	**13 %**	**25 %**
	2015	n.a.	n.a.	n.a.	n.a.	n.a.
Newsletter Staatsoper/Schauspiel n (2023) = 2.093 *	**2023**	**85 %**	**11 %**	**5 %**	**19 %**	**30 %**
	2015	71 %	21 %	8 %	46 %	36 %

* Fallzahlen ohne „keine Antwort"

<u>Nutzung von Social Media Kanälen im allgemeinen</u>

		Häufig (Mind. 1x am Tag)	Regel-mäßig (mehrmals pro Woche)	Selten (Höchst. 1x pro Woche)	Nie	Kenne ich nicht	Keine Antwort
Instagram n (2023) = 2.281 *	**2023**	**24 %**	**9 %**	**7 %**	**54 %**	**7 %**	**24 %**
	2015	n.a.	n.a.	n.a.	n.a.	n.a.	n.a.
Youtube n (2023) = 2.352 *	**2023**	**14 %**	**21 %**	**36 %**	**24 %**	**5 %**	**22 %**
	2015	9 %	17 %	28 %	37 %	9 %	15 %
Facebook n (2023) = 2.277 *	**2023**	**10 %**	**6 %**	**12 %**	**65 %**	**6 %**	**24 %**
	2015	16 %	7 %	8 %	60 %	10 %	16 %
LinkedIn n (2023) = 2.204 *	**2023**	**4 %**	**5 %**	**9 %**	**72 %**	**11 %**	**27 %**
	2015	n.a.	n.a.	n.a.	n.a.	n.a.	n.a.
Twitter n (2023) = 2.277 *	**2023**	**4 %**	**2 %**	**5 %**	**81 %**	**8 %**	**27 %**
	2015	2 %	2 %	3 %	81 %	11 %	20 %
TikTok n (2023) = 2.199 *	**2023**	**4 %**	**2 %**	**3 %**	**82 %**	**8 %**	**27 %**
	2015	n.a.	n.a.	n.a.	n.a.	n.a.	n.a.
Weitere Kanäle n (2023) = 831 *	**2023**	**7 %**	**7 %**	**7 %**	**79 %**	**n.a.**	**72 %**
	2015	n.a.	n.a.	n.a.	n.a.	n.a.	n.a.

* Fallzahlen ohne „keine Antwort“

A.2 Vergleich der in der Staatsoper und im Schauspiel Befragten 2023

Soziodemographie

Altersgruppen

n (2023) = 2.615	**2023 insgesamt**	In der Staatsoper Befragte	Im Schauspiel Befragte
Bis 20	**5 %**	3 %	9 %
21 bis 30	**11 %**	9 %	14 %
31 bis 40	**7 %**	6 %	9 %
41 bis 50	**8 %**	8 %	9 %
51 bis 60	**22 %**	23 %	21 %
61 bis 70	**27 %**	28 %	24 %
Über 70	**20 %**	23 %	14 %

Geschlecht

n (2023) = 2.774	**2023 insgesamt**	In der Staatsoper Befragte	Im Schauspiel Befragte
Weiblich	**65 %**	65 %	64 %
Männlich	**34 %**	34 %	35 %
Divers	**1 %**	1 %	1 %

Wohnsitz

n (2023) = 2.579	**2023 insgesamt**	In der Staatsoper Befragte	Im Schauspiel Befragte
Hannover (Stadt)	**56 %**	55 %	59 %
Region Hannover (ohne Stadt)	**25 %**	26 %	23 %
Niedersachsen (ohne Region Hannover)	**13 %**	13 %	13 %
Deutschland (ohne Niedersachsen)	**5 %**	5 %	5 %
Ausland	**1 %**	1 %	0,4 %

Höchster Bildungsabschluss

n (2023) = 2.789	**2023 insgesamt**	In der Staatsoper Befragte	Im Schauspiel Befragte
Abgeschlossenes Studium an Universität, Fachhochschule, Berufsakademie	**67 %**	68 %	65 %
Abitur, Fachabitur	**19 %**	18 %	20 %
Mittlere Reife, Realschulabschluss	**11 %**	11 %	12 %
Hauptschulabschluss	**1 %**	1 %	1 %
Anderer Schulabschluss (bitte angeben)	**1 %**	1 %	0,2 %
(Noch) kein Schulabschluss	**1 %**	1 %	2 %

Beruflicher Status

n (2023) = 2.753	**2023 insgesamt**	In der Staatsoper Befragte	Im Schauspiel Befragte
angestellt	**37 %**	36 %	39 %
selbständig/freiberuflich	**9 %**	9 %	9 %
im Ruhestand	**37 %**	42 %	29 %
im Studium	**7 %**	5 %	10 %
in Schule, Ausbildung oder FSJ	**5 %**	3 %	9 %
derzeit nicht erwerbstätig	**1 %**	1 %	2 %
Sonstiges	**3 %**	3 %	3 %

Geburtsland

n (2023) = 2.636	**2023 insgesamt**	In der Staatsoper Befragte	Im Schauspiel Befragte
Selbst und beide Eltern in Deutschland geboren	**84 %**	85 %	83 %
Selbst in Deutschland und mindestens ein Elternteil außerhalb Deutschlands geboren	**9 %**	9 %	11 %
Selbst außerhalb Deutschlands geboren	**6 %**	6 %	6 %

Besuchsmuster

Erstbesucherinnen und -besucher

n (2023) = 2.790	**2023 insgesamt**	In der Staatsoper Befragte	Im Schauspiel Befragte
Vor dem Erhebungsabend weder Staatsoper noch Schauspiel Hannover besucht	**5 %**	4 %	6 %

Letzte Besuche von Staatsoper und Schauspiel vor dem Erhebungstermin

		2023	2022	2020-2021	2013-2019	Vor 2013
Letzter Besuch der Staatsoper n (2023) = 2.433	2023 insgesamt	**58 %**	**22 %**	**5 %**	**11 %**	**4 %**
	In Staatsoper Befragte	65 %	25 %	3 %	9 %	3 %
	Im Schauspiel Befragte	45 %	20 %	8 %	16%	6 %
Letzter Besuch des Schauspiels n (2023) = 2.243	2023 insgesamt	**45 %**	**22 %**	**10 %**	**19 %**	**5 %**
	In Staatsoper Befragte	35 %	23 %	11 %	23 %	8 %
	Im Schauspiel Befragte	57 %	20 %	8 %	13 %	2 %

Anzahl von Besuchen der Spielstätten von Staatsoper und Schauspiel in den letzten 12 Monaten

		Über 12x	7-12x	4-6x	2-3x	1x	Kein Besuch *
Staatsoper n (2023) = 2.626	2023 insgesamt	**4 %**	**14 %**	**22 %**	**27 %**	**15 %**	**18 %**
	In Staatsoper Befragte	5 %	18 %	26 %	28 %	14 %	9 %
	Im Schauspiel Befragte	2 %	4 %	13 %	26 %	17 %	37 %
Schauspielhaus n (2023) = 2.421	2023 insgesamt	**2 %**	**7 %**	**13 %**	**22 %**	**17 %**	**40 %**
	In Staatsoper Befragte	1 %	4 %	9 %	20 %	15 %	52 %
	Im Schauspiel Befragte	3 %	13 %	21 %	26 %	20 %	18 %
Ballhof n (2023) = 2.267	2023 insgesamt	**1 %**	**1 %**	**3 %**	**13 %**	**21 %**	**62 %**
	In Staatsoper Befragte	0,1 %	0,2 %	3 %	9 %	20 %	68 %
	Im Schauspiel Befragte	2 %	1 %	5 %	18 %	24 %	50 %
Cumberlandsche n (2023) = 2.168	2023 insgesamt	**0,4 %**	**1 %**	**1 %**	**5 %**	**12 %**	**81 %**
	In Staatsoper Befragte	0,1 %	0,1 %	1 %	4 %	11 %	84 %
	Im Schauspiel Befragte	1 %	2 %	2 %	8 %	13 %	74 %
Sonstige Spielstätten n (2023) = 1.401	2023 insgesamt	**2 %**	**1 %**	**6 %**	**14 %**	**16 %**	**61 %**
	In Staatsoper Befragte	2 %	1 %	5 %	14 %	16 %	61 %
	Im Schauspiel Befragte	1 %	2 %	6 %	14 %	17 %	60 %

Kultur- und Freizeitaktivitäten

n (2023) = 2.802	**2023 insgesamt**	In der Staatsoper Befragte	Im Schauspiel Befragte
Angebote im Programm der Staatstheater Hannover			
Oper	**57 %**	62 %	47 %
Schauspiel	**55 %**	51 %	64 %
Klassische Konzerte	**54 %**	59 %	45 %
Ballett	**43 %**	47 %	37 %
Lesung	**29 %**	28 %	31 %
Musical / Revue	**22 %**	22 %	21 %
Kinder- & Jugendtheater	**6 %**	5 %	7 %
Andere Freizeitaktivitäten			
Kino	**70 %**	69 %	74 %
Bildende Kunst / Ausstellungen	**63 %**	64 %	62 %
Gedenkstätte / Schlösser / Parks	**46 %**	47 %	44 %
Rock- / Popkonzert	**33 %**	30 %	38 %
Kabarett / Varieté	**29 %**	29 %	28 %
Streaming	**23 %**	35 %	43 %
Sport / Sportveranstaltung (Live)	**20 %**	20 %	21 %
Disko / Club	**17 %**	13 %	24 %
Tanztheater	**16 %**	16 %	16 %
Gaming	**7 %**	6 %	10 %
Nichts von allem	**1 %**	1 %	1 %

Veränderungen von Kultur- und Freizeitaktivitäten im Zuge der Corona-Pandemie

Hat sich im Zuge der Corona-Pandemie etwas in Ihrer Einstellung zu Kulturangeboten und Ihren daraus folgenden Besuchen und Aktivitäten verändert? n (2023) = 2.732	**2023 insgesamt**	In der Staatsoper Befragte	Im Schauspiel Befragte
Ja	**24 %**	24 %	23 %
Nein	**76 %**	76 %	77 %

Anreise am Tag der Erhebung

n (2023) = 2.794	**2023 insgesamt**	In der Staatsoper Befragte	Im Schauspiel Befragte
Öffentlicher Nahverkehr / GVH	**49 %**	50 %	47 %
PKW	**38 %**	39 %	36 %
Fahrrad	**12 %**	11 %	15 %
Zu Fuß	**9 %**	8 %	11 %
Sonstige	**1 %**	1 %	1 %

Besuchsmotive, Erwartungen und Faktoren der Besuchserfahrung

Faktoren für die Entscheidung zum Besuch am Erhebungstag

n (2023) = 2.781	**2023 insgesamt**	In der Staatsoper Befragte	Im Schauspiel Befragte
Der Stoff (die Oper, das Stück)	**47 %**	49%	45%
Empfehlung von Partner, Freunden, Bekannten oder Verwandten	**21 %**	18%	26%
Karte ist Teil meines Abonnements	**20 %**	21%	16%
Der Wochentag passte	**19 %**	20%	17%
Berichterstattung in den Medien	**17 %**	16%	19%
Die Uhrzeit passte	**16 %**	16%	14%
Die Regie/Inszenierung	**14 %**	15%	10%
Bestimmte Künstler und Darsteller	**9 %**	11%	6%
Meine Begleitung hat die Karten organisiert	**9 %**	8%	9%
Karte geschenkt bekommen	**7 %**	7%	8%
Rabatt/Promocode oder Gutschein	**5 %**	5%	6%
Ich kennen jemanden, der / die an der Aufführung mitwirkt	**4 %**	5%	4%
Im Rahmen eines Städtetrips/Kurzurlaubs	**1 %**	2%	1%

Erwartungen an den Besuch von Staatsoper oder Schauspiel Hannover

n (2023) = 2.814	**2023 insgesamt**	In der Staatsoper Befragte	Im Schauspiel Befragte
Hohe künstlerische Qualität	**78%**	81%	71%
Ein intensives Live-Erlebnis	**77%**	79%	75%
Gute Unterhaltung	**71%**	69%	73%
Überraschung und Inspiration	**49%**	44%	58%
Verbesserung der Allgemeinbildung	**22%**	20%	25%
Menschen treffen	**16%**	16%	17%
Vor und nach der Vorstellung etwas unternehmen	**13%**	13%	14%
In relevanten Diskussionen up-to-date sein	**9%**	6%	14%
Sonstiges	**4%**	4%	4%

Bedeutung künstlerischer Aspekte für einen gelungenen Theaterabend

		Sehr wichtig	Weniger wichtig	Unwichtig
Bekannter Stücktitel und / oder Musik n (2023) = 2.477	2023 insgesamt	32 %	49 %	19 %
	In Staatsoper Befragte	38 %	46 %	16 %
	Im Schauspiel Befragte	21 %	55 %	24 %
Regie und Konzeption der Inszenierung n (2023) = 2.524	2023 insgesamt	73 %	24 %	3 %
	In Staatsoper Befragte	73 %	24 %	3 %
	Im Schauspiel Befragte	72 %	23 %	5 %
Die Darstellerinnen / Darsteller bzw. Musikerinnen / Musiker n (2023) = 2.533	2023 insgesamt	65 %	30 %	5 %
	In Staatsoper Befragte	67 %	29 %	4 %
	Im Schauspiel Befragte	62 %	31 %	7 %
Das inhaltliche Thema des Abends n (2023) = 2.498	2023 insgesamt	70 %	27 %	3 %
	In Staatsoper Befragte	66 %	30 %	4 %
	Im Schauspiel Befragte	76 %	22 %	2 %

Bedeutung anderer Faktoren für einen gelungenen Theaterabend

		Sehr wichtig	Weniger wichtig	Unwichtig
Informationen zur Vorstellung (Programm / Website / Trailer) n (2023) = 2.597	2023 insgesamt	69 %	28 %	3 %
	In Staatsoper Befragte	71 %	26 %	2 %
	Im Schauspiel Befragte	65 %	31 %	5 %
Atmosphäre / Architektur n (2023) = 2.487	2023 insgesamt	60 %	36 %	4 %
	In Staatsoper Befragte	63 %	34 %	4 %
	Im Schauspiel Befragte	56 %	40 %	4 %
Service (Mitarbeiter-innen/Mitarbeiter, Gastronomie) n (2023) = 2.501	2023 insgesamt	42 %	50 %	8 %
	In Staatsoper Befragte	46 %	47 %	6 %
	Im Schauspiel Befragte	34 %	54 %	11 %
Begleitung/ soziales Umfeld n (2023) = 2.471	2023 insgesamt	52 %	38 %	10 %
	In Staatsoper Befragte	51 %	38 %	11 %
	Im Schauspiel Befragte	55 %	37 %	8 %
Hygiene und Infektionsschutz n (2023) = 2.429	2023 insgesamt	36 %	46 %	18 %
	In Staatsoper Befragte	40 %	43 %	17 %
	Im Schauspiel Befragte	28 %	51 %	21 %
Einführung/ Publikumsgespräch n (2023) = 2.493	2023 insgesamt	32 %	52 %	15 %
	In Staatsoper Befragte	36 %	50 %	14 %
	Im Schauspiel Befragte	25 %	57 %	18 %

Zufriedenheit

Zufriedenheit mit dem künstlerischen Angebot

		„zufrieden" und „sehr zufrieden" (1&2)	„Teils teils" (3)	„unzufrieden" und „sehr unzufrieden" (4&5)
Stil der Inszenierungen n (2023) = 2.408	**2023 insgesamt**	**73 %**	**23 %**	**4 %**
	In Staatsoper Befragte	73 %	23 %	4 %
	Im Schauspiel Befragte	73 %	23 %	4 %
Künstlerische Leistungen der Regie (Inszenierung) n (2023) = 2.323	**2023 insgesamt**	**76 %**	**20 %**	**4 %**
	In Staatsoper Befragte	75 %	21 %	4 %
	Im Schauspiel Befragte	80 %	17 %	3 %
Künstlerische Leistungen der Darstellerinnen / Darsteller und Musikerinnen / Musiker n (2023) = 2.386	**2023 insgesamt**	**93 %**	**6 %**	**2 %**
	In Staatsoper Befragte	93 %	5 %	1 %
	Im Schauspiel Befragte	91 %	7 %	2 %
Vielfalt des Programmangebots n (2023) = 2.341	**2023 insgesamt**	**75 %**	**21 %**	**4 %**
	In Staatsoper Befragte	75 %	21 %	4 %
	Im Schauspiel Befragte	76 %	19 %	5 %
Zusatzveranstaltungen wie Werkeinführungen, Matineen n (2023) = 1.448	**2023 insgesamt**	**69 %**	**25 %**	**6 %**
	In Staatsoper Befragte	72 %	23 %	5 %
	Im Schauspiel Befragte	63 %	31 %	6 %
Angebote für Kinder, Familien, Jugendliche n (2023) = 1.075	**2023 insgesamt**	**58 %**	**27 %**	**15 %**
	In Staatsoper Befragte	56 %	28 %	17 %
	Im Schauspiel Befragte	62 %	25 %	13 %
Barrierefreie Angebote (z.B. Audiodeskription, Hörverstärkung, Untertitel) n (2023) = 926	**2023 insgesamt**	**55 %**	**29 %**	**16 %**
	In Staatsoper Befragte	54 %	32 %	14 %
	Im Schauspiel Befragte	57 %	22 %	21 %
Angebote für Seniorinnen / Senioren n (2023) = 894	**2023 insgesamt**	**45 %**	**33 %**	**22 %**
	In Staatsoper Befragte	45 %	35 %	19 %
	Im Schauspiel Befragte	45 %	27 %	27 %
Angebote für Menschen mit verschiedenen Herkunftsbiografien n (2023) = 958	**2023 insgesamt**	**57 %**	**29 %**	**14 %**
	In Staatsoper Befragte	55 %	29 %	16 %
	Im Schauspiel Befragte	60 %	30 %	10 %

Wunsch nach mehr Informationen oder Untertiteln in einer anderen Sprache

Wünschen Sie sich mehr Informationen oder Untertitel in einer anderen Sprache? n (2023) = 2.537	2023 insgesamt	In der Staatsoper Befragte	Im Schauspiel Befragte
Ja	**8 %**	7%	10%
Nein	**92 %**	93%	90%

Zufriedenheit mit Atmosphäre, Gebäude und Mitarbeitenden

		„zufrieden“ und „sehr zufrieden“ (1&2)	„Teils teils“ (3)	„unzufrieden“ und „sehr unzufrieden“ (4&5)
Atmosphäre n (2023) = 2.496	**2023 insgesamt**	**91 %**	**7 %**	**2 %**
	In Staatsoper Befragte	93 %	6 %	2 %
	Im Schauspiel Befragte	89 %	10 %	1 %
Beschilderung n (2023) = 2.245	**2023 insgesamt**	**88 %**	**9 %**	**3 %**
	In Staatsoper Befragte	89 %	8 %	2 %
	Im Schauspiel Befragte	86 %	10 %	4 %
Sanitäre Anlagen n (2023) = 2.222	**2023 insgesamt**	**84 %**	**13 %**	**4 %**
	In Staatsoper Befragte	85 %	12 %	4 %
	Im Schauspiel Befragte	81 %	15 %	4 %
Barrierefreiheit n (2023) = 1.095	**2023 insgesamt**	**65 %**	**23 %**	**12 %**
	In Staatsoper Befragte	67 %	22 %	11 %
	Im Schauspiel Befragte	61 %	24 %	15 %
Sitzmöglichkeiten/ Aufenthaltsqualität rund um die Vorstellung n (2023) = 2.407	**2023 insgesamt**	**71 %**	**23 %**	**6 %**
	In Staatsoper Befragte	71 %	23 %	6 %
	Im Schauspiel Befragte	71 %	23 %	6 %
Service-Personal n (2023) = 2.473	**2023 insgesamt**	**96 %**	**3 %**	**1 %**
	In Staatsoper Befragte	96 %	3 %	1 %
	Im Schauspiel Befragte	96 %	3 %	1 %
Gastronomie-Personal n (2023) = 1.981	**2023 insgesamt**	**93 %**	**6 %**	**2 %**
	In Staatsoper Befragte	93 %	6 %	1 %
	Im Schauspiel Befragte	93 %	5 %	2 %

Zufriedenheit mit dem Abo- und Kartenservice

		„zufrieden“ und „sehr zufrieden“ (1&2)	„Teils teils“ (3)	„unzufrieden“ und „sehr unzufrieden“ (4&5)
Kartenpreise n (2023) = 2.309	**2023 insgesamt**	**76 %**	**20 %**	**4 %**
	In Staatsoper Befragte	75 %	22 %	4 %
	Im Schauspiel Befragte	76 %	20 %	4 %
Verkauf über die Website n (2023) = 2.019	**2023 insgesamt**	**86 %**	**9 %**	**5 %**
	In Staatsoper Befragte	86 %	9 %	5 %
	Im Schauspiel Befragte	85 %	10 %	5 %
Telefonischer Kartenkauf n (2023) = 1.296	**2023 insgesamt**	**91 %**	**6 %**	**3 %**
	In Staatsoper Befragte	93 %	5 %	3 %
	Im Schauspiel Befragte	88 %	8 %	4 %
Verkauf an der Theaterkasse n (2023) = 1.528	**2023 insgesamt**	**93 %**	**5 %**	**2 %**
	In Staatsoper Befragte	93 %	4 %	3 %
	Im Schauspiel Befragte	93 %	6 %	2 %
Ermäßigungen und Aktionspreise n (2023) = 1.897	**2023 insgesamt**	**78 %**	**17 %**	**4 %**
	In Staatsoper Befragte	77 %	19 %	5 %
	Im Schauspiel Befragte	82 %	15 %	4 %
Digitale Verfügbarkeit meines Tickets n (2023) = 1.949	**2023 insgesamt**	**93 %**	**4 %**	**3 %**
	In Staatsoper Befragte	94 %	4 %	3 %
	Im Schauspiel Befragte	93 %	4 %	3 %
Freundlichkeit und Kompetenz der Mitarbeiterinnen / Mitarbeiter an der Kasse n (2023) = 1.834	**2023 insgesamt**	**94 %**	**4 %**	**2 %**
	In Staatsoper Befragte	94 %	4 %	2 %
	Im Schauspiel Befragte	93 %	4 %	2 %
Kassenöffnungszeiten n (2023) = 1.512	**2023 insgesamt**	**82 %**	**15 %**	**3 %**
	In Staatsoper Befragte	82 %	15 %	3 %
	Im Schauspiel Befragte	81 %	15 %	3 %
Andere Vorverkaufsstellen n (2023) = 715	**2023 insgesamt**	**72 %**	**18 %**	**10 %**
	In Staatsoper Befragte	78 %	12 %	10 %
	Im Schauspiel Befragte	62 %	28 %	11 %

Zufriedenheit mit Staatsoper und Schauspiel insgesamt

n (2023) = 2.566	„zufrieden“ und „sehr zufrieden“ (1&2)	„Teils teils“ (3)	„unzufrieden“ und „sehr unzufrieden“ (4&5)
2023 insgesamt	91 %	8 %	1 %
In Staatsoper Befragte	90 %	9 %	1 %
Im Schauspiel Befragte	93 %	6 %	1 %

Mediennutzung

Informationskanäle für Informationen über das Stück

n (2023) = 2.837	2023 insgesamt	In der Staatsoper Befragte	Im Schauspiel Befragte
Website von Staatsoper und Schauspiel	**35 %**	35 %	34 %
Partnerinnen / Partner, Freundinnen/Freunde / Bekannte / Verwandte	**27 %**	25 %	31 %
Abo-Termin (2015: „Abonnement")	**16 %**	17 %	15 %
Jahresprogramm/Spielzeitheft	**16 %**	19 %	10 %
Newsletter	**16 %**	17 %	13 %
Vorherige Besuche	**16 %**	17 %	13 %
Berichterstattung in den Medien	**15 %**	15 %	15 %
HAZ-Beilage Die Spielzeit	**15 %**	16 %	12 %
Internet allgemein	**14 %**	15 %	11 %
Monatsspielplan / Leporello	**12 %**	13 %	10 %
Schule, Lehrerin /Lehrer, Studium	**6 %**	4 %	10 %
Social Media von Staatsoper und Schauspiel	**5 %**	5 %	5 %
Plakate	**2 %**	3 %	2 %
Außenwerbung am Haus	**1 %**	1 %	1 %
Fahrgastfernsehen	**1 %**	1 %	1 %
Andere	**3 %**	3 %	3 %

Informationskanäle für Informationen über Staatsoper und Schauspiel insgesamt

n (2023) = 2.837	2023 insgesamt	In der Staatsoper Befragte	Im Schauspiel Befragte
Website von Staatsoper und Schauspiel	**28 %**	27 %	30 %
Vorherige Besuche	**20 %**	20 %	21 %
Jahresprogramm/Spielzeitheft	**16 %**	17 %	13 %
Newsletter	**15 %**	15 %	13 %
Partnerinnen / Partner, Freundinnen/Freunde / Bekannte / Verwandte	**15 %**	13 %	17 %
HAZ-Beilage Die Spielzeit	**13 %**	14 %	12 %
Monatsspielplan / Leporello	**13 %**	14 %	10 %
Internet allgemein	**12 %**	12 %	12 %
Berichterstattung in den Medien	**10 %**	10 %	9 %
Abo-Termin (2015: „Abonnement")	**9 %**	10 %	9 %
Schule, Lehrerin /Lehrer, Studium	**5 %**	4 %	7 %

n (2023) = 2.837	**2023 insgesamt**	In der Staatsoper Befragte	Im Schauspiel Befragte
Social Media von Staatsoper und Schauspiel	**5 %**	5 %	6 %
Plakate	**5 %**	5 %	6 %
Außenwerbung am Haus	**3 %**	3 %	3 %
Fahrgastfernsehen	**2 %**	2 %	2 %
Andere	**1 %**	1 %	1 %

Zufriedenheit mit den Medien von Staatsoper und Schauspiel Hannover

		„zufrieden“ und „sehr zufrieden“ (1&2)	„Teils teils“ (3)	„unzufrieden“ und „sehr unzufrieden“ (4&5)
Monatsspielplan/ Leporello n (2023) = 1.865	**2023 insgesamt**	**86 %**	**10 %**	**5 %**
	In Staatsoper Befragte	88 %	9 %	4 %
	Im Schauspiel Befragte	82 %	12 %	6 %
Website Staatsoper/ Schauspiel n (2023) = 1.912	**2023 insgesamt**	**81 %**	**14 %**	**5 %**
	In Staatsoper Befragte	82 %	13 %	5 %
	Im Schauspiel Befragte	78 %	15 %	7 %
Social Media (Instagram, Twitter, Facebook, YouTube) n (2023) = 1.006	**2023 insgesamt**	**65 %**	**27 %**	**8 %**
	In Staatsoper Befragte	63 %	30 %	7 %
	Im Schauspiel Befragte	68 %	22 %	10 %
Jahresprogramm/ Spielzeitheft n (2023) = 1.864	**2023 insgesamt**	**82 %**	**13 %**	**5 %**
	In Staatsoper Befragte	83 %	13 %	4 %
	Im Schauspiel Befragte	78 %	15 %	8 %
Newsletter Staatsoper/ Schauspiel n (2023) = 1.530	**2023 insgesamt**	**85 %**	**11 %**	**5 %**
	In Staatsoper Befragte	86 %	10 %	4 %
	Im Schauspiel Befragte	81 %	13 %	6 %

Nutzung von Social Media Kanälen

		Häufig (Mind. 1x am Tag)	Regelmäßig (mehrmals pro Woche)	Selten (Höchst. 1x pro Woche)	Nie	Kenne ich nicht
Instagram n (2023) = 2.281	**2023 insgesamt**	**24 %**	**9 %**	**7 %**	**54 %**	**7 %**
	In Staatsoper Befragte	21 %	7 %	8 %	57 %	8 %
	Im Schauspiel Befragte	30 %	11 %	7 %	47 %	5 %
Youtube n (2023) = 2.352	**2023 insgesamt**	**14 %**	**21 %**	**36 %**	**24 %**	**5 %**
	In Staatsoper Befragte	13 %	20 %	36 %	26 %	6 %
	Im Schauspiel Befragte	16 %	23 %	36 %	22 %	3 %
Facebook n (2023) = 2.277	**2023 insgesamt**	**10 %**	**6 %**	**12 %**	**65 %**	**6 %**
	In Staatsoper Befragte	11 %	6 %	12 %	64 %	7 %
	Im Schauspiel Befragte	9 %	7 %	13 %	67 %	5 %
LinkedIn n (2023) = 2.204 *	**2023 insgesamt**	**4 %**	**5 %**	**9 %**	**72 %**	**11 %**
	In Staatsoper Befragte	4 %	4 %	8 %	72 %	12 %
	Im Schauspiel Befragte	3 %	7 %	10 %	71 %	10 %
Twitter n (2023) = 2.277 *	**2023 insgesamt**	**4 %**	**2 %**	**5 %**	**81 %**	**8 %**
	In Staatsoper Befragte	4 %	1 %	4 %	82 %	9 %
	Im Schauspiel Befragte	5 %	3 %	7 %	79 %	6 %
TikTok n (2023) = 2.199 *	**2023 insgesamt**	**4 %**	**2 %**	**3 %**	**82 %**	**8 %**
	In Staatsoper Befragte	3 %	2 %	3 %	83 %	10 %
	Im Schauspiel Befragte	7 %	3 %	4 %	80 %	6 %
Weitere Kanäle n (2023) = 831 *	**2023 insgesamt**	**7 %**	**7 %**	**7 %**	**79 %**	
	In Staatsoper Befragte	6 %	7 %	8 %	79 %	
	Im Schauspiel Befragte	10 %	6 %	6 %	78 %	

A.3 Vergleich der Ballhof 1, Ballhof 2 / Ballhof Café und Cumberlandsche Befragten

Soziodemographie

Altersgruppen

n (2023) = 355	**2023 insgesamt**	Ballhof 1	Ballhof 2	Cumber-landsche
Bis 20	**5 %**	10%	6%	2%
21 bis 30	**11 %**	19%	27%	29%
31 bis 40	**7 %**	8%	20%	22%
41 bis 50	**8 %**	11%	7%	10%
51 bis 60	**22 %**	23%	15%	20%
61 bis 70	**27 %**	17%	19%	17%
Über 70	**20 %**	11%	7%	0%

Höchster Bildungsabschluss

n (2023) = 386	**2023 insgesamt**	Ballhof 1	Ballhof 2	Cumber-landsche
Abgeschlossenes Studium an Universität, Fachhochschule, Berufsakademie	**67 %**	61%	62%	77%
Abitur, Fachabitur	**19 %**	23%	27%	16%
Mittlere Reife, Realschulabschluss	**11 %**	8%	8%	7%
Hauptschulabschluss	**1 %**	2%	3%	0%
Anderer Schulabschluss (bitte angeben)	**1 %**	0%	0%	0%
(Noch) kein Schulabschluss	**1 %**	6%	0,3%	0%

Geburtsland

n (2023) = 365	**2023 insgesamt**	Ballhof 1	Ballhof 2	Cumber-landsche
Selbst und beide Eltern in Deutschland geboren	**84 %**	89 %	72 %	71 %
Selbst in Deutschland und mindestens ein Elternteil außerhalb Deutschlands geboren	**9 %**	7 %	13 %	15 %
Selbst außerhalb Deutschlands geboren	**6 %**	4 %	14 %	14 %

B Fokusgruppendiskussionen

B.1 Fokusgruppen mit „inaktivem“ Publikum

1. Fokusgruppe mit „inaktivem“ Publikum

Wert durch Institution (Sozialer und emotionaler Nutzen – Begegnung, Atmosphäre, Ambiente)

„Einen typischen Besuch könnte ich auch nicht sagen, weil es einfach von Haus zu Haus sehr unterschiedlich ist. Wenn man in der Cumberlandschen ist, sitzt man unter Umständen sogar im Treppenhaus, und hat ein ganz anderes Gefühl, während man im Schauspiel ganz normal da ist, mit oder ohne Pause. Aber ich habe es eigentlich immer als recht angenehm und zwanglos empfunden. Auch in der Oper – natürlich hat man sich dann ein bisschen schicker, aber es ist auch nicht so, dass man sich da auch als jüngere Mensch total abgestoßen fühlt.“

„Zum einen, finde ich, vom Publikum her. Im Schauspielhaus, fand ich, war immer noch ein etwas älteres Publikum als in der Cumberlandschen oder im Ballhof. Und auch teilweise was für Stücke gespielt werden. Im Schauspielhaus hat man dann doch noch klassischere Sachen. In der Cumberlandschen auch, die sind dann nur noch etwas moderner aufgezogen, teilweise. Und im Ballhof – so, die Känguru-Chroniken waren dabei, und so. Modernere Themen.“

„Die Motivation war schließlich immer eine andere, die Häuser sind architektonisch, auch von der Verweildauer sehr unterschiedlich. Ich finde sie vom Publikum sehr unterschiedlich. Ich finde sie von der Aufenthaltsqualität sehr unterschiedlich. Und insofern ist es sehr schwierig, da jetzt wirklich so einen gemeinsamen Nenner zu finden.“

„Und in der Pause steht man halt ein bisschen, ist ein bisschen neidisch auf die Leute, die so einen Stehtisch abbekommen haben. Ich glaube, die kann man reservieren, ich weiß es gar nicht so genau – oder man muss früher rausgehen oder jemanden kennen, ich weiß es nicht so richtig. Auf jeden Fall ist das so ganz nett, sage ich mal.“ „Ich finde es OK. Gleichzeitig hat es mich jetzt auch nicht vom Hocker gehauen. Da finden jetzt auch keine Dinge statt, wo ich denke: Das ist jetzt völlig außergewöhnlich. Man holt sich seine Weinschorle und verlebt seine Zeit. Und geht dann wieder rein, es ist ja auch das Theater da.“

„Produkt“-Wert (Ästhetisches Erlebnis, Bildungs- und Unterhaltungserfahrung)

„Besonders positiv in Erinnerung geblieben, weil es zwar experimentell war, aber irgendwie gut in die Moderne gebracht, war damals diese Don Giovanni-Inszenierung, das war 2014/15 irgendwie. Das gefiel vielen älteren Herrschaften nicht, das habe ich auch gemerkt, die sind in der Pause gegangen. Ich fand es aber mal mutig, mal was anderes.“

„Das Programm finde ich gut, wenn auch nicht immer. Wobei ich auch nicht sagen könnte, welche ich nicht so gut fand. Aber auf jeden Fall ist es auch für Personen, die jetzt nicht ganz so in der griechischen Mythologie eingearbeitet sind, oder sich vielleicht auch beruflich mit Theater beschäftigen und die Hintergründe immer genau kennen. Da muss ich gestehen, da bin ich manchmal auch gefordert, um das nachvollziehen zu können, was da aufgeführt wird. Aber das ist ja auch interessant.“

„Ich kann mich auch in dem Punkt meinen Vorrednern und Vorrednerinnen anschließen, dass ich die unterschiedlichsten Häuser in den unterschiedlichsten Kontexten besucht habe. Das waren die schon angesprochenen Partys in der Cumberlandschen Galerie, das war aber auch der Opernball beispielsweise, das waren Ballettaufführungen, auch von einem Choreographen, der ja jetzt aus bekannten Gründen nicht mehr in Hannover weilt. Im klassischen Schauspiel, auch im Ballhof, wie das auch [Gesprächspartner] erlebt hat, und auch in den Ausführungen von [Gesprächspartner] habe ich mich wiedergefunden, was die Differenzierung betrifft in der Motivation, die einzelnen Häuser zu besuchen. Ich kann das gänzlich unterschreiben: Der Ballhof ist für mich immer so ein Ort, wo man hingeht, um sich überraschen zu lassen. Wo man schon mit einer entsprechenden Experimentierfreudigkeit der Inszenierungen … was schon ein Stück weit darauf hofft. Fast schon ein bisschen die Lust - am Krawalligen ist jetzt zu viel gesagt – aber am Lauten und am Schrillen, würde ich mal sagen. Ich habe da zuletzt „Vater unser" und „Bungalow" gesehen. Sicherlich auch zwei nicht ganz klassische Inszenierungen, die aber gleichwohl Spaß gemacht haben."

„Für meinen persönlichen Teil muss ich auch wirklich sagen: Ich habe manchmal auch Lust auf klassische Inszenierungen. Natürlich verstehen ich diesen Anspruch von Theater, auch wachrütteln zu wollen, auf Missstände hinweisen zu wollen, politische Botschaften zu senden, das ist mir klar, das finde ich auch notwendig. Das ist sicherlich auch Auftrag von Theater. Ich muss aber auch sagen, das Theater für mich auch manchmal einfach nur Erholung und Abschalten bedeutet. Da sind die Dinge, die gerade auch im Schauspiel so laufen, im Ballhof, vielleicht nicht immer unbedingt die erste Wahl. Mir ist bei anderen Häusern auch – als Beispiel das Ernst Deutsch Theater in Hamburg – schon aufgefallen, dass es da durchaus auch gesellschaftskritische Stücke gibt, auch welche mit einer politischen Botschaft, wo der Zeigefinger manchmal nicht ganz so hoch hängt wie bei den Aufführungen, die ich hier in Hannover im Schauspielhaus manchmal so erlebt habe."

„Aber ich kann schon verstehen, dass es ein bisschen lockerer ein bisschen besser ankommen würde."
„Dem kann ich mich eigentlich nur anschließen. Ich gehe wirklich gerne auch ins Schauspiel, ich gehe gerne auch in die Oper, und setze mich auch mit gesellschaftskritischen Themen auseinander. Aber es ist halt echt so, dass man manchmal sehr deprimiert den Abend verlässt, und sich denkt: „Eigentlich war es ganz schön, aber irgendwie wurde es wieder so doll ausgeschlachtet, dass man sich teilweise ganz schlecht fühlt. Es gibt ja auch genug Stücke, die sind in sich schon sehr kritisch, da muss man das nicht noch betonen. Wenn man jetzt zum Beispiel Die Physiker hat, oder Hendrik Ibsen-Stücke, die sind eh schon sehr gesellschaftskritisch. Wenn man die einfach normal, wie sie geschrieben wurden, aufführt, dann kann es in einem selbst nachwirken, ohne dass man provokant noch etwas dazudichten muss, oder durch die Darstellungsweise aufbauscht."

„Aber wenn ich mir die Stücke, die ich so gesehen habe, vor Augen führe, fand ich es oftmals total toll, deswegen will ich gar nicht sagen, die sollen das nicht machen. Aber mal so eine ganz unaufgeregte, klassische Aufführung, das könnte ich mir auch gut vorstellen, dass ich da entspannter rausgehe. Weil es mich auch schon ganz schön verschreckt, manchmal."

„In unserem Freundeskreis sind wir wahrscheinlich noch diejenigen, die am häufigsten in die Oper, ins Schauspiel, ins Ballett, ins Konzert mal gehen. Eine Antwort auf die Frage „Habt Ihr nicht Lust, mitzukommen?", das geht dann schon häufig in die Richtung wie: „Mensch, wenn ich zuletzt im Theater war, dann werde ich da konfrontiert mit Themen wie Depression, Weltuntergang, Umweltkatastrophe, Verwahrlosung, Alkoholsucht. Wenn ich mir jetzt ein schönes Wochenende mache, dann muss ich damit am Wochenende nicht auch noch konfrontiert werden." Wie gesagt: Alle diese Themen haben ihre Berechtigung, aber ich glaube, es ist schon auch der Wunsch da: Man möchte sich manchmal auch ein Stück weit zurücklehnen, und nicht immer noch einen oben drauf gesetzt bekommen, nur um der Aufmerksamkeit willen vielleicht."

„Aber ich muss auch sagen: Ich bin halt auch ältere Generation. Ich bin Ende 70, da empfindet man es vielleicht anders. Wir lieben nach wie vor das Opernhaus, aber wir lieben nicht mehr die modernen Opern. Es ist manchmal nicht schön anzusehen, ich finde auch manchmal, dass es sehr überdreht ist. Da sind wir tatsächlich beim Ballett gewesen, beim Jörg Mannes. Nach wie vor lieben wir die Sinfoniekonzerte. Die nehmen wir also alle mit, weil das ist unsere Welt, für uns ältere Leute. Wobei ich halt auch denke: Gut, wir sind die ältere Generation, es muss ja auch etwas für die jüngeren gemacht werden. Zum Beispiel in Spiel des Lebens waren ja die zwei sehr jungen Choreographen. Wo wir den Tanz ganz toll fanden, aber die Musik war eben nicht unsere Welt. Aber die Großkinder, hätte ich jetzt fast gesagt: Das ist jetzt richtig, das lieben die natürlich. Da muss man halt ein bisschen drauf eingehen, und ein bisschen großzügig sein."

Wert durch produktionsbezogene bzw. institutionelle Zusatzleistungen (Services, Sonderprogramme)

„Ich bin vor zehn Jahren nach Hannover gezogen. Zum Studium, und ich bin jetzt zum Promovieren an der Uni geblieben. Anfangen zu besuchen war dementsprechend über die Semesterkarte, weil man da vergünstigt reinkommt, beziehungsweise kostenlos. Dementsprechend bin ich in meinen ersten Semestern mehrmals reingegangen. Ich weiß gar nicht mehr, wo ich alles reingegangen bin. Einfach nur quer durch die Bank. So nach dem Motto: Ich habe mit zwei, drei Kommilitonen gesprochen, und jetzt haben wir Lust, einfach mal abends hinzugehen. Und: Ah, es sind noch zwei Karten frei fürs Ballett, also gehen wir einfach mal ins Ballett. Beim nächsten Mal waren dann noch Karten frei für einen Poetry Slam – sind wir dann ins Poetry Slam gegangen. Dementsprechend sehr divers."

„Weshalb ich mich da noch rumgetrieben habe: Einmal gab es so ein Festival einmal im Jahr im Schauspielhaus, ein Musikfestival. Ich komme nicht mehr auf den Namen, aber da ist glaube ich so ein „F" das Zeichen von diesem Festival, das ist ziemlich cool. Und in der Cumberlandschen Galerie bin ich früher auch häufiger gewesen, weil da auch ganz gut gefeiert wurde am Wochenende. Dann war da so Bar. Coole Mucke, Getränke, nette Leute. Das ist ja auch vom Innenhof ganz schön. Das könnte ich mir durchaus auch jetzt wieder häufiger vorstellen. Dass man das kombiniert, jetzt nach Corona."

„Ohne jetzt sagen zu können, was ich mir da genau vorstelle, aber dass es da vielleicht festivalartige Veranstaltungen gibt, wo es auch so kleinere Häppchen gibt, die kürzer sind und kurzweilig sind. Vielleicht mit ein bisschen mehr Programm drumherum. Wo dann nicht so monolithisch drei Stunden ein Epos auf der Bühne aufgeführt wird, und man zwischendurch eine Viertelstunde eine Apfel- oder Weinschorle trinkt, sondern es eher einen Event-Charakter hat, wo man wirklich auch ein bisschen was isst gemeinsam, darüber spricht, was man gesehen hat. Das kann ja auch mal nur eine coole Tanzchoreographie gewesen sein, oder ein Musikstück. Ich bin halt Schlagzeuger. Oder so rhythmische Geschichten, von mir aus auch mal eine Podiumsdiskussion. Und dazwischen dann ein ganz breite, bunte Palette, wo man dann mit einem Ticket dann mehrere Sachen besuchen könnte, und das ein wenig kurzweiliger ist. Ich erlebe es halt so – und das ist auch der Grund, warum ich da nicht so häufig bin: Für mich hat es immer auch so etwas getragenes. So etwas steifes, sage ich jetzt auch mal. Wo ich mich dann schon einfinden muss."

„Da ich selbst gerne singe und auch da mein Interesse habe, habe ich auch mal beim Staatstheater mich in irgendwelche Verteiler einsetzen lassen für „Es werden noch Statisten gesucht..." Dementsprechend bin ich da auch öfter mal aktuell gehalten, habe aber bisher noch nicht teilgenommen. Immer nur bei den Schnuppersachen, bei denen man mal vorbeischauen kann, reingeschaut."

„Wie ich eigentlich aufmerksam werde auf die Veranstaltung. Das kann ich gar nicht so genau sagen, denn ich bin in keinem Verteiler. Ich glaube, wenn, dann habe ich immer schon mal so Falt-Flyer gefunden. Die da so standen, was da im Schauspielhaus so war. Und wenn da dann was interessantes war – das kann was klassisches sein, was modern aufgeführt war, und man wie bei Iphigenie denkt: Oh, spannend, da gehen wir mal hin – dann sind wir da hingegangen. Ich würde von der Frequenz sagen: So einmal im Jahr, alle zwei Jahre. Wie gesagt: durch Corona halt nicht. Aber häufiger auch nicht."

„Aber wenn ich jetzt so ein Newsletter bekäme, das ist jetzt gar nicht so für mich. weil ich eher so im Musikbereich unterwegs bin, und da in vielen Verteilern von Spielstätten."

„Wenn man es versuchen wollen würde, was dann vielleicht für alle typisch ist: Ich finde die Möglichkeiten, die Karten zu buchen, recht komfortabel. Ich habe auf Webseiten nie Probleme gehabt, mich da einzuloggen, Bestellungen nachzuverfolgen, das auszudrucken. Das Buchungserlebnis, sage ich mal, fand ich positiv bei all meinen Besuchen. Das würde ich als typisch bezeichnen. Die Mitarbeiter, die vor Ort arbeiten, im Service, Einlass, Ticketing, alles, was da dazugehört, immer als sehr freundlich erlebt. Immer sehr zuvorkommend, sehr hilfsbereit, immer mit einem Lächeln unterwegs.“
<u>Wert durch Image (Kulturelles und soziales Kapital, Werte und Bildungsmanifestation)</u> „Ich bin in Hannover großgeworden, habe auch in Hannover studiert. Und bin dementsprechend schon, als ich kleiner war, mit dem Schauspiel und auch der Oper in Berührung gekommen. Zum einen, weil auch meine Eltern gerne kulturelle Veranstaltungen besuchen, zum anderen auch über die Schule, eine „Zauberflöte“-Vorstellung zum Beispiel, auch im Ballhof verschiedenste Aufführungen und Theaterstücke.“ „Ich habe in den vergangenen Jahren auch in Augsburg, in Berlin und in Hamburg gelebt und bin auch in diesen Städten mit Kultur, mit verschiedenen Schauspielhäusern, Opernhäusern, in Berührung gekommen. Ich weiß auch, dass wir hier in Hannover noch eine ganz vernünftige Auswahl an verschiedenen unterschiedlichen Häusern haben, die ich dann gelegentlich auch besucht habe.“ „Ich musste mit meinen Eltern früher immer alle drei Wochen in die Oper, das war hart, die ganze Kindheit über. Danach habe ich Musik studiert, und habe dann sogar an der Staatsoper Hannover mal Assistenzen gemacht, bin dann aber wieder ganz weit weg von der Musik, und vor allem vom Theater und von der Oper, weil ich nur noch analysiert habe die ganze Zeit. Und die ganze Zeit nur im Publikum saß und überlegt habe, wie ich es anders machen würde.“ „Und wir sind immer mit unseren Kindern an Weihnachten in der Oper. Auch jetzt noch, die sind jetzt 25 und 27, und wir sind immer noch an Weihnachten in der Oper. Das machen wir, das ist so ein Ritual. Wir lieben auch die Oster-Tanztage. Da hat auch unsere Tochter mal mitgemacht, mit so einem Breakdance-Projekt. Das finde ich auch ganz wunderbar, da durch diese ganzen Genres durchzugehen. Durch die Bereiche von ganz klassisch bis wirklich sehr modern, das liebe ich auch total. Das geht unserer ganzen Familie so.“
<u>Monetäre Kosten</u> „Dann im Studium vor allem war die Gelegenheit, besonders günstig an Tickets zu kommen, dementsprechend bin ich da auch mit Freunden in die verschiedensten Sachen gegangen. Bevorzugt war es bei mir im Schauspielhaus, Ballhof war mir häufig zu experimentell, muss ich gestehen. Es ist mal ganz witzig gewesen, für den Preis war es auch immer total in Ordnung. Aber es wäre für einen höheren Preis nichts, was ich unbedingt immer besuchen würde, weil ich dann da das Risiko sehe, dass es mir doch nicht so gefällt. Aber ich finde cool, dass es das gibt.“
<u>Kosten für Zeit</u> „Dann kam dazu, dass da auch der Abschluss meines Referendariats war, da hatte ich verschiedenste Stationen überall in Deutschland. Dann noch die Prüfungen, da hatte sich das auch nicht mehr angeboten. Im nachhinein muss ich sagen, unter der Woche schaffe ich es echt schwierig, dass dann unterzubringen, um einen entspannten Abend zu verbringen, den ich ja eigentlich haben will, wenn ich so eine Veranstaltung besuche. Das möchte man ja auch irgendwie genießen. Und am Wochenende – nach Corona, ich weiß nicht, was los ist, aber da laufen die Wochenenden unglaublich zu mit irgendwelchen Leuten, die was machen wollen. Dadurch hat es sich dann tatsächlich weniger angeboten.“

Kosten für „Energie" (Aufwand, Bequemlichkeit, Sicherheit, Physis, etc.)
„Und da ich als [Beruf] arbeite, sind die Aufführungen unter der Woche jetzt ein bisschen früh. Also 19:00, 19:30 Uhr schaffe ich nicht gut. Es wäre nicht so, dass ich noch entspannt etwas essen könnte, vorher. Da verlagert es sich eher ins Wochenende, und da sind die Tickets dann doch eher irgendwie weg, oder man muss sehr weit im Voraus planen." Zu Corona als Bruch: „Bei mir muss ich ehrlich gesagt gestehen: Auch während Corona war ich schon auf einem Festival, bei Rock am Ring, oder bei Konzerten, ich weiß nicht mehr wie es alles hieß. Habe mir dann auch mal Corona eingefangen. Habe mir dann auf irgendwelchen Feiern ein zweites Mal Corona eingefangen, trotz dritter Impfung. Warum es nicht das Staatstheater geworden ist, wo ich hingegangen bin? Es war so ein Unterschied zwischen Alltag: Ich halte mich so ein bisschen zurück, und gehe noch ein bisschen sicher, bis hin zu: OK, ich gehe das komplette Risiko ein. Es lag ein bisschen dazwischen, in diesem grauen Bereich zwischen „man geht einfach gar nicht" und „das komplette Risiko", und da ist es das Staatstheater einfach nicht geworden." „Das würde ich auch unterschreiben. Wir sind da ja doch noch alle auf dem Weg zurück. Es wirkt ja alles schon wieder recht normal, und sicher hätte man schon wieder das eine oder andere Mal ins Theater oder in die Oper oder auch in andere Sachen gehen können. Aber ich habe auch andere Sachen, die ich erstmal machen möchte. Die mir schlicht und ergreifend wichtig sind. Leute treffen, wieder mal ein bisschen durch die Gegend fahren. Mit Freunden einfach wieder freizügig sein. Aber bei mir ist es schon so, dass ich Bock habe, demnächst auch mal wieder stärker Kultur zu machen. Ich habe jetzt auch wieder angefangen, meine Konzerte zu besuchen." „Ich habe mit meiner Freundin zusammen ein Abo, wir sind immer zu zweit unter dem Namen meiner Freundin gegangen. Und das haben wir auch nur ganz vorsichtig gemacht, weil wir nicht genau wussten, wie es nun weitergeht. Da haben wir gesagt: Wir teilen uns erstmal die Karten. Und wenn uns das gefällt, nehmen wir jeder eine. Aber trotzdem weniger. Auf alle Fälle. Eben auch vorsichtiger, auch aus familiären Gründen."
Kosten für psycho-mentalen Aufwand: (Bildungsbarrieren, Verständnis, Geschmack, Konzentrationsleistung)
„Insofern liegt es vielleicht auch an meiner Vorbereitung auf die Stücke, dass ich mir da vielleicht auch noch mehr Wissen aneignen muss, um dann auf verstehen zu können, was vorne auf der Bühne passiert."

2. Fokusgruppe mit „inaktivem" Publikum
Wert durch Institution (Sozialer und emotionaler Nutzen – Begegnung, Atmosphäre, Ambiente)
„Das Theater ist ja auch relativ neu gebaut worden. In den 90er, wenn ich das richtig sehe, fertiggestellt. Und es hat ja auch gewissermaßen einen provokanten Charakter. Es ist ja Absicht, wenn man es so gestaltet, wie es gestaltet ist, und eher an ein Hallenbad erinnert, als an ein Theater. Man muss sich das vorstellen, es war ja auch in der Zeit Mode. Ich weiß nicht, ob sie den Kröpcke, die U-Bahn-Station kennen. Auch da: Jetzt wollen wir uns extra zur Expo den Charme der 50er Jahre wieder verpassen."

„Und ich muss ganz ehrlich sagen, dass sich in diesen Diskursen auch eine Ästhetik verlieren kann. Nicht, dass man das nicht kritisieren kann. Aber mir ist die Ästhetik des Abends verlorengegangen. Das habe ich also häufiger. Ich habe oft das Gefühl, dass eine bestimmte Position, eine politische und gesellschaftspolitische Position, eingenommen wird, die mich aber gar nicht erreicht. Und viele andere auch nicht. Das heißt also: Die Leute, die da erreicht werden sollen – und Frau Anders hat ja auch ganz klar beschrieben, worauf sie setzt: auf Diversität, Queerness, und so weiter. Gleichberechtigung, da bin ich natürlich auch für, gar keine Frage. Aber das schimmert derart durch, dass dann – und das wär mein letzter Aspekt – so etwas durchkommt wie ein Erziehender. Da habe ich keine Lust zu. Das ist auch so durchschaubar, weil es auch nichts spielerisch-magisches hat. Es kommt dann so ein bisschen mit der Brechstange. Das erreicht mich nicht. Und ich glaube, dass Problem, das das Theater hat, ist, dass die Menschen, die ins Theater gehen möchten – nicht alle – sich da nicht abgebildet sehen, und die, die es abbildet, die gehen nicht ins Theater. So bringe ich meine Perspektive zum Schluss nochmal auf den Punkt."

„Aber bei mir ist es das Programmatische. Das ärgert mich auch richtig, teilweise. Ich habe so das Gefühl, die Kulturschaffenden und die Presse – teilweise bespielen die sich auch. Die finden das alles cool, weil man das jetzt cool finden muss. Und das, finde ich, ist schwierig. Und die Menschen, mit denen ich mich umgebe, die finden das halt nicht so cool. Und da denke ich mir manchmal: Ja, also warum nimmt uns keiner wahr, wir sind ja gar nicht so wenige."

„Frau Anders hat ja auch gesagt: Das Problem ist das Nicht-Verstehen. Das Theater versteht die Menschen nicht, weil es paternalistisch ist. Es ist zu bürgerlich. Wenn aber doch die Mehrheit bürgerlich geprägt ist oder eine bürgerliche Erziehung genießen durfte, dann finde ich es auch einfach unklug, die Leute da abzuwatschen. Das ist vielleicht ein starkes Wort – aber sie nicht ins Boot zu holen. Durch „beides". Das ist es, was hier wirklich fehlt. Denn das ist, was die Leute eigentlich auch verbindet mit dem Theater. Eine bürgerliche Tradition. Das ist eigentlich positiv konnotiert. Dieses „beides" finde ich total gut."

„Ich frage mich gerade, ob dieses Streben nach Authentizität, oder aber ein eingeschränktes Spektrum an eigener Regie und Intendanz auch damit zusammenhängen kann, dass Hannover ja ein Sprungbrett ist. Die, die hier waren, gehen in der Regel an eine der großen Bühnen. Da will ich mich natürlich profilieren. Damit die anderen sehen, was ich kann. Und das ist etwas völlig anderes, als wenn ich diese Stadt bespielen will."

„Produkt"-Wert (Ästhetisches Erlebnis, Bildungs- und Unterhaltungserfahrung)

„Ich habe da eben eine Kongruenz gespürt, dass es beim Theater, aber meinetwegen auch bei der Oper, um ein Echo geht, das der Rezipient haben muss. Hören muss, spüren muss. Ich kann gut Romane lesen aus dem 18., 19. Jahrhundert und trotzdem schmunzeln, mich berührt fühlen, weil ich da etwas wiederfinde. Mir ist das Wiederfinden etwas verlorengegangen. Ich bin seit 13 Jahren in Hannover, und ich erinnere mich sehr gut an eine Shakespeare-Aufführung ganz am Anfang, Sommernachtstraum. Man kann auch sagen: Langweilig, der Klassiker. Aber es war ganz spielerisch inszeniert, da waren große Blasen, Bälle, auf der Bühne, und darauf bewegten sich die Figuren. Das hat mir sehr gut gefallen, weil es auch ein bisschen etwas magisches hatte, was ja nun auch sowieso zu dem Stück passt."

„Also ich bin eine Theatergängerin. Dann kam dieser Wechsel zu Lars-Ole Walburg, und dann habe ich gefremdelt, und bin da einfach nicht so warm geworden. Ich war dann ein paar Mal im Theater, und wenn ich ins Theater gehe, will ich entweder was lernen, oder ich will berührt werden. Aber ich will nicht agitiert werden. Das kann ich nicht leiden. Das Gefühl hatte ich aber manchmal. Was dann aber gut war, was für mich war: Ich fand die Hamlet-Inszenierung super und ich fand auch die Edda super. Aber ansonsten nix. Das letzte Mal war ich im Theater, da war ich im Ballhof. Da habe ich ein Stück gesehen, dessen Namen ich vergessen habe, das war irgendwie eingeladen zum Berliner Theatertreffen.

Ich erinnere mich an nichts, außer, dass da so ein Haus war, das sollte irgendwie glaube ich das Prekariat sein, das hat mir nullkommanichts gegeben. Das passiert mir relativ selten. Das war so das erste Mal, dass ich wieder ins Theater gegangen bin. Das war aber so eine Enttäuschung, dass ich dann gedacht habe: Nein, das probiere ich nicht mehr. Der letzte Aspekt ist: Ich vertraue einfach den Theaterkritiken in der HAZ, und die waren in der letzten Zeit auch nicht begeistert." „Ich will irgendwie in Resonanz gehen mit dem, was da auf der Bühne passiert. Aber wenn ich das nicht auf irgendeine Weise kann, wenn ich konfrontiert werde mit allem – wir erleben das ja jeden Tag, was irgendwo problematisch oder mehr ist… Ich will keine heile Welt haben, überhaupt nicht. Aber es ist genau das: Entweder einen neuen Gedanken denken, irgendwas auf eine neue Art und Weise sehen, oder halt wirklich seelisch in Resonanz gehen. Wenn das beides nicht gegeben ist, dann ist es schwierig. Mich verbinden mit diesem Haus tatsächlich die Konzerte. Ich bin total begeistert, wie sich dieses Orchester sich entwickelt hat, in den Jahrzehnten, die ich jetzt hier lebe. Das finde ich toll. Da habe ich auch einige sehr berührende Erlebnisse gehabt." „Ich war zwischenzeitlich öfters in Hamburg im Theater, also Thalia und Schauspielhaus, bin von denen vielleicht auch ein bisschen verwöhnt gewesen, und hatte dann so um die Jahrtausendwende sehr stark den Eindruck, dass die Provokation der 70er Jahre, dass die hier noch sehr präsent ist. Es ist ja schön, wenn man provoziert – aber muss das noch diese Form haben, die es vor 20, 25 Jahren hatte?" „Ich halte mich für einen politischen Menschen, ich bin auf der Höhe er Zeit. Was aber manchmal so eine Sache ist: Dieses, ich sag mal, extrem politisch korrekte. Was mir vorkommt wie ein Exkurs in einer Blase. Der mit dem Leben der allermeisten anderen nicht so viel zu tun hat. Und ich habe eine sehr kluge Tochter. Mit der zu reden, ist manchmal auch anstrengend für mich. Wenn es dann um Kolonialismus, Rassismus, Queerness und so. Ich denke dann immer: Geht es auch ein bisschen mehr an meinem Leben. Wo ich dann manchmal denke: Nein, das will ich nicht. Ich will auch manchmal ein ganz kleines Normal-Stück."
Wert durch produktionsbezogene bzw. institutionelle Zusatzleistungen (Services, Sonderprogramme) „Ich glaube, Corona hat seinen Einfluss gehabt, es braucht das Anlaufen. Aber ich glaube, es gibt andere Probleme, die das Theater hat. Und Sie haben gerade schon davon gesprochen: Wieviel Zeit man doch jetzt praktischerweise vor dem Rechner verbringt. Ich denke, da erwächst gerade auch bei jungen Menschen nochmal ein ganz anderes Spektrum. Ich gucke auch mal eine Serie, aber das ist so eine harte Konkurrenz. Und ich könnte mir auch vorstellen – ich weiß es nicht, wie es im Ballhof aussieht, aber dass diese sich parallel noch schneller noch dominanter gewordene mediale Welt, dass die dem Theater auch das Wasser abgräbt." „Ich denke eher an so was wie einen Abend im Haus, wo man auch eine Führung nochmal anbietet – ich weiß, es gibt Führungen – aber wo man das vielleicht nochmal öffnet, oder wo man in die verschiedenen kleinen Bars, die alle eine eigene Atmosphäre haben, und die ich auch alle cool finde, die mir gefallen. Warum versucht man nicht über so einen Aspekt – und ich sage das jetzt so etwas despektierlich – des Entertainments und des sich Aufhaltens und ein Glas Trinkens mitten in der Stadt – wir sind mitten in der Stadt! Und Hannover hat ja nicht so viele Leuchttürme. Aber das Opernhaus, das ist erstmal architektonisch und von der Lage her – das ist ja was. Warum öffnet man das nicht vielleicht mal für einen Abend. Oder verbindet das mit dem Weinfest im Sommer. Das fällt mir jetzt nur so spontan ein, weil ich mag es hier. Und vielleicht kann man dieses positive … darüber vielleicht nochmal eine Brücke bauen."

Wert durch Image (Kulturelles und soziales Kapital, Werte und Bildungsmanifestation)
„Dann war das auch so, dass ich dann viele Schauspieler kannte, dass ich mit dem Ensemble vertraut war, dass es Inszenierungen gab, die mir im Gedächtnis geblieben sind. Da waren auch manchmal nicht so gute dabei. Aber ich wusste, immer wenn ich hingehe, würde etwas vertrautes kommen.“
Kosten für Zeit
„Da kam natürlich auch dann dazu, dass man, wenn die Kinder klein sind, logischerweise seltener ins Theater geht. […] Jetzt, wo das besser geht mit den Kindern, die sind aus dem gröbsten raus, ist es noch nicht wieder so angelaufen.“ „Mir würde noch etwas ganz Praktisches einfallen: Nämlich nicht die Frage, wie das Theater mich erreicht, sondern wie ich das Theater erreiche. Ich weiß noch, in meiner ersten Zeit in Hannover, da konnte ich in die Bahn einsteigen, da war die Straßenbahnhaltestelle 70 Meter entfernt, und konnte vor dem Theater aussteigen. Das war relativ komfortabel. Und die Haltestelle ist weg. Das ist ja auch kritisiert worden, da hat ja auch das Schauspielhaus berechtigterweise gesagt, dass sie nicht erfreut waren, davon aus der Presse zu erfahren. Das wurde nicht so richtig gut kommuniziert. Das sollte man sich vielleicht schon nochmal überlegen. Das ist natürlich für die Oper kein Problem.“
Kosten für „Energie“ (Aufwand, Bequemlichkeit, Sicherheit, Physis, etc.)
„Ich habe lange Phasen gehabt mit Familie, wo ich viel gearbeitet hab, wo ich keine Zeit hatte. Und dann wirklich nur aus äußeren Anlässen, so als hätte mir jemand ne Karte gegeben. Dann habe ich, glaube ich, so ein bisschen den Punkt verpasst. Ich bin ja seit mehreren Jahren nicht mehr in der Praxis tätig, aber jetzt gibt es so viele Ehrenämter, die ich führe. Also für mich ist es so: Musik brauche ich zum Leben. Ohne Musik kann ich ganz schlecht leben. Ohne Theater: Ja, zur Not. Dieses Essenzielle, wie ich das bei Musik habe.“ Zu Corona-Auswirkungen: „Ich habe allerdings jetzt den Eindruck, dass jetzt, nachdem viele Leute schon letzten Herbst die Vorsichtsmaßnahmen über Bord geworfen hatten, und es dann aber doch alle im Bekanntenkreis, die bis dahin verschont geblieben waren, die vorsichtig gewesen waren, doch noch erwischt hat, dass danach jetzt seit März, April, keine große Zurückhaltung mehr ist. Die meisten Leute mischen sich jetzt unter Menschen.“ „Nach einem anstrengenden Arbeitstag, wenn ich dann nochmal losgehe – ich merke schon, dass ich dann genau überlege, ob ich wirklich nochmal losgehe. Wenn ich dann losgehe, und ich werde enttäuscht … oder denke: Wäre ich doch lieber zuhause geblieben und hätte meine Serie geschaut. Dass ich dann denke: Och man, ich weiß nicht, ob ich mich das nächste Mal nochmal aufraffe. Es ist ein Aufraffen, und wenn ich mich schon aufraffe, dann möge es mich doch bitte eben berühren, oder ich möchte eine andere Perspektive kennenlernen. Wenn das dann nicht ist, merke ich bei mir, so: Mh.“ „Ich muss aber auch sagen, dass, wann immer ich im Theater war, mal abgesehen von ein, zwei Vorstellungen, wo man einfach rausgeht, immer gedacht habe: Gut, dass Du rausgegangen bist. Dass Du das wahrgenommen hast. Das hat mich immer belebt. Ich lag dann spät im Bett und dachte: Morgen hast Du einen langen Tag. Aber es ist ganz egal. Es hat so ein belebendes Element.“
Kosten für psycho-mentalen Aufwand (Bildungsbarrieren, Verständnis, Geschmack, Konzentrationsleistung)
„Es ist ja auch so, dass im Grunde Inszenierungen hohe Kunst sind, und die Aufführungsgeschichte voller Intertextualität. Und natürlich versteht nicht jeder die Intertextualität. Also ich würde sie wahrscheinlich in der Regel überhaupt nicht erkennen, weil mir der Fundus fehlt. Auch diejenigen, die

das Theater machen … das Bürgerliche ist natürlich eine Kategorie, die man gerne bemüht, aber die, die das Theater machen, kennen natürlich diese Aufführungsgeschichte, und beziehen sich auf die Aufführungsgeschichte, sind aber selber schon Teil dieser bürgerlichen Tradition. Wie immer sie sich dazu verhalten. Und da ist es wichtig, auch Dinge anzubieten, die auf der einen Seite die Leute ansprechen, die diese Geschichte kennen und das auch zu schätzen wissen. Wenn man jetzt noch etwas draufsetzt. Aber es ist natürlich auch nicht verkehrt, wenn man die Leute anspricht, die das nicht tun. Ich merke zum Beispiel, dass meine Kinder, die über die Schule ins Theater gekommen sind, und die meine Frau und ich wahrscheinlich nie ins Theater hätten bewegen können, die waren jetzt dort. Zwangsweise, obwohl es ja gerne gemacht wird, denn der normale Unterricht fällt dann ja aus. Die waren ganz angetan. Also ich glaube, … es gibt hier ja auch eine gute Arbeit mit Schülerinnen und Schülern – so wie ich das sehe, und ich denke das ist auch gut investiertes Geld. Weil ich denke schon, dass man da die Leute da auch jenseits der… die Kinder gucken ja auch nicht nur Serien, sondern die suchen ja auch das Live-Kulturerleben. Und da kann man, glaube ich, doch was machen."

3. Fokusgruppe mit „inaktivem" Publikum

Wert durch Institution (Sozialer und emotionaler Nutzen – Begegnung, Atmosphäre, Ambiente)

„Wenn ich in Staatsoper oder Schauspielhaus gehe, dann ist das vertraut. Auch nicht besonders schön, sondern einfach so: „So, jetzt gehen wir mal ins Theater."

„Ich und meine Frau, unser erstes Date hier in der Oper, deswegen waren wir hier ab und zu mal. Unsere Jüngste war dann auch im Kinderchor hier dabei."

„Produkt"-Wert (Ästhetisches Erlebnis, Bildungs- und Unterhaltungserfahrung)

„Gerade aus den Opernbesuchen bin ich immer sehr positiv rausgegangen. Ich habe mir da vermehrt Stücke rausgesucht, die ich kannte. Manchmal fand ich die Inszenierungen nicht so schön. Aber im großen und ganzen war ich immer von der Musik und den Solisten begeistert und konnte da immer mit einem guten Gefühl rausgehen."

„Ich bin nicht mehr gekommen, weil es mir nicht mehr gefallen hat. Ich bin ein Jörg Mannes-Fan gewesen. Marco Göcke, der Liebhaber, da habe ich sogar die Karte zerrissen, weil es mir definitiv nicht gefallen hat. Das ist der Grund, weshalb ich nicht mehr gekommen bin. Er kann gerne weitermachen, aber dieses Dunkle immer, das ist so anstrengend für die Augen. Ich habe Heinrich 8. oder Der Besuch gesehen, und auf einmal kommt Marco Göcke, und es ist dunkel. Kein Bühnenbild mehr. […] jetzt finde ich einfach nichts mehr, was mir gefällt."

„Ich war das letzte Mal im Schauspielhaus, dass muss vor Corona gewesen sein. Da war ein Schauspieler dabei, der hatte keine richtige Sprechausbildung. Ich habe nur die Hälfte verstanden. Und dann macht es keinen Spaß mehr."

„Wenn man zum Beispiel die Zauberflöte gesehen hat: Die Musik ist ja total schön. Aber die Bühne passt irgendwie überhaupt nicht zur Musik. Ich würde auch gerne mal klassisches Ballett sehen, so Schwanensee zum Beispiel. Das würde mich schon mal reizen."

„Wenn ich da sehe, diese ganzen Spastiken … das ist für mich nicht… wer Heinrich 8. gesehen hat. Ich war auch in Marylin, und dieser Paartanz, das gefällt mir. Wie die da über die Tische, und ich dachte: Oh, mein Gott. Und die sind ja teilweise richtig klein, diese Balletttänzer, und dann bringen die da diese Action. Das fehlt mir. Und dann immer dieses dunkle Bühnenbild, das tut mir richtig weh in den Augen."

Wert durch produktionsbezogene bzw. institutionelle Zusatzleistungen (Services, Sonderprogramme)

„Ich habe gerade jetzt gesehen, dass sie jetzt verstärkt andere Formate anbieten, etwas experimenteller Art, wo man mit einbezogen wird – in die Vorbereitung zum Beispiel. Das war für mich immer das, was mich ans Theater gebunden hat: die Entwicklung eines Stückes mitzuverfolgen. Sei es, wie eine Oper entsteht, oder wie ein Theaterstück entsteht. Dieses Ringen um die verschiedenen Elemente. Die Texte, das Bühnenbild. [...] Die Teilnahme an Proben, wie eine Oper zum Beispiel entsteht. Es ist doch faszinierend, wie sich die einzelnen Puzzleteile zusammenfügen und nachher zu einem Ganzen werden."

„Mich interessiert das zum Beispiel gar nicht. Ich lese das auch immer: 30 Minuten vorher, Einführung in das Stück, das interessiert mich gar nicht. Ich möchte das gleich auf mich wirken lassen, ohne die Hintergrundinformationen. Das ist mir zu lang."

„Den Punkt mit den Proben würde ich gerne nochmal einbringen: Wenn man ein Stück neu beginnt, ein unbekanntes Stück. Man möchte die Leute interessieren, die möchten nicht die Katze im Sack kaufen. Warum kann man nicht sagen: Es gibt einen Probentag, an dem öffne ich die Proben für die Öffentlichkeit, so dass sie reinschnuppern können, und eine Ahnung davon bekommen, was auf sie zukommen könnte. Das man nicht jede Probe frei machen kann, ist mir klar. Aber so einen Punkt reinzubringen, das fände ich toll."

„Es gibt ja diese Lange Nacht der Theater. Da sind wir drauf gekommen, das finde ich toll.

„Andere Theater machen ja richtig Trailer. Ich weiß gar nicht, ob Hannover das macht." „Das Risiko. Das ist ja auch eine Investition, in die Oper zu gehen. Und wenn man dann das Stück sieht, und das Gesehene passt nicht zu dem Gehörten. Das würde man ja schon im Trailer feststellen, dass einem das nicht gefällt."

„Es gab mal in der Cumberlandschen so ein Angebot, von Assistent*innen, die da Stücke gemacht haben, ganz kleine Inszenierungen, wirklich ganz kleine Sachen. Man hat auf den Treppen gesessen, es hat fünf Euro gekostet, und es war immer ein guter Abend. Weil man komplett ohne Erwartungen reingegangen ist, die haben dann so Hörspiele wie Die drei Fragezeichen dargestellt, nachgemacht, oder auch ganz andere kleine Sachen, kleine Konzerte, Redebeiträge, Poetry Slams. Das war mit wenig Aufwand. Ich weiß nicht, ob es das nach Corona noch gibt."

„Es gibt ja auch immer das Hoffest." „Ja, ich habe schon gesehen, es ist jetzt was sehr schönes angeboten." „Im Innenhof von Schauspielhaus und Cumberlandsche Galerie. Das ist immer zauberhaft."

Wert durch Image (Kulturelles und soziales Kapital, Werte und Bildungsmanifestation)

„Die kleinen Formate, die liebe ich ein ganz kleines bisschen am meisten. Aber auch die ganzen anderen Sachen, wenn ich da sitze, dann ist mir das sehr vertraut, und das genieße ich total."

Monetäre Kosten

„Es ist teurer im Aegi, als hier."

„Ich bin Studentin gewesen und habe ganz viele Tickets für 8,50 Euro gekriegt. Ich war schon nicht mehr Studentin, als es diese neue Ding gab, was ich super cool finde. Aber mir ist es tatsächlich manchmal einfach zu teuer."

„Viel schöner wäre es, wenn es ein Abo-Modell wie für Netflix, oder für Streaming-Dienste, gäbe, wo man dann genau diese Null-Euro-Karten kriegt, aber vielleicht nur an dem Tag selber. Und wenn was übrig ist ... man zahlt immer pro Monat ein Abo-Modell, und wenn es übrig ist – das Theater verliert dadurch ja nichts, gewinnt ja eigentlich nur dadurch. Und wenn man dann wirklich ein Stück wirklich sehen will, muss man sich eh eine Vollpreis-Karte kaufen. Man würde auch viel mehr neue Sachen gucken.

Das würde für mich auch bedeuten: Ich sehe eine neue Person, die Regie macht, und denke mir: Cool, wo ist der noch, da könnte ich nochmal hingehen. Sehe neue Bühnenbilder oder Kostüme, die ich super finde. Kann danach gucken, wo die noch was machen, und kann dann gezielter nochmal in die Oper gehen. Das würde den Zugang leichter machen und würde vielleicht auch jüngere Leute mehr ins Theater locken."

„Ich bin ja nun Rentner, und die Inflation. Es gibt viele, denen fällt das schon schwer, das zu bezahlen."

„Nicht nur den Rentnern. Auch, wenn man mit einer ganzen Familie hingehen will. Früher gab es mal Restkarten, an der Abendkasse. Wenn es dann unverkaufte Karten gab, konnte man die dann günstig kaufen. Das gibt es glaube ich auch nicht mehr."

„Preis für Familien. Bei fünf Menschen, in die Oper. Da können Sie sich ja ausrechnen, was das kostet. Das ist schon eine Investition"

Kosten für Zeit

„Ich muss viel Zeit investieren, um zu gucken, was genau ich gucken möchte, damit ich mir das leiste. Dann geht man natürlich viel in Carmen, oder die großen Mozart-Sachen, weil ich denke: Ja, da mache ich nichts falsch mit. Da gefällt mir die Musik. Aber etwas Neues in der Oper probiere ich nicht aus. Weil die Enttäuschung, wenn ich für einen guten Platz Geld ausgebe, und dann merke: Das war jetzt doch nicht meins. Im Theater ist das nochmal anders, weil die Karten da ein bisschen günstiger sind. Aber gerade bei einem Opernabend will man ja auch nicht im dritten Rang sitzen, in der letzten Reihe."

„Aber dafür [Restkarten an der Abendkasse] ist ja auch schon wieder die Initiative, dass ich da hingehe, und nachfrage, ohne zu wissen, dass es das gibt, einfach viel zu hoch, weil es vielleicht auch ausverkauft ist, und dann gehe in unverrichteter Dinge wieder zurück. Da ist die Planbarkeit gar nicht vorhanden." „Das könnte man digitalisieren: Ab 16:00 Uhr rausgeschmissen." „Und wenn man das als Abo-Modell hat: Spielplanmäßig aufgebaut, man hat seine Zugangsdaten, und es wird angezeigt: Hier, die Restkarten gibt es noch, man klickt einfach drauf. Dann würde man vielleicht auch in Sachen gehen, die man noch nicht kennt."

Kosten für „Energie" (Aufwand, Bequemlichkeit, Sicherheit, Physis, etc.)

„Das eine kann ich ganz schnell beantworten: Es ist Bequemlichkeit. Ich wohne etwas außerhalb. Bis man sich da entschlossen hat – ich arbeite viel."

„Ich habe Freundinnen, die gehen ins Theater, überall wo es gute Kleinkunst gibt. Aber auf die Idee, dass man mal in die Oper geht, oder ins Schauspielhaus – Jahre nicht. Das heißt: Mir fehlt auch jemand, der mal mitkommt, die Initiative ergreift, sagt Hast Du nicht Lust?"

„Bei mir ist das so ein Ding: Ich bin weder auf Social Media unterwegs, noch bin ich groß in der Stadt unterwegs. Ich sehe ganz wenig davon. Es gibt ganz wenig Plakate ... die Präsenz... ich fahr wenig mit der Bahn, aber selbst wenn ich unterwegs bin: Es ist nur das Logo, aber das bringt mir ja nichts, dass ich denke: da will ich mal reingehen. Es ist ganz wenig, dass ich etwas von einem Stück sehe. Dass Stücke beworben werden. Das kenne ich aus anderen Städten anders, da werden auch mal die Schauspieler auf Leinwänden ausgestellt. Ich weiß gar nicht, was läuft, wenn ich mich nicht sehr darum kümmere."

Kosten für psycho-mentalen Aufwand (Bildungsbarrieren, Verständnis, Geschmack, Konzentrationsleistung)

„Diese Beilage in der HAZ. Normalerweise lese ich die HAZ digital, und da liegt jetzt bei mir auf dem Schreibtisch, das finde ich richtig klasse: Dass ich Tag für Tag nicht Oper, Schauspiel, alles mögliche der Reihe nach durchgehen muss, sondern da alles auf einen Blick habe."

„Bei mir ist es auch persönlich. Ich bin ja jetzt auch in Rente, und ich habe Probleme mit der Musik. Auch mit der Sprache."

Zu Veränderungen durch Corona: „Ich wohne im Stadtteil Linden, ich muss sagen, ich gehe ungern in die Innenstadt. Weil sich so viel verändert hat in der Stadt. Es ist komisch, das reizt mich gar nicht mehr." „Ich habe drei Jahre nur gearbeitet, habe mich auch auf der Arbeit angesteckt. Und als ich in Dornröschen war, als die Leute da so eng saßen, da habe ich mich sehr unwohl gefühlt."

„Meine Partnerin ist Kostümbildnerin, dadurch bin ich dann mehr in Stücke gegangen, im Residenztheater, aber mehr in Proben. Da saß ich gar nicht in den Vorstellungen drin. Da ist es natürlich viel entspannter. Die machen da vorne ihr Ding, und man hat den ganzen Saal für sich. Und dann geht man mal wieder in ein Stück hier und denkt sich: Oh, das ist aber eng hier. Das merke ich schon, dass ich mehr kleine Spielstätten schön finde."

B.2 Fokusgruppen mit migrantischem, aktivem Publikum

1. Fokusgruppe mit migrantischem, aktivem Publikum

Wert durch Institution (Sozialer und emotionaler Nutzen – Begegnung, Atmosphäre, Ambiente)

„Kultur macht Menschen glücklich. Kultur macht Menschen fröhlich. Kultur sorgt für Menschen, sich zu begegnen. Kultur sorgt dafür, dass im Alltag der Stress weggeht. Kultur muss für jeden erreichbar sein. Für jeden bezahlbar sein. Deswegen ist es sehr wichtig, Kultur vor Ort zu haben. In diesen Stadtteilzentren. Weil ich mit meinen Kindern immer öfter da hingehe. Uns macht das unheimlich Spaß, wir sind einfach glücklich, wenn wir da sind. Jeden Sonntag gucke ich da auch Märchen. Und wenn Märchen live gezeigt wird, auf einer Bühne… Seit wir denken können, gucken wir immer Sonntag bei Kika Märchen. Sie lieben das. Wir lieben das alle."

„In den Vereinen finden sich auch Menschen und Gruppen zusammen. Die sich austauschen und reden und informieren. Dass in solchen Vereinen viel Werbung gemacht werden sollte. Weil sich diese Gruppen bilden und das auch mit anderen Vereinen sich verbinden kann." „Bei den Vereinen habe ich auch gemerkt, dass viele Frauen auch nicht alleine ins Theater gehen, alleine etwas unternehmen. Und so finden sich die Gruppen, wo sie gemeinsam etwas unternehmen und gemeinsam hingehen."

Gefragt nach der wahrgenommenen Haltung von Staatsoper und Schauspiel gegenüber Migranten: „Die sind sehr engagiert, entwickeln Stücke, Programm, ich würde sagen: die sind sehr interessiert." „Es werden sehr viele Seiten von Menschen rübergebracht, sehr viele andere Seiten von Menschen werden gezeigt, von denen man wieder etwas lernen kann."

„Bei mir ist das Stadtteilzentrum Ricklingen in der Nähe. Ich gehe dahin und nehme diese Flyer. Dann diskutiere ich mit den Kindern: Wo wollen wir hingehen? Was wollen wir diesen Sonntag machen? … Und dann machen wir das auch. Manchmal ist es Mundpropaganda. Dass Leute sagen: Dieses Theater, das ist schön. Mondpropaganda ist wenig, aber ich mache das dann." „Wenn ich irgendwo bin, gucke ich mir immer die Flyer an. Wo kann ich hingehen, was kann ich machen. Was ist für mich interessant."

„Produkt"-Wert (Ästhetisches Erlebnis, Bildungs- und Unterhaltungserfahrung)

„Ich bin halt eine Schülerin. Vielleicht wissen Sie ja schon von [Verein]. Ich war da Praktikantin. Dort habe ich auch viel im Stadtteilladen Stöcken mit Frauen zusammen Projekte und Mitarbeit durchgeführt. Ansonsten mag ich es gerne, mit meinen Freundinnen in Opern zu gehen. Das ist etwas Schönes, Zeit zu verbringen."

„Dass ich mit Freundinnen Zeit verbringe und Spaß habe. Dann habe ich noch eine Schwester. Für die wäre es auch wichtig, wenn das ansprechend ist, damit sie nicht die ganze Zeit zuhause verbringt und immer auf das Handy schaut. Draußen was macht, im sozialen Umfeld. Ich finde das wichtig, dass man mit Menschen agiert, und nicht nur Handy schaut oder Computerspiele. Das man etwas Schönes macht, Spaß hat. Gerade jetzt nach Corona."

„Ich gehe gerne mit den Kindern Schwimmen, wir fahren auch viel Fahrrad. An den Maschsee, auch spazieren gehen, andere Länder besuchen. Alles zeigen. Zu Opern gehen wir auch, zu den klassischen Konzerten. Die sind sehr musikalisch, da singen sie, und dirigieren, und machen. Das macht ihnen auch Spaß. Wenn ich zum Theater gehe, legen sie sich auf den Boden und sehen sich die Theaterstücke an. Das lieben sie."

„Ich möchte mich entwickeln, ich möchte auch verschiedene Sprachen lernen. Das macht einfach Spaß. Ich finde das auch interessant, die verschiedenen Akzente, das alles zu lernen. Das ist einfach was neues,

was man lernen möchte. Dass alles, was ich mache, mir Spaß macht, das ist am wichtigsten. Ohne Spaß funktioniert das nicht, weil man dann keine Motivation dazu hat, und auch kein Ziel hat. Dass ich mich dabei entwickeln kann, dass ich anderen Menschen dabei helfen kann.“
<u>Wert durch produktionsbezogene bzw. institutionelle Zusatzleistungen (Services, Sonderprogramme)</u> „Da kamen Leute vom Ballhof, die wollten ein Theaterstück machen, über Wiegenlieder. Wir haben dann gesungen, was wir den Kindern immer gesungen haben, und das waren natürlich verschiedene Leute: Polen, Russen, Türken, international, sozusagen. Dann hat jeder auf seine Sprache diese Wiegenlieder gesungen. Daraus haben sie das Stück gemacht, und wir waren dann im Ballhof und haben dieses Stück angeguckt. Die Kinder fanden das ganz toll, weil sie erlebt haben, wie wir dabei waren, gesungen haben, und wir uns dann dieses Theaterstück angeguckt haben. Das war sehr interessant, auch für die Kinder.“ „Was ich zur Oper sagen kann: Mehr Angebote für Kinder. Denn da liegt die Zukunft der Oper. Mein Mann ist Musiklehrer – und die könnten das auch als Kurse in den Schulen anbieten. Damit sie da Freude haben, das in den Schulen kennenlernen können.“ „Ich war letztens bei diesen deutsch-türkischen Eröffnungstagen. Ich fand das sehr interessant, dass sie diese türkischen Sänger auf der Bühne gesehen haben. Das hat mich sehr gefreut. Das war sehr schön zu beobachten und zu sehen.“ „Ich habe Oper nicht viel gekannt. Ich war in der Grundschule, aber sonst. Nachdem ich im Verein war, habe ich viel mit Menschen gearbeitet, auch in Opern. Ich war auch bei den deutsch-türkischen Kulturtagen. Das war eine andere Atmosphäre, als man es sonst kennt. Mit anderen Menschen. Dass man immer mit anderen Menschen in Kommunikation ist. Dass man neue Seiten von Menschen kennenlernen kann.“ „Dass die Sachen in den Schulen gezeigt werden. Oder in den Freizeitheimen beim Tag der offenen Tür gezeigt werden. Von Sängern oder Schauspielern. Dass sie da bei diesen Orten Sachen anbieten. Für Menschen mit Familien. Oder Behinderte, die nicht so weit weg können. Dass alle sich das ansehen können.“ „Man kann auch mit Vereinen kooperieren. Dass man etwas zusammen macht, dass alle zusammenkommen. Das dann auch noch andere Menschen noch mehr aufmerksam werden. Durch den Event.“ „Vereine, mit unterschiedlichen Nationalitäten, sind wichtig für Kultur-einrichtungen. Angebote für Menschen, das mitzuerleben. Angebote für Menschen in den Stadtteilen. Sonntagsangebote. Und man könnte mehr Werbung machen in diesen Bereichen. Da treffen sich die Leute. Bei verschiedenen Vereinen zum Beispiel. Flyer hinbringen oder verteilen, in diesen Kulturzentren. Gibt es auch, aber ich denke, da muss man noch mehr machen. Oder in diesen Vereinen für unterschiedliche Nationalitäten. Da kann man Leute erreichen. Die haben alle eine Seite, wo die Sachen posten und verbreiten.“ „Social Media spielt eine große Rolle bei den Jugendlichen. Weil sie am meisten in Social Media sind. Instagram, Youtube. Weil sich die Jugendlichen da am meisten aufhalten und auch informieren. Bei mir ist das eigentlich auch so, dass ich bei Theatern dann auch die Seite anschaue, dass die dann auch viele Veranstaltungen posten, und auch Informationen posten. Das kommt für die Jugendlichen ansprechender an.“
<u>Wert durch Image (Kulturelles und soziales Kapital, Werte und Bildungsmanifestation)</u> „Ich bin eine Mutter, ich habe zwei Jungs, Zwillinge. Wir haben hier in der Nähe ein Stadtteilzentrum, da gehe ich mit denen immer hin. Ich mache sehr viel mit den Kindern. Ich bringe sie zu Theaterstücken. Ich bringe sie zu Museen. Ich bringe sie, wenn Theaterstücke sind, immer zum Theater. Oder wir machen

verschiedene Aktivitäten – alles, was sie da anbieten. Ich selber spiele auch Theater und besuche auch gerne Theaterstücke. Das Stadtteilzentrum ist Stadtteil Ricklingen."

„Ich habe Freunde, die in Kulturbereichen arbeiten. Wenn die mir etwas sagen, dann sehe ich mir natürlich auch die Flyer an."

„1992 habe ich Theater kennengelernt. Vorher wollte ich immer in die Türkei gehen. Aber als ich Theater kennengelernt haben, hat sich das verändert. Da war meine Meinung wichtig. Die haben mich eingeladen, wollten mit mir diskutieren und sprechen. Wollten meine Meinung hören. Durch das Theater ist mein Horizont aufgegangen. Ich habe auf einmal die Welt mit anderen Augen gesehen. Ich habe mich wohlgefühlt, ich hatte nicht mehr so Sehnsucht in die Türkei. Ich habe verschiedene Menschen, mit unterschiedlichen Nationalitäten gesehen." „Beim Theater, da haben sie mir die Tür aufgehalten, und bei der Arbeit gab es immer Stress."

„Ich finde, sozial sein ist sehr wichtig für einen Menschen, weil man das als Mensch braucht, auch in Kommunikation zu sein mit anderen Menschen. Um andere Kulturen mitzuerleben. Ich persönlich spiele Gitarre, das teile ich auch mit meiner Umgebung. Ich bin auch eine Inspiration für meine Freundinnen, weil die dann auch Lust haben, anzufangen. Ich finde, dass es sehr wichtig ist, dass man einen Teil von sich den Menschen mitteilt. Dass die auch daran Spaß haben, das man das zusammen erleben kann. Ich finde, dass das auch nach der Corona-Zeit psychisch sehr wichtig ist. Wo man das nicht mehr hatte, dass man immer zuhause rumsitzt, keine Kommunikation mit anderen Menschen hatte, wo es auch sehr schwer war, mit anderen Menschen, im sozialen Umfeld zu sein. Deswegen finde ich, Kultur ist sehr sehr wichtig. Auch anderen Kulturen kennenzulernen. Ich finde es interessant, dass man andere Kulturen lernen kann."

Monetäre Kosten

„Oper muss bezahlbar sein. Es muss für alle zugänglich sein."

Kosten für Zeit

„Wenn ich nicht zwei kleine Kinder hätte und nicht so wenig Zeit hätte. Ich habe mir dann auch angeguckt, wo ich mit den Kindern hingehen konnte, was ich machen konnte. Über Weihnachten fand ich immer Märchen sehr schön. Da habe ich immer geguckt: Wo ist Märchen, wo kann ich hingehen."

Kosten für „Energie" (Aufwand, Bequemlichkeit, Sicherheit, Physis, etc.)

„Ich komme leider nicht so viel weg wegen der Kinder. Meine Eltern sind in der Türkei, deswegen muss ich immer mit meinem Mann sehen."

2. Fokusgruppe mit migrantischem, aktivem Publikum

Wert durch Institution (Sozialer und emotionaler Nutzen – Begegnung, Atmosphäre, Ambiente)

„Ich war auch, in der achten Klasse muss das gewesen sein, das erste Mal in der Oper. Es hat mich wirklich… die Bühne, die ganze Atmosphäre dort, das hat mich echt begeistert. Das Theater ist für mich noch etwas Besonderes, weil ich auch schon in der Schule, in der fünften Klasse angefangen habe, und ich dann auch nicht mehr selber, privat, in die Oper gegangen bin, sondern eher im Theater." Warum nicht mehr privat an der Oper? „Weil das Interesse am Theater einfach mehr war. Und weil ich mir da besser vorstellen konnte, etwas selber zu machen."

„Das ist ein schwieriges Thema. Ich glaube, die Repräsentanz ist einfach nicht da. Es gibt einzelne Kollegen im Team. Aber es ist noch nicht mehrheitsgesellschaftstechnisch ausgestellt, so dass auch aus verschiedenen Perspektiven gesprochen werden kann. Eher, dass da so ein, zwei postmigrantische, oder PoCs Personen halt sind, die sich dann gegen alle anderen wehren oder behaupten müssen. Es hat vielleicht auch seine Gründe, warum einige Personen das Haus verlassen oder verlassen haben. Wenn man breiter Gesellschaft ansprechen möchte, muss definitiv nicht nur so „Lass uns den Choreografen oder den Regisseur, Theaterschaffenden reinholen, für das Programm an sich. Da muss auch in der gesamten Gestaltung mehr Repräsentanz gegeben sein, wenn man für eine Mehrheitsgesellschaft sprechen will. Und zwar fest im Team, angestellt, und nicht nur für Projekte. Ich weiß, dass auch schon so gedacht wird, aber das ist definitiv noch zu wenig. Man kann natürlich nicht zwanzig Kollegen einfach austauschen, aber ein bisschen mehr muss da schon passieren. Es kommt so langsam an, aber es muss mehr werden."

„Der Kontakt zum Schauspielhaus kam tatsächlich durch die künstlerische – leider nicht mehr – Leitung. Eine Veranstaltung hieß ja [Name]. Und da ist man tatsächlich auf mich zugekommen, weil [Name] halt weiß, dass ich viel politisch arbeite, und er hat einfach den Wunsch gehabt, viel in Richtung [Praxis] reinzubringen. Das war eigentlich sehr nice. Mal sehen, ob der Funke wieder überspringt mit der neuen künstlerischen Leitung. Das heißt auch, wie wichtig das ist. Ich hatte gestern ein Gespräch mit der Intendanz."

„Produkt"-Wert (Ästhetisches Erlebnis, Bildungs- und Unterhaltungserfahrung)

„Mit der Staatsoper hatte ich an sich keinen Kontakt, war auch noch bei keiner Vorstellung. Aber ich habe mir tatsächlich – das ist auch interessant – vor zwei Wochen habe ich auf der Homepage nachgeschaut, was es für Stücke gibt. Aber ansonsten keinen Bezug, leider. Ich wollte meiner Mutter ein Geschenk machen. Da habe ich nachgeschaut, was es für Stücke gibt. Ich hatte die Idee, vielleicht könnte man da ja irgendwann mal hin. Wir wohnen in Hannover, also wieso nicht. Wieso haben wir das nie gemacht?" „Ich habe mich für ein anderes Geschenk entschieden." Weshalb? „Ich glaube, das andere Geschenk war dann doch passender. Danach habe ich auch gar nicht mehr darüber nachgedacht. Aber ich hatte im Hinterkopf: Ich möchte da irgendwann mal hin. Weil es hier in der Nähe ist – ich glaube schon, dass mir das gefallen könnte. Also nicht wegen des Angebots – das Angebot fand ich schon interessant, nur die andere Idee war dann irgendwie passender."

„Ich meinte die Oper, was näher an die Kinder gebracht werden müsse, nicht das Schauspiel. Das Schauspiel sehe ich da schon besser aufgestellt." „Durch das Jugendfestival, durch die Playstation. Auch durch mehr Produktionen, die von Menschen mit verschiedenen Hintergründen kuratiert werden, fängt es an, sich mehr anzufühlen wie ein Raum, wo man sein möchte."

Wie regelmäßig sind sie im Schauspiel? „Wir treffen uns regelmäßig jeden Mittwoch, im [Verein], im Oktober fängt ja auch der Playstation-Club wieder an, da mache ich nochmal weiter."

„Ich fand das sehr interessant, auch als ich jetzt auf der Website des Staatstheaters gelesen habe, dass es Playstation-Clubs in verschiedenen Bereichen gibt, auch verschiedene Leiter, die auch unterschiedliche Themen rausbringen, das Menschen aus verschiedenen Kulturen zusammengebracht werden, und ein Stück rausbringen – das fand ich schön. Dass das so gemacht wird, dass man dadurch neue Menschen kennenlernt."

„Es gibt verschiedene Themengebiete, wenn ich das richtig verstanden habe. Das Konzept denkt sich immer der Leiter zu Beginn aus. Eine Überschrift sozusagen. Dann melden sich verschiedene Jugendliche und junge Erwachsene an. Und zusammen wird ein Stück entwickelt, was auch selber geschrieben wird." Was begeistert Sie an dem Theaterclub? „Dass wir unserer Kreativität freien Lauf lassen können. Das wir selber schreiben können. Gehört werden. Dass man ohne viel Vorwissen, oder gelernt zu haben, sich anmelden kann. Das man nah an den Menschen ist, dass jeder da mitmachen kann. Es gab keine

Auswahlkriterien, außer durch das Thema bei unserer Gruppe, dass man da ein bisschen reinpasst. Dass das sehr nah am Bürger ist. Gehört zu werden, ohne irgendwie bekannt zu sein. Dass man sagen konnte: Ich habe die Woche dieses Gedicht geschrieben, diesen Aufsatz. Wie findest Du das? Können wir das irgendwie einbringen? Und dann wurde das sogar meistens eingebracht in das Stück. Und am Ende standen wir da auf der Bühne und haben es vor 100 Leuten aufgeführt. Das war schon ein sehr tolles Gefühl.“
Wert durch produktionsbezogene bzw. institutionelle Zusatzleistungen (Services, Sonderprogramme) „Es gab vor ein paar Wochen dieses „Jugend spielt für Jugend“ Festival, wo wir involviert waren. Ich weiß nicht, ob das ausgewählte Schulklassen oder Schulen sind, mit weniger oder mehr Migrationshintergrund. Soweit stecke ich noch nicht drin in meiner Recherche.“ „Ich glaube nicht, dass es um Werbung an sich geht. Es gibt ja auch schon viel Werbung.“ „Aber das Angebot muss ja auch Leute ansprechen. Es gibt ja jetzt auch Playstation. Vielleicht weil die Themen auch anders gestaltet wurden und sich entwickelt. Und aus der Playstation ein Stück, und vielleicht ein größeres Stück, wird. Da ist dann auch die Jugend dran, vielleicht auch mit Geschichten, mit denen sie mehr anfangen können.“ „Zum Beispiel das Festival „Theaterformen“: Ich habe noch nie in meinem Leben so viel Werbung gesehen, auch in den sozialen Medien. Und mehr Möglichkeiten, Plakatierungen zu machen, gibt es gar nicht. Aber da ist auch der Inhalt und der Fokus ein anderer.“ „Ansonsten: Ich habe das nicht vollständig recherchiert. Aber bei vielen Stücken fühlt man sich auch einfach nicht angesprochen. Aber ich bin 30, ich kann auch nicht sagen, was man mit 16, 17 Jahren schauen möchte – möchte man überhaupt ins Theater? Ich glaube, dass das wichtigste ein partizipativer Ansatz ist. In der Gestaltung, in der gemeinsamen Themenfindung. Wie auch immer man das behandeln möchte.“
Wert durch Image (Kulturelles und soziales Kapital, Werte und Bildungsmanifestation) „Also bei uns in der Gruppe wir haben ja alle Migrationshintergrund. Auch bei der Entwicklung des Stücks haben wir gesagt, dass wir es so machen, dass mal einer einen türkischen Part hat und dann wieder einen deutschen, dass wir immer so switchen können mit dem Part. Da habe ich mich natürlich wohlgefühlt. Weil wir ja auch unsere Geschichten von der dritten Generation erzählt haben. Wenn wir das nicht mit zwei Sprachen, sondern nur mit einer Sprache gemacht hätten – ich fand, dass wir uns genauso, wie wir es gemacht haben, gut repräsentieren konnten.“ „In meinem Umfeld spielt Staatsoper oder Schauspiel so eine Rolle, weil ich da jetzt so involviert bin, involviert sein darf. Weil ich versuche, meine Privilegien weiterzugeben, mit ins Boot zu holen, zu empowern. Auch in den partizipativen Projekten, ob das jetzt in Richtung Tanztheater ging, oder Playstation, oder Performance Spaces. Durch die Ansätze in den Theatern wird es jetzt mehr, dass mehr Personen jetzt den Anschluss gefunden haben, und auch selbst was machen möchten. Dass wir auch im Verein anfangen, Projekte abzugeben. Das wir uns jetzt für die Berliner Jugendfestspiele bewerben, und dass wir jetzt einen 19-, 20-Jährigen abgegeben haben, und die sich jetzt beworben haben, zum Vorsprechen eingeladen wurden und jetzt Teil der Festspiele im September sein dürfen. Ansonsten habe eher ich die Leute dazu gebracht, im Tanz mal in diesem Kontext eine andere Zielsetzung zu wählen. Weil die hier in Hannover im Tanz sehr viel Erfolgsdruck im Tanz haben, sprich, viel Turniertanz machen. Für Personen mit verschiedenen Hintergründen wäre es empowernder und für sich selbst, zur Findung der Person und wer man ist, wir reden ja auch gerade auch von der dritten Generation – ich kann ja gar nicht sagen, wer ich bin: bin ich italienisch, polnisch oder deutsch? Die Kunst hilft einem halt dabei. Deswegen auch der Ansatz, der aus meinem Umfeld, aus meiner Arbeit, dass mehr nichtweiße Perspektiven ein zuhause finden.“

„Aber spezifisch in der Oper als Besucher bin ich noch nie gewesen. Auch wenn es sich vielleicht komisch anhört. Da gab es auch keine Schulausflüge. Das waren Berufsschulen, wo ich war, wo keine Wege dorthinein gefunden wurden."

„Was mir als einziges einfallen würde: Vielleicht noch mehr Werbung bei jüngerem Publikum machen. Gerade bei Oper, bei Publikum mit Migrationshintergrund: Ich merke es bei Leuten wie uns drei, da war es halt nie Thema in der Jugend, da hinzugehen. Außer mit der Schule, das hatte ich ja auch. Da vielleicht noch mehr Werbung zu machen."

„Oder dass man zur Schule geht und vielleicht zu einem Tag Behind the Scenes einladen. Die Schulklassen alles Behind the Scenes anschauen lassen. Damit die schon im jungen Alter das Interesse dafür entwickeln."

„Mein Theaterinteresse hat auch mit der Schule begonnen. Wenn wir damals schon mehr mit der Oper zu tun gehabt hätten, als Junge, vielleicht hätten wir dann auch als Erwachsene mehr Interesse." „Bei mir hat es in der Schule angefangen. Wenn ich keinen Theaterunterricht gehabt hätte, würde ich nicht darauf kommen, Theater zu machen, oder Ballett, oder etwas anderes künstlerisches. Ich habe mich einfach wohlgefühlt auf der Bühne, so verstanden und akzeptiert."

„Bei mir war das auch so: In der 7., 8. Klasse habe ich in der Schule mit der Theater-AG angefangen. Da hatte ich große Freude dran. Und als ich meinen Abschluss hatte, haben wir mit der AG natürlich aufgehört. In der Ausbildungszeit bin ich dann in eine ganz andere Richtung, in die Verwaltung gegangen. Ich habe es immer ein bisschen in mir gehabt: Eines der Dinge war immer der Gedanke an Theater, dass ich das wieder in mein Leben einbringen möchte, und dann war ich mit der Ausbildung fertig und hab darüber nachgedacht, und dann kam diese Mail von der Playstation, und ich dachte: Das ist ein Zeichen, da muss ich mitmachen."

„Bei mir war es die Motivation, mich irgendwo repräsentiert zu fühlen. Oder auch das Gefühl zu haben, dass ich das vielleicht nicht nur alleine denke, dass das benötigt wird, sondern das auch mit anderen Personen zu teilen. Gleichgesinnte zu finden."

Monetäre Kosten

„So weit ich mich erinnern kann, waren auch die Preise für das jüngere Publikum reduziert. Vielleicht dass man dazu mehr Werbung macht."

Kosten für Zeit

„Weil das ja auch sehr zeitintensiv ist mit den Proben, habe ich dann auch nicht so viel Zeit für andere Kulturaktivitäten. Ich hab mal vor ein paar Jahren türkische Gitarre – Saz – gespielt. Damit musste ich dann aufhören, weil ich keine Zeit mehr dafür hatte. Durch das Theater und die Arbeit."

„Ich mache nicht so furchtbar viel. Ich war von Oktober bis März-April im Ballhof bei Playstation-Club und habe da so ein bisschen Theater gelernt, würde ich sagen. Wir hatten auch eine Aufführung. Das war auch sehr zeitintensiv. Ich arbeite nebenbei Vollzeit in [Berufsfeld], das nimmt schon auch viel Zeit in Anspruch. In der Freizeit mache ich also nicht so viel, was Kultur angeht. Ich hätte gerne mehr Möglichkeiten, meine Zeit zu investieren. Aber ansonsten Freizeitaktivitäten: Sport, Musik hören. Das übliche, würde ich sagen. Mit dem Theater machen wir auch noch weiter. Das dann über [Kulturverein]."

Kosten für psycho-mentaler Aufwand (Bildungsbarrieren, Verständnis, Geschmack, Konzentrationsleistung)

„Ich war tatsächlich als gebürtiger Hannoveraner noch nie in der Oper drin, um mir irgendwas anzugucken. Ich habe es mal vorgehabt, als es die Rocky Horror Show gab. Bei dem sogenannten Ballett – es ist ja auch kein klassisches Ballett – da hätte ich das Dornröschen mal interessant gefunden. Aber vom Umfeld der Leute hätte ich mich da nicht so wohlgefühlt. Ich bin ein sehr expressionistischer Mensch, vor allem, wenn es um Kunst geht. Und was es mit mir macht, wenn ich das von außen sehe, oder auch mal im Café drin war, ist, dass man sich da sehr „verhalten“ muss. Das ist der einzige Grund, vielleicht ändert der sich, wenn ich ab September auch einen Jugendclub leite. Aber ich habe da viel Respekt vor. Ich weiß ja auch, dass man auch darüber nachdenkt, dass es doch auch veraltete Strukturen sind, auch wer das besucht. Das ändert sich auch, und ich weiß auch, dass da jetzt ein paar Sachen passiert sind, stattfinden, auch an Konzerten, aber das ist sehr neu. Das dauert noch, bis es bei mir ankommt.“

„Aber bei der Oper weiß man ja nicht: Was geht da für ein Publikum hin? Das weiß man nicht, vor allem als jüngerer Mensch. Wenn da Palast schon draufsteht, denkt man sich: OK, ich chille lieber davor. Auf dem Opernplatz. Das ist das, was die Jugendlichen machen.“

„Die meisten in meinem Umfeld hatten vor meinem Theaterstück fast gar keinen Bezug zu Theater. Es gibt ein, zwei Ausnahmen. Aber wenn ich überlege: Die Personen, die ich davor kannte, oder immer noch kenne, da hat kaum jemand Kontakt zum Theater gehabt. Die meisten haben sich sehr gewundert, dass das so möglich ist. Dass man ohne Bildung über das Schauspiel so reinrutschen kann, mitmachen kann. „Geht das?“ Im positiven Sinne überrascht.“

„Bei mir genauso: In meinem Umfeld bin ich die einzige, die sich für Theater interessiert. Das war von Anfang an: Als ich in der Schule war, hat mir das auch sehr viel geholfen, meine Persönlichkeit zu stärken. Nicht nur, um zu spielen, oder etwas zu erzählen, sondern auch wirklich, um an mir selber zu arbeiten. Was das Sprechen angeht, bin ich noch immer nicht so gut, aber ich bin schon viel, viel offener geworden. Viele denken: Wenn ich in einen Theaterkurs gehe, muss ich schon Vorerfahrung haben. So ist es nicht. Wir machen das alle amateurhaft, und trotzdem haben wir das bei unserer Playstation-Gruppe zweimal gespielt, weil es den Menschen gefallen hat, dann wollen wir natürlich auch weitermachen. Man kann es auch ohne eine Ausbildung professionell machen.“

C Repräsentative telefonische Bevölkerungsbefragung

Abstand vom letzten Besuch der Niedersächsischen Staatstheater und soziodemographische Merkmale

Abstand vom letzten Besuch der Niedersächsischen Staatstheater nach Regionen

n = 500	Letzter Besuch vor maximal 1 Jahr	Letzter Besuch vor 1 bis 3 Jahren	Letzter Besuch vor 4 bis 5 Jahren	Letzter Besuch vor mehr als 5 Jahren	Kenne mind. eine Institution, noch keine besucht	Kenne ich nicht oder unsicher für beide Institutionen
Alle Befragten	**18 %**	**8 %**	**12 %**	**19 %**	**42 %**	**1 %**
In der Stadt Hannover	21 %	7 %	11 %	21 %	39 %	1 %
In der Region Hannover (ohne Stadt Hannover)	16 %	8 %	13 %	17 %	45 %	0,4 %

Altersgruppen nach Typen

n = 500	**Alle Befragten**	Letzter Besuch vor maximal 1 Jahr	Letzter Besuch vor 1 bis 3 Jahren	Letzter Besuch vor 4 bis 5 Jahren	Letzter Besuch vor mehr als 5 Jahren	Kenne mind. eine Institution, noch keine besucht
16-20 Jahre	**8 %**	3 %	5 %	7 %	6 %	12 %
21-30 Jahre	**18 %**	12 %	8 %	22 %	13 %	25 %
31-40 Jahre	**21 %**	20 %	15 %	17 %	25 %	22 %
41-50 Jahre	**18 %**	25 %	10 %	20 %	14 %	19 %
51-60 Jahre	**13 %**	12 %	28 %	15 %	10 %	11 %
61-70 Jahre	**12 %**	15 %	28 %	12 %	11 %	9 %
Über 70 Jahre	**9 %**	13 %	5 %	8 %	22 %	3 %

Geschlecht

n = 500	**Alle Befragten**	Letzter Besuch vor maximal 1 Jahr	Letzter Besuch vor 1 bis 3 Jahren	Letzter Besuch vor 4 bis 5 Jahren	Letzter Besuch vor mehr als 5 Jahren	Kenne mind. eine Institution, noch keine besucht
Weiblich	**49 %**	53 %	67 %	62 %	48 %	41 %
Männlich	**51 %**	47 %	33 %	38 %	51 %	59 %
Divers	**0,2 %**	0 %	0 %	0 %	1 %	0 %

Höchster Bildungsgrad

n = 500	**Alle Befragten**	Letzter Besuch vor maximal 1 Jahr	Letzter Besuch vor 1 bis 3 Jahren	Letzter Besuch vor 4 bis 5 Jahren	Letzter Besuch vor mehr als 5 Jahren	Kenne mind. eine Institution, noch keine besucht
Hauptschulabschluss	**16 %**	5 %	0 %	10 %	19 %	25 %
Mittlere Reife, Realschulabschluss	**36 %**	16 %	41 %	48 %	36 %	40 %
Abitur, Fachabitur (inkl. EOS und POS)	**24 %**	27 %	36 %	23 %	25 %	21 %
Abgeschlossenes Studium an Universität, Fachhochschule, Berufsakademie	**23 %**	51 %	23 %	18 %	20 %	13 %
Ich habe (noch) keinen Abschluss gemacht / die Schule verlassen	**0,2 %**	0 %	0 %	0 %	0 %	1 %

Beruflicher Status

n = 500	**Alle Befragten**	Letzter Besuch vor maximal 1 Jahr	Letzter Besuch vor 1 bis 3 Jahren	Letzter Besuch vor 4 bis 5 Jahren	Letzter Besuch vor mehr als 5 Jahren	Kenne mind. eine Institution, noch keine besucht
In Schule, Ausbildung oder FSJ	**5 %**	3 %	5 %	5 %	1 %	8 %
Im Studium	**3 %**	2 %	3 %	2 %	0 %	5 %
Angestellt	**59 %**	45 %	56 %	65 %	54 %	66 %
Selbständig / freiberuflich	**11 %**	30 %	13 %	10 %	10 %	4 %
Im Ruhestand	**16 %**	20 %	26 %	17 %	31 %	6 %
Derzeit nicht erwerbstätig	**6 %**	0 %	0 %	2 %	5 %	12 %
Sonstiges	**0,4 %**	0 %	0 %	0 %	0 %	1 %

Migrationshintergrund

n = 500	**Alle Befragten**	Letzter Besuch vor maximal 1 Jahr	Letzter Besuch vor 1 bis 3 Jahren	Letzter Besuch vor 4 bis 5 Jahren	Letzter Besuch vor mehr als 5 Jahren	Kenne mind. eine Institution, noch keine besucht
Befragte und beide Eltern in Deutschland geboren	**68 %**	74 %	72 %	78 %	80 %	57 %
Befragte in Deutschland, mindestens ein Elternteil außerhalb Deutschlands geboren	**19 %**	17 %	18 %	15 %	14 %	23 %
Befragte außerhalb Deutschlands geboren	**13 %**	9 %	10 %	7 %	6 %	20 %

Geburtsland der Befragten

n = 500	**Alle Befragten**	Letzter Besuch vor maximal 1 Jahr	Letzter Besuch vor 1 bis 3 Jahren	Letzter Besuch vor 4 bis 5 Jahren	Letzter Besuch vor mehr als 5 Jahren	Kenne mind. eine Institution, noch keine besucht
Deutschland	**87 %**	91 %	90 %	93 %	94 %	80 %
Türkei	**3 %**	4 %	0 %	0 %	3 %	4 %
Polen	**1 %**	0 %	3 %	0 %	1 %	2 %
Russland	**1 %**	1 %	0 %	2 %	0 %	2 %
Bulgarien	**1 %**	1 %	0 %	2 %	0 %	2 %
Syrien	**1 %**	0 %	0 %	2 %	0 %	2 %
Afghanistan	**1 %**	1 %	0 %	0 %	0 %	1 %
Irak	**1 %**	1 %	0 %	0 %	0 %	1 %
Iran	**1 %**	0 %	0 %	0 %	0 %	1 %
Italien	**1 %**	0 %	3 %	0 %	1 %	1 %
Spanien	**1 %**	0 %	5 %	0 %	0 %	1 %
Kasachstan	**1 %**	0 %	0 %	0 %	0 %	1 %
Ukraine	**0,4 %**	0 %	0 %	0 %	0 %	1 %
Griechenland	**0,4 %**	0 %	0 %	0 %	1 %	1 %
Rumänien	**0,2 %**	0 %	0 %	2 %	0 %	0 %
Tunesien	**0,2 %**	0 %	0 %	0 %	0 %	0 %

Geburtsland der Mutter der Befragten

n = 500	**Alle Befragten**	Letzter Besuch vor maximal 1 Jahr	Letzter Besuch vor 1 bis 3 Jahren	Letzter Besuch vor 4 bis 5 Jahren	Letzter Besuch vor mehr als 5 Jahren	Kenne mind. eine Institution, noch keine besucht
Deutschland	**73 %**	77 %	74 %	80 %	83 %	65 %
Türkei	**6 %**	3 %	3 %	7 %	4 %	8 %
Polen	**4 %**	1 %	5 %	2 %	6 %	4 %
Russland	**3 %**	4 %	0 %	2 %	0 %	4 %
Syrien	**2 %**	0 %	0 %	3 %	1 %	3 %
Afghanistan	**2 %**	2 %	0 %	0 %	0 %	3 %
Bulgarien	**1 %**	2 %	0 %	2 %	0 %	2 %
Griechenland	**1 %**	4 %	0 %	0 %	1 %	1 %
Kasachstan	**1 %**	1 %	3 %	0 %	0 %	2 %
Rumänien	**1 %**	0 %	0 %	2 %	1 %	1 %
Spanien	**1 %**	1 %	8 %	0 %	1 %	1 %
Ukraine	**1 %**	1 %	0 %	2 %	0 %	2 %
Irak	**1 %**	1 %	3 %	0 %	1 %	1 %
Iran	**1 %**	0 %	3 %	0 %	0 %	1 %
Italien	**1 %**	0 %	3 %	0 %	1 %	1 %
Tunesien	**0,4 %**	0 %	0 %	0 %	0 %	1 %
Estland	**0,2 %**	0 %	0 %	2 %	0 %	0 %
Ungarn	**0,2 %**	1 %	0 %	0 %	0 %	0 %

Geburtsland des Vaters der Befragten

n = 500	**Alle Befragten**	Letzter Besuch vor maximal 1 Jahr	Letzter Besuch vor 1 bis 3 Jahren	Letzter Besuch vor 4 bis 5 Jahren	Letzter Besuch vor mehr als 5 Jahren	Kenne mind. eine Institution, noch keine besucht
Deutschland	**74 %**	78 %	77 %	83 %	87 %	65 %
Türkei	**7 %**	7 %	0 %	5 %	6 %	9 %
Polen	**3 %**	1 %	3 %	2 %	3 %	4 %
Russland	**2 %**	2 %	0 %	3 %	0 %	3 %
Syrien	**2 %**	0 %	0 %	3 %	0 %	3 %
Afghanistan	**1 %**	2 %	0 %	0 %	0 %	2 %
Kasachstan	**1 %**	0 %	3 %	0 %	0 %	2 %
Ukraine	**1 %**	2 %	0 %	0 %	0 %	2 %
Bulgarien	**1 %**	2 %	0 %	0 %	0 %	2 %
Irak	**1 %**	1 %	3 %	0 %	1 %	1 %
Iran	**1 %**	0 %	3 %	0 %	0 %	2 %
Griechenland	**1 %**	2 %	0 %	0 %	1 %	1 %
Italien	**1 %**	0 %	3 %	0 %	1 %	1 %
Rumänien	**1 %**	0 %	3 %	2 %	0 %	1 %
Spanien	**0,4 %**	0 %	5 %	0 %	0 %	0 %
USA	**0,4 %**	1 %	0 %	2 %	0 %	0 %
Georgien	**0,2 %**	0 %	0 %	0 %	0 %	1 %
Jugoslawien	**0,2 %**	0 %	0 %	0 %	0 %	1 %
Kolumbien	**0,2 %**	0 %	3 %	0 %	0 %	0 %
Portugal	**0,2 %**	1 %	0 %	0 %	0 %	0 %
Slowakei	**0,2 %**	0 %	0 %	0 %	0 %	1 %
Tunesien	**0,2 %**	0 %	0 %	0 %	0 %	0 %

Selbstbezeichnung der Befragten

n = 500	**Alle Befragten**	Letzter Besuch vor maximal 1 Jahr	Letzter Besuch vor 1 bis 3 Jahren	Letzter Besuch vor 4 bis 5 Jahren	Letzter Besuch vor mehr als 5 Jahren	Kenne mind. eine Institution, noch keine besucht
„Deutsch“	**56 %**	39 %	77 %	68 %	60 %	54 %
„Weiß“	**30 %**	47 %	18 %	23 %	36 %	24 %
Nationalität (z.B. „polnisch“, „türk sch-deutsch“, „russland-deutsch“)	**14 %**	13 %	5 %	10 %	4 %	21 %
Regional (z.B. „asiatisch“, „kaukasisch“,)	**2 %**	3 %	3 %	2 %	0 %	2 %
„Europäer“, „europäisch“	**1 %**	2 %	0 %	3 %	0 %	3 %
Person of Colour, schwarz	**1 %**	1 %	0 %	2 %	1 %	1 %
„Migrantisch“	**1 %**	0 %	0 %	0 %	0 %	1 %
Geschlecht („Mann“, Frau“, „lesbisch“, „schwul“, „nicht-binär“)	**0,4 %**	2 %	0 %	0 %	0 %	0 %
Religiös („deutsch-jüdisch“, „jüdisch-russisch“)	**0,2 %**	0 %	0 %	0 %	0 %	1 %

Besuchsmuster und Freizeitaktivitäten

An Staatsoper und Schauspiel Hannover bereits besuchte Spielstätten

(Nur Befragte, die Staatsoper oder Schauspiel Hannover besucht hatten)

Bereits besuchte Spielstätten n = 285	Besuch von Staatsoper oder Schauspiel vor maximal 1 Jahr	Besuch von Staatsoper oder Schauspiel vor 1 bis 3 Jahren	Besuch von Staatsoper oder Schauspiel vor 4 bis 5 Jahren	Besuch von Staatsoper oder Schauspiel vor mehr als 5 Jahren
Staatsoper	77 %	74 %	60 %	68 %
Schauspielhaus	87 %	90 %	78 %	66 %
Ballhof 1 und 2	29 %	26 %	17 %	6 %
Cumberlandsche	27 %	15 %	2 %	6 %
Sonstige (Theatermuseum, externe Spielstätten)	16 %	26 %	18 %	17 %

In den letzten 12 Monaten wahrgenommene Freizeitaktivitäten

n = 500		**Alle Befragten**	Letzter Besuch vor maximal 1 Jahr	Letzter Besuch vor 1 bis 3 Jahren	Letzter Besuch vor 4 bis 5 Jahren	Letzter Besuch vor mehr als 5 Jahren	Kenne mind. eine Institution, noch keine besucht
Streaming (z.B. Netflix)	Mehr als 6x	**53 %**	30 %	39 %	53 %	48 %	68 %
	1-6x	**21 %**	35 %	28 %	25 %	20 %	13 %
	nie	**26 %**	35 %	33 %	22 %	32 %	18 %
Kino	Mehr als 6x	**16 %**	3 %	23 %	15 %	10 %	23 %
	1-6x	**53 %**	57 %	49 %	48 %	46 %	57 %
	nie	**31 %**	40 %	28 %	37 %	45 %	20 %
Sport-veranstaltungen (Live)	Mehr als 6x	**16 %**	5 %	21 %	12 %	16 %	22 %
	1-6x	**33 %**	26 %	28 %	38 %	31 %	37 %
	nie	**50 %**	69 %	51 %	50 %	53 %	41 %
Disko / Club	Mehr als 6x	**14 %**	3 %	3 %	12 %	9 %	25 %
	1-6x	**25 %**	16 %	36 %	20 %	21 %	30 %
	nie	**61 %**	80 %	62 %	68 %	70 %	46 %
Gaming	Mehr als 6x	**13 %**	2 %	3 %	8 %	13 %	22 %
	1-6x	**16 %**	11 %	18 %	18 %	10 %	21 %
	nie	**70 %**	87 %	80 %	73 %	78 %	57 %
Gedenkstätten / Schlösser / Parks	Mehr als 6x	**8 %**	12 %	26 %	8 %	7 %	2 %
	1-6x	**40 %**	50 %	59 %	45 %	35 %	32 %
	nie	**53 %**	38 %	15 %	47 %	57 %	66 %

n = 500		**Alle Befragten**	Letzter Besuch vor maximal 1 Jahr	Letzter Besuch vor 1 bis 3 Jahren	Letzter Besuch vor 4 bis 5 Jahren	Letzter Besuch vor mehr als 5 Jahren	Kenne mind. eine Institution, noch keine besucht
Rock- / Popkonzert	Mehr als 6x	**6 %**	3 %	8 %	7 %	4 %	8 %
	1-6x	**38 %**	40 %	39 %	45 %	31 %	39 %
	nie	**56 %**	57 %	54 %	48 %	65 %	54 %
Bildende Kunst / Ausstellungen	Mehr als 6x	**3 %**	7 %	15 %	3 %	2 %	1 %
	1-6x	**24 %**	38 %	54 %	35 %	17 %	12 %
	nie	**73 %**	55 %	31 %	62 %	81 %	88 %
Schauspiel	Mehr als 6x	**3 %**	9 %	5 %	7 %	1 %	1 %
	1-6x	**23 %**	55 %	41 %	27 %	13 %	9 %
	nie	**74 %**	36 %	54 %	67 %	86 %	91 %
Klassische Konzerte	Mehr als 6x	**2 %**	4 %	3 %	3 %	2 %	0 %
	1-6x	**22 %**	55 %	44 %	27 %	13 %	7 %
	nie	**76 %**	40 %	54 %	70 %	85 %	93 %
Oper	Mehr als 6x	**2 %**	8 %	8 %	0 %	1 %	0 %
	1-6x	**16 %**	39 %	44 %	22 %	3 %	6 %
	nie	**82 %**	53 %	49 %	78 %	96 %	94 %
Lesung	Mehr als 6x	**1 %**	2 %	5 %	0 %	0 %	0 %
	1-6x	**24 %**	48 %	49 %	33 %	16 %	9 %
	nie	**76 %**	50 %	46 %	67 %	84 %	91 %
Kabarett / Varieté	Mehr als 6x	**1 %**	1 %	5 %	0 %	0 %	1 %
	1-6x	**18 %**	38 %	26 %	27 %	13 %	9 %
	nie	**81 %**	61 %	69 %	73 %	87 %	91 %
Kinder- / Jugendtheater	Mehr als 6x	**1 %**	1 %	3 %	0 %	0 %	1 %
	1-6x	**12 %**	14 %	23 %	18 %	11 %	9 %
	nie	**87 %**	85 %	74 %	82 %	89 %	90 %
Musical	Mehr als 6x	**0,4 %**	0 %	3 %	0 %	1 %	0 %
	1-6x	**26 %**	35 %	44 %	35 %	22 %	18 %
	nie	**74 %**	65 %	54 %	65 %	77 %	82 %
Ballett	Mehr als 6x	**0,4 %**	1 %	3 %	0 %	0 %	0 %
	1-6x	**10 %**	22 %	28 %	12 %	4 %	3 %
	nie	**90 %**	77 %	69 %	88 %	96 %	97 %
Tanztheater	Mehr als 6x	**0,2 %**	0 %	3 %	0 %	0 %	0 %
	1-6x	**14 %**	26 %	31 %	23 %	7 %	5 %
	nie	**86 %**	74 %	67 %	77 %	93 %	95 %

Beliebteste Freizeitaktivität der jeweils Befragten

n = 500	**Alle Befragten**	Letzter Besuch vor maximal 1 Jahr	Letzter Besuch vor 1 bis 3 Jahren	Letzter Besuch vor 4 bis 5 Jahren	Letzter Besuch vor mehr als 5 Jahren	Kenne mind. eine Institution, noch keine besucht
Sportveranstaltungen (Live)	**17 %**	8 %	8 %	8 %	22 %	22 %
Streaming (z.B. Netflix)	**13 %**	4 %	8 %	17 %	11 %	18 %
Kino	**10 %**	4 %	5 %	8 %	15 %	12 %
Rock/Popkonzert	**10 %**	9 %	8 %	10 %	7 %	13 %
Disko / Club	**9 %**	3 %	0 %	10 %	7 %	13 %
Gedenkstätten / Schlösser / Parks	**7 %**	3 %	15 %	13 %	10 %	5 %
Klassische Konzerte	**6 %**	20 %	5 %	7 %	2 %	1 %
Musical / Revue	**6 %**	8 %	10 %	12 %	5 %	3 %
Gaming	**5 %**	0 %	0 %	2 %	5 %	9 %
Bildende Kunst / Ausstellungen	**4 %**	2 %	23 %	3 %	3 %	1 %
Schauspiel	**3 %**	11 %	3 %	2 %	2 %	0 %
Lesung	**3 %**	8 %	8 %	2 %	3 %	1 %
Kabarett / Varieté	**3 %**	7 %	3 %	3 %	3 %	2 %
Oper	**2 %**	10 %	0 %	3 %	0 %	0 %
Ballett	**1 %**	2 %	3 %	0 %	1 %	1 %
Kinder- / Jugendtheater	**1 %**	1 %	0 %	0 %	2 %	1 %
Tanztheater	**0,4 %**	1 %	3 %	0 %	0 %	0 %

Erwartungen an die jeweils bevorzugte Freizeitaktivität

n = 500	**Alle Befragten**	Letzter Besuch vor maximal 1 Jahr	Letzter Besuch vor 1 bis 3 Jahren	Letzter Besuch vor 4 bis 5 Jahren	Letzter Besuch vor mehr als 5 Jahren	Kenne mind. eine Institution, noch keine besucht
Gute Unterhaltung	**71 %**	66 %	51 %	67 %	69 %	78 %
Menschen treffen	**54 %**	53 %	62 %	60 %	53 %	53 %
Ein intensives Live-Erlebnis	**50 %**	58 %	62 %	53 %	40 %	48 %
Hohe künstlerische Qualität	**32 %**	59 %	59 %	38 %	23 %	17 %
Überraschung und Inspiration	**27 %**	30 %	54 %	40 %	21 %	20 %
Vor und nach der Aktivität noch etwas unternehmen	**27 %**	33 %	41 %	33 %	19 %	25 %
In relevanten Diskussionen up-to-date sein	**13 %**	8 %	23 %	22 %	12 %	11 %
Verbesserung meiner Allgemeinbildung	**12 %**	22 %	31 %	20 %	10 %	4 %
Etwas anderes	**10 %**	2 %	15 %	8 %	14 %	12%
Ich erwarte gar nichts	**2 %**	0 %	0 %	2 %	4 %	2 %

Kenntnis und Besuch von Kultur- und Freizeitinstitutionen und -angeboten

n = 500		**Alle Befragten**	Letzter Besuch vor maximal 1 Jahr	Letzter Besuch vor 1 bis 3 Jahren	Letzter Besuch vor 4 bis 5 Jahren	Letzter Besuch vor mehr als 5 Jahren	Kenne mind. eine Institution, noch keine besucht
Maschseefest	Schon besucht	**68 %**	72 %	87 %	70 %	66 %	63 %
	Bekannt, nicht besucht	**28 %**	27 %	13 %	30 %	30 %	30 %
	Nicht bekannt	**2 %**	0 %	0 %	0 %	2 %	3 %
	Bin mir nicht sicher	**2 %**	1 %	0 %	0 %	2 %	3 %
ZAG Arena	Schon besucht	**58 %**	46 %	72 %	58 %	59 %	61 %
	Bekannt, nicht besucht	**37 %**	52 %	28 %	35 %	34 %	35 %
	Nicht bekannt	**3 %**	1 %	0 %	3 %	4 %	3 %
	Bin mir nicht sicher	**2 %**	1 %	0 %	3 %	3 %	1 %
Kino am Raschplatz	Schon besucht	**58 %**	52 %	85 %	68 %	56 %	55 %
	Bekannt, nicht besucht	**32 %**	44 %	13 %	25 %	34 %	32 %
	Nicht bekannt	**5 %**	1 %	0 %	5 %	7 %	7 %
	Bin mir nicht sicher	**4 %**	3 %	3 %	2 %	2 %	6 %
Astor Grand Cinema	Schon besucht	**49 %**	54 %	67 %	52 %	38 %	48 %
	Bekannt, nicht besucht	**41 %**	40 %	26 %	40 %	48 %	43 %
	Nicht bekannt	**7 %**	3 %	5 %	8 %	11 %	8 %
	Bin mir nicht sicher	**2 %**	2 %	3 %	0 %	3 %	2 %
Herrenhäuser Gärten	Schon besucht	**45 %**	61 %	74 %	63 %	49 %	26 %
	Bekannt, nicht besucht	**44 %**	36 %	26 %	32 %	40 %	57 %
	Nicht bekannt	**6 %**	1 %	0 %	2 %	2 %	11 %
	Bin mir nicht sicher	**5 %**	2 %	0 %	3 %	9 %	5 %
Landes-museum	Schon besucht	**40 %**	60 %	69 %	55 %	37 %	24 %
	Bekannt, nicht besucht	**49 %**	37 %	28 %	42 %	54 %	59 %
	Nicht bekannt	**7 %**	0 %	3 %	2 %	4 %	14 %
	Bin mir nicht sicher	**3 %**	3 %	0 %	2 %	4 %	4 %
HCC Kuppel-saal	Schon besucht	**35 %**	45 %	49 %	40 %	37 %	26 %
	Bekannt, nicht besucht	**51 %**	48 %	49 %	50 %	47 %	55 %
	Nicht bekannt	**7 %**	2 %	0 %	3 %	6 %	12 %
	Bin mir nicht sicher	**7 %**	5 %	3 %	7 %	10 %	7 %
Musikzentrum Hannover	Schon besucht	**34 %**	42 %	54 %	52 %	30 %	23 %
	Bekannt, nicht besucht	**50 %**	52 %	39 %	35 %	51 %	56 %
	Nicht bekannt	**12 %**	5 %	5 %	7 %	15 %	18 %
	Bin mir nicht sicher	**4 %**	0 %	3 %	7 %	4 %	4 %

n = 500		**Alle Befragten**	Letzter Besuch vor maximal 1 Jahr	Letzter Besuch vor 1 bis 3 Jahren	Letzter Besuch vor 4 bis 5 Jahren	Letzter Besuch vor mehr als 5 Jahren	Kenne mind. eine Institution, noch keine besucht
Sprengel Museum	Schon besucht	**33 %**	52 %	72 %	47 %	35 %	14 %
	Bekannt, nicht besucht	**54 %**	47 %	21 %	52 %	53 %	64 %
	Nicht bekannt	**10 %**	1 %	8 %	2 %	6 %	18 %
	Bin mir nicht sicher	**3 %**	0 %	0 %	0 %	5 %	4 %
Kulturzentrum Pavillon	Schon besucht	**31 %**	46 %	62 %	33 %	27 %	20 %
	Bekannt, nicht besucht	**51 %**	51 %	31 %	57 %	50 %	54 %
	Nicht bekannt	**12 %**	1 %	5 %	8 %	13 %	18 %
	Bin mir nicht sicher	**7 %**	2 %	3 %	2 %	11 %	9 %
Theater an der Glocksee	Schon besucht	**22 %**	40 %	44 %	33 %	26 %	6 %
	Bekannt, nicht besucht	**56 %**	55 %	41 %	50 %	57 %	61 %
	Nicht bekannt	**17 %**	3 %	13 %	15 %	12 %	26 %
	Bin mir nicht sicher	**4 %**	1 %	3 %	2 %	5 %	6 %
Theater am Aegi	Schon besucht	**22 %**	45 %	44 %	28 %	18 %	9 %
	Bekannt, nicht besucht	**55 %**	51 %	54 %	55 %	65 %	54 %
	Nicht bekannt	**16 %**	2 %	3 %	13 %	14 %	26 %
	Bin mir nicht sicher	**6 %**	2 %	0 %	3 %	3 %	10 %
GOP Varieté Theater	Schon besucht	**17 %**	38 %	46 %	17 %	19 %	2 %
	Bekannt, nicht besucht	**55 %**	54 %	49 %	57 %	46 %	60 %
	Nicht bekannt	**21 %**	5 %	5 %	20 %	26 %	28 %
	Bin mir nicht sicher	**7 %**	2 %	0 %	7 %	10 %	9 %

Veränderungen bei Kultur- und Freizeitaktivitäten durch dir Corona-Pandemie

„Hat sich im Zuge der Corona-Pandemie etwas an Ihren Freizeitaktivitäten und an Ihren Erwartungen an die Aktivitäten verändert?"

n = 500	**Alle Befragten**	Letzter Besuch vor maximal 1 Jahr	Letzter Besuch vor 1 bis 3 Jahren	Letzter Besuch vor 4 bis 5 Jahren	Letzter Besuch vor mehr als 5 Jahren	Kenne mind. eine Institution, noch keine besucht
Ja	**12 %**	13 %	23 %	13 %	5 %	11 %
Nein	**88 %**	87 %	77 %	87 %	95 %	89 %

Aussagen zur Art der Veränderungen
(Anteile an Befragten, die eine Aussage gemacht haben, n = 58)

Positive und neutrale Aussagen	Anteil an Aussagen
Mehr Aktivitäten als zuvor, entweder bereits realisiert oder als Bedarf oder Absicht	22 %
Mehr Wertschätzung von Angeboten, sowohl für sich selbst als auch für die Gesellschaft	18 %
Interessen vielfältiger geworden, inklusiver digitaler Angebote	14 %
Veränderungen der Lebensverhältnisse	5 %

(Eher) negative Aussagen	Anteil an Aussagen
Weniger Aktivitäten als zuvor	27 %
Vorsicht, Abstand und Schutz als Grundhaltung	14 %
Kurzfristigere, bewusstere, präferenzbasierte kritischere Auswahl, auch wegen Kosten	5 %

Ansatzpunkte für erste, erneute oder häufigere Besuche von Staatsoper oder Schauspiel Hannover

Die Fragen zu Faktoren, die zu mehr, erneuten oder ersten Besuchen führen können, wurde nur Befragten gestellt, die Staatsoper oder Schauspiel zumindest kannten, deren letzter Besuch aber länger als ein Jahr her war.

Motivierende Faktoren auf Seiten von Staatsoper oder Schauspiel Hannover

„Mich würde motivieren, Staatsoper oder Schauspiel zu besuchen ...“

n = 405		**Alle Befragten**	Letzter Besuch vor 1 bis 3 Jahren	Letzter Besuch vor 4 bis 5 Jahren	Letzter Besuch vor mehr als 5 Jahren	Kenne mind. eine Institution, noch keine besucht
... wenn die Atmosphäre ungezwungener wäre.	Ja	**20 %**	15 %	25 %	23 %	18 %
	Nein	**71 %**	77 %	65 %	71 %	71 %
	Weiß nicht / keine Meinung	**9 %**	8 %	10 %	5 %	11 %
... wenn bekanntere Künstler/innen auftreten würden.	Ja	**15%**	18 %	22 %	11 %	14 %
	Nein	**75%**	77 %	63 %	75 %	78 %
	Weiß nicht / keine Meinung	**10%**	5 %	15 %	15 %	8 %
... wenn die Preise niedriger wären.	Ja	**13 %**	15 %	23 %	13 %	9 %
	Nein	**73 %**	72 %	63 %	71 %	77 %
	Weiß nicht / keine Meinung	**14 %**	13 %	13 %	16 %	14 %
... wenn das Programm und die Inszenierungen zeitgemäßer wären.	Ja	**10 %**	5 %	3 %	9 %	14 %
	Nein	**76 %**	87 %	82 %	75 %	72 %
	Weiß nicht / keine Meinung	**14 %**	8 %	15 %	17 %	14 %
... wenn mehr barrierefreie Angebote wie Untertitel, Audiokommentare angeboten würden.	Ja	**4 %**	3 %	10 %	5 %	2 %
	Nein	**89 %**	95 %	78 %	86 %	92 %
	Weiß nicht / keine Meinung	**7 %**	3 %	12 %	9 %	6 %
... wenn ich mich mehr erwünscht fühlen würde.	Ja	**3 %**	0 %	5 %	2 %	3 %
	Nein	**88 %**	92 %	82 %	88 %	89 %
	Weiß nicht / keine Meinung	**9 %**	8 %	13 %	10 %	8 %
... wenn ich thematische Einführungen bekäme.	Ja	**3 %**	3 %	3 %	5 %	1 %
	Nein	**89 %**	97 %	85 %	83 %	91 %
	Weiß nicht / keine Meinung	**8 %**	0 %	12 %	12 %	8 %

n = 405		**Alle Befragten**	Letzter Besuch vor 1 bis 3 Jahren	Letzter Besuch vor 4 bis 5 Jahren	Letzter Besuch vor mehr als 5 Jahren	Kenne mind. eine Institution, noch keine besucht
... wenn man kurzfristiger dorthin gehen könnte.	Ja	**3%**	8 %	5 %	5 %	1 %
	Nein	**89%**	90 %	78 %	83 %	94 %
	Weiß nicht / keine Meinung	**8%**	3 %	17 %	12 %	5 %
... wenn Werbung und Informationen besser verbreitet würden.	Ja	**3%**	5 %	7 %	1 %	1 %
	Nein	**90%**	90 %	78 %	93 %	92 %
	Weiß nicht / keine Meinung	**8%**	5 %	15 %	6 %	7 %
... wenn die Atmosphäre festlicher wäre.	Ja	**2 %**	0 %	5 %	3 %	1 %
	Nein	**90 %**	90 %	85 %	88 %	93 %
	Weiß nicht / keine Meinung	**8 %**	10 %	10 %	9 %	7 %
... wenn die Karten einfacher zu erwerben wären.	Ja	**1 %**	0 %	2 %	0 %	1 %
	Nein	**94 %**	97 %	90 %	93 %	95 %
	Weiß nicht / keine Meinung	**6 %**	3 %	8 %	7 %	5 %
... wenn das Programm und die Stücke traditioneller wären.	Ja	**0,2 %**	0 %	0 %	0 %	1 %
	Nein	**94 %**	95 %	92 %	88 %	97 %
	Weiß nicht / keine Meinung	**6 %**	5 %	8 %	12 %	3 %

Offene Antworten zu den motivierenden Faktoren

„Wissen Sie, was Karten für Sie ungefähr kosten würden?“

	Anzahl der Nennungen
Bis 30 Euro	10
Über 30 Euro bis 40 Euro	8
Über 40 Euro bis 50 Euro	15
Über 50 Euro bis 60 Euro	5
Ab 30 Euro (ohne konkreten Wert)	5
Keine Preisvorstellung oder -schätzung	9

Zu: „… wenn das Programm und die Inszenierungen zeitgemäßer wären.“: „Was interessiert Sie / könnte sie interessieren?“

	Anzahl der Nennungen
moderne Geschichten, Stücke, Filmadaptationen	12
Musicals	7
Programm mit Bezug zu Musik und Popkultur (z. B. Konzerte, Künstlerbiografien)	7
„neu“ oder „modern“ (ohne Bezug zu etwas bestimmtem)	5
Junge Künstler und ihre Werke	5
Humor, Comedy	3
„andere“, „freie“ Formaten und Inszenierungen	2
„Inhalte mit digitalen Inszenierungen“	1
„nicht nur klassisch“	1
„Ballett“	1

„Welche barrierefreien Angebot wären denn für Sie besonders wichtig?“

	Anzahl der Nennungen
Andere Sprachen	6
Hörunterstützung oder Mikro, inkl. Übersetzung, Audiokommentare	6
Untertitel	5
Unterstützung bei Anreise	1
Langes Sitzen schwierig	1

„Was könnte Sie sich mehr erwünscht fühlen lassen?“

	Anzahl der Nennungen
Jüngeres, weniger hochkulturell geprägtes Publikum	4
Entspanntere Atmosphäre	2
Weniger förmliche Kleidung	2
Gefühl von Nicht-Dazugehören als Migrant	2
Jüngeres, moderneres Programm	2
Einführungen	1
„mehr Freiräume“	1

„In welcher Form, zu welchem Zeitpunkt würden Sie sich thematische Einführungen wünschen?“

	Anzahl der Nennungen
Per Social Media	2
Video, TV	2
Flyer	2
Podcast	1
Online allgemein	1
Im Haus vor der Vorstellung	1
Bei Kauf der Karten	1
Geschichtliche Informationen zu cem Stück	1
Unsicherheit, keine Idee	2

„Wie lange vorher muss man sich denn Ihrer Meinung nach in der Regel eine Karte kaufen?“

	Anzahl der Nennungen
Am Vorstellungstag	1
Einen Tag vorher	4
Zwei Tag bis eine Woche vorher	2
Zwei Wochen bis einen Monat vorher	3
Zwei oder mehr Monate vorher	2
Abo	1

„Wo sollte Information zu finden sein, um Sie gut zu erreichen?“

	Anzahl der Nennungen
Per Social Media	2
Übersichtlichere Website	1
Streaming	1
Per Post	1
Präsenz außerhalb der Innenstadt	1
„Zu Premieren“	1

„Wo würden Sie die Tickets gerne kaufen?"

	Anzahl der Nennungen
Online	2
Direkt vor der Veranstaltung	1

Zu: „… wenn das Programm und die Inszenierungen traditioneller wären.": „Was interessiert Sie / könnte sie interessieren?"

	Anzahl der Nennungen
„Wenn das Programm jünger gestaltet ist."	1
„Vorstellungen auf Griechisch"	1

„Staatsoper und Schauspiel sollten noch etwas anderes ändern."

	Anzahl der Nennungen
Andere als die klassischen Genres, z. B. Public Viewing	5
Offener, zeitgemäßer, weniger steif und statisch	3
Leichtere Stücke	2
„Selbstbewusstere Kommunikation"	1
„Mehr und längere Pausen"	1
Barrierefreiheit, Unterstützung bei Anreise und Zugang	1
„Es fehlt mir nichts wenn es diese Häuser nicht mehr geben würde."	1
Nichts	5

Motivationen auf Seiten der Befragten und ihres Umfelds

„Mich würde motivieren, Staatsoper oder Schauspiel zu besuchen ..."

n = 405		**Alle Befragten**	Letzter Besuch vor 1 bis 3 Jahren	Letzter Besuch vor 4 bis 5 Jahren	Letzter Besuch vor mehr als 5 Jahren	Kenne mind. eine Institution, noch keine besucht
… wenn mein Umfeld das auch interessieren würde.	Ja	**33 %**	44 %	47 %	33 %	26 %
	Nein	**61 %**	56 %	50 %	61 %	65 %
	Weiß nicht / keine Meinung	**7 %**	0 %	3 %	6 %	9 %

n = 405		**Alle Befragten**	Letzter Besuch vor 1 bis 3 Jahren	Letzter Besuch vor 4 bis 5 Jahren	Letzter Besuch vor mehr als 5 Jahren	Kenne mind. eine Institution, noch keine besucht
… wenn ich jemanden hätte, der/die mit mir hingeht.	Ja	**33 %**	39 %	53 %	36 %	26 %
	Nein	**59 %**	62 %	38 %	53 %	67 %
	Weiß nicht / keine Meinung	**8 %**	0 %	8 %	11 %	8 %
… wenn ich mich mit der dort aufgeführten Kunst besser auskennen würde.	Ja	**21 %**	10 %	28 %	14 %	24 %
	Nein	**72 %**	85 %	63 %	77 %	70 %
	Weiß nicht / keine Meinung	**7 %**	5 %	8 %	10 %	6 %
… wenn ich dort bekannte Menschen treffen würde.	Ja	**19 %**	18 %	33 %	16 %	17 %
	Nein	**74 %**	77 %	62 %	76 %	77 %
	Weiß nicht / keine Meinung	**7 %**	5 %	5 %	9 %	7 %
… wenn ich es mir finanziell leisten könnte.	Ja	**14 %**	23 %	22 %	9 %	13 %
	Nein	**75 %**	77 %	68 %	79 %	76 %
	Weiß nicht / keine Meinung	**10 %**	0 %	10 %	13 %	11 %
… wenn ich mehr Zeit dafür hätte.	Ja	**15 %**	36 %	27 %	7 %	10 %
	Nein	**81 %**	64 %	63 %	87 %	87 %
	Weiß nicht / keine Meinung	**4 %**	0 %	10 %	5 %	3 %
… wenn ich wüsste, wie man sich dort kleiden muss.	Ja	**3 %**	0 %	3 %	1 %	4 %
	Nein	**93 %**	97 %	92 %	95 %	91 %
	Weiß nicht / keine Meinung	**5 %**	3 %	5 %	4 %	5 %
… etwas anderes	Ja	**2 %**	0 %	0 %	3 %	1 %
	Nein	**85 %**	87 %	78 %	82 %	88 %
	Weiß nicht / keine Meinung	**14 %**	13 %	22 %	15 %	11 %
Es gibt nichts, was mich dazu bewegen könnte, Staatsoper oder Schauspiel Hannover zu besuchen.	Ja	**14 %**	0 %	7 %	14 %	18 %
	Nein	**70 %**	85 %	82 %	70 %	63 %
	Weiß nicht / keine Meinung	**17 %**	15 %	12 %	16 %	18 %

Ausgaben für Kultur- und Freizeitaktivitäten

„Wieviel Geld geben Sie ungefähr insgesamt pro Person für einen Ausgeh-Abend aus?“

n = 405	**Alle Befragten**	Letzter Besuch vor 1 bis 3 Jahren	Letzter Besuch vor 4 bis 5 Jahren	Letzter Besuch vor mehr als 5 Jahren	Kenne mind. eine Institution, noch keine besucht
0 bis 20 EUR	**17 %**	18 %	17 %	10 %	20 %
20 bis 50 EUR	**43 %**	21 %	40 %	43 %	48 %
50 bis 100 EUR	**26 %**	46 %	27 %	28 %	22 %
Über 100 EUR	**5 %**	10 %	7 %	6 %	3 %
Keine Angabe	**9 %**	5 %	10 %	14 %	8 %

Wahrgenommene Bedeutung von Staatsoper und Schauspiel Hannover

n = 405		**Alle Befragten**	Letzter Besuch vor 1 bis 3 Jahren	Letzter Besuch vor 4 bis 5 Jahren	Letzter Besuch vor mehr als 5 Jahren	Kenne mind. eine Institution, noch keine besucht
Staatsoper und Schauspiel prägen das kulturelle Leben in Hannover und Umgebung.	Trifft voll und ganz zu	**9 %**	23 %	17 %	11 %	4 %
	Trifft eher zu	**36 %**	51 %	37 %	45 %	29 %
	Weder/noch	**30 %**	13 %	37 %	21 %	35 %
	Trifft eher nicht zu	**10 %**	8 %	7 %	12 %	10 %
	Trifft überhaupt nicht zu	**3 %**	0 %	0 %	1 %	5 %
	kann ich nicht beurteilen/ keine Meinung	**12 %**	5 %	3 %	11 %	17 %
Staatsoper und Schauspiel sind Orte der Begegnung.	Trifft voll und ganz zu	**12 %**	36 %	18 %	14 %	5 %
	Trifft eher zu	**37 %**	39 %	38 %	44 %	34 %
	Weder/noch	**30 %**	13 %	30 %	22 %	37 %
	Trifft eher nicht zu	**13 %**	8 %	12 %	13 %	15 %
	Trifft überhaupt nicht zu	**3 %**	3 %	2 %	2 %	4 %
	kann ich nicht beurteilen/ keine Meinung	**4 %**	3 %	0 %	5 %	5 %
Staatsoper und Schauspiel sind überflüssig.	Trifft voll und ganz zu	**1 %**	0 %	0 %	1 %	1 %
	Trifft eher zu	**10 %**	3 %	5 %	4 %	15 %
	Weder/noch	**16 %**	3 %	15 %	11 %	22 %
	Trifft eher nicht zu	**21 %**	8 %	15 %	27 %	22 %
	Trifft überhaupt nicht zu	**42 %**	80 %	62 %	48 %	27 %
	kann ich nicht beurteilen/ keine Meinung	**11 %**	8 %	3 %	10 %	14 %
Staatsoper und Schauspiel sind wichtig für die Anziehungskraft Hannovers.	Trifft voll und ganz zu	**10 %**	31 %	15 %	14 %	4 %
	Trifft eher zu	**36 %**	46 %	42 %	39 %	31 %
	Weder/noch	**30 %**	10 %	35 %	23 %	36 %
	Trifft eher nicht zu	**10 %**	5 %	5 %	10 %	13 %
	Trifft überhaupt nicht zu	**1 %**	0 %	0 %	1 %	1 %
	kann ich nicht beurteilen / keine Meinung	**12 %**	8 %	3 %	13 %	15 %

n = 405		**Alle Befragten**	Letzter Besuch vor 1 bis 3 Jahren	Letzter Besuch vor 4 bis 5 Jahren	Letzter Besuch vor mehr als 5 Jahren	Kenne mind. eine Institution, noch keine besucht
Staatsoper und Schauspiel sind für meine Verwandten, Bekannten und Freundinnen / Freunde von großer Bedeutung.	Trifft voll und ganz zu	**4 %**	10 %	8 %	3 %	1 %
	Trifft eher zu	**11 %**	28 %	17 %	12 %	7 %
	Weder/noch	**18 %**	28 %	22 %	22 %	14 %
	Trifft eher nicht zu	**21 %**	18 %	15 %	18 %	25 %
	Trifft überhaupt nicht zu	**37 %**	15 %	28 %	34 %	45 %
	kann ich nicht beurteilen/ keine Meinung	**9 %**	0 %	10 %	11 %	9 %
Ohne Staatsoper und Schauspiel würde mir etwas fehlen.	Trifft voll und ganz zu	**3 %**	13 %	5 %	2 %	1 %
	Trifft eher zu	**12 %**	21 %	27 %	15 %	6 %
	Weder/noch	**24 %**	49 %	33 %	27 %	15 %
	Trifft eher nicht zu	**14 %**	10 %	7 %	10 %	19 %
	Trifft überhaupt nicht zu	**37 %**	5 %	23 %	32 %	50 %
	kann ich nicht beurteilen/ keine Meinung	**9 %**	3 %	5 %	15 %	9 %
Staatsoper und Schauspiel kann man mit engen Freundinnen / Freunden, Bekannten und Verwandten besuchen.	Trifft voll und ganz zu	**5 %**	15 %	10 %	4 %	1 %
	Trifft eher zu	**22 %**	49 %	37 %	20 %	13 %
	Weder/noch	**24 %**	21 %	22 %	26 %	25 %
	Trifft eher nicht zu	**17 %**	8 %	18 %	16 %	18 %
	Trifft überhaupt nicht zu	**27 %**	5 %	12 %	28 %	35 %
	kann ich nicht beurteilen/ keine Meinung	**6 %**	3 %	2 %	6 %	8 %
Die Staatsoper ist ein bekanntes Bauwerk.	Trifft voll und ganz zu	**38 %**	56 %	42 %	47 %	29 %
	Trifft eher zu	**39 %**	31 %	40 %	35 %	42 %
	Weder/noch	**17 %**	10 %	13 %	16 %	20 %
	Trifft eher nicht zu	**4 %**	3 %	5 %	2 %	5 %
	Trifft überhaupt nicht zu	**1 %**	0 %	0 %	0 %	1 %
	kann ich nicht beurteilen/ keine Meinung	**2 %**	0 %	0 %	0 %	3 %
Das Schauspielhaus ist ein bekanntes Bauwerk.	Trifft voll und ganz zu	**34 %**	51 %	38 %	40 %	27 %
	Trifft eher zu	**41 %**	31 %	42 %	40 %	43 %
	Weder/noch	**18 %**	13 %	17 %	16 %	19 %
	Trifft eher nicht zu	**4 %**	5 %	3 %	1 %	5 %
	Trifft überhaupt nicht zu	**1 %**	0 %	0 %	0 %	1 %
	kann ich nicht beurteilen/ keine Meinung	**3 %**	0 %	0 %	2 %	5 %

Barrieren für Besuche von Staatsoper oder Schauspiel Hannover

Offene Antworten auf die Frage: „Gibt es etwas, das Sie davon abhält, Staatsoper und Schauspiel Hannover zu besuchen?“

Befragte mit letztem Besuch vor 1 bis 3 Jahren (n = 39)
Keine Barrieren/Hindernisse - Nein (3 Äußerungen) - Nein, nichts hält mich davon ab. - Ich gehe regelmäßig in die Oper oder andere Häuser vom Staatstheater. - Ich gehe ja ab und an, und öfter möchte ich auch gar nicht. - Uns hält nichts davon ab. Wir werden in der nächsten Zeit mal wieder da sein. - Nein, gibt es nicht. - Nein, es gibt nichts, was mich abhalten kann. - Nein, mich hält davon nichts ab. Es ist natürlich nicht immer etwas für jeden Geschmack dabei, und man geht auch nicht jedes Wochenende in die Staatsoper. Aber wir versuchen, es schon einmal im Jahr zu schaffen. Während der Pandemie war es nicht so, deswegen genießt man es ja jetzt schon sehr. - Da gibt es nichts. Programm - Nein, entscheidend ist das Programm und die Besetzungen. - Kommt darauf an, was im Programm ist, es passt zu Weihnachten. - In der jüngsten Vergangenheit haben mich lediglich andere Veranstaltungsformate und andere Häuser interessiert, weil ich Abwechslung bevorzuge, insgesamt gibt es keinen Grund, der mich davon abhält, Veranstaltungen in der Staatsoper und dem Schauspielhaus zu besuchen. - Ich finde es nicht zeitgemäß, nicht modern, keine Aufführungen, mit denen sich junge Menschen identifizieren können. - Ein bis zwei Mal im Jahr ist okay, kommt auf das Programm an. - In letzter Zeit seit der Pandemie waren wir gar nicht in den beiden Häusern. Aber das liegt eher am Angebot. Hab mich damit weniger beschäftigt und mein Mann hatte nicht wirklich Lust. Waren in anderen Städten zu Musicals. - Programmangebot und Preise. Preis/Kosten - Ich versuche wirklich, Karten zu bekommen, aber es ist nicht so günstig, man muss dafür sparen. - Angebot gefällt mir nicht oder Preis zu hoch. - Die aktuelle Lage mit den Preisen zwingt mich, bei meinen Freizeitaktivitäten sparsamer umzugehen. - Aktuell sind unsere finanziellen Mittel etwas eingeschränkt. Da wir während Corona in Kurzarbeit waren und jetzt die ganzen Preiserhöhungen sind. Zeit - Oft ist es meine persönliche Zeit, ich arbeite im Schichtsystem und hab auch oft am Wochenende Dienst - Nein, was soll das sein. Maximal die Zeit, die ich nicht habe und wen nehme ich mit? - Nein, außer zu wenig Zeit dafür. - Wir richten uns sehr nach den Kindern. Plus, dass wir zeitlich recht eingeschränkt sind. Persönlicher Geschmack / Vorlieben - Nicht mein Geschmack, kann ich nicht ernst nehmen. - Nein, es spricht nichts dagegen, wir waren von der Schule da, war Unterrichtsstoff im Musikunterricht und in Deutsch. - Ich bin lieber in kleinen Theaterhäusern. - Das Interesse ist nicht mehr da. Für die Oper noch nie, weil ich es nicht unterhaltsam finde

Soziales Umfeld
- Das ist weder bei mir noch bei meinen Freundinnen angesagt, die würden mich auslachen.
- Die Kinder haben darauf keine Lust.
- Ich mag dort nicht alleine hingehen, und meine Familie mag das gar nicht. Ich meine jetzt Oper oder Theater oder Operette.
- Meine Freunde und Verwandte wollten in letzter Zeit andere Veranstaltungen besuchen, und allein möchte ich nicht gehen.

Allgemeine Veränderungen im Freizeitverhalten, auch im Zuge von Corona
- Ja, Abstandsgebot während der Pandemie.
- Ich möchte aktuell eher andere Veranstaltungen besuchen, da ich an diesen nach Corona mehr interessiert bin. Ich kann mir aber vorstellen, dieses Jahr wieder ins Schauspielhaus zu gehen.
- Bin weniger unterwegs, deshalb war ich lange nicht in diesen Spielstätten.

Persönliche Konstitution
- Mittlerweile ist es mein Alter. Ich kann nicht mehr so gut laufen und bin auf fremde Hilfe angewiesen, da ist es zu mühselig, dem Ganzen ein Besuch abzustatten.
- Ja, ehrlich gesagt. Je nach Thema der Veranstaltung und Termin. Ich bin nicht mehr ganz fit, eingeschränkt beim Gehen.

Befragte mit letztem Besuch vor 4 bis 5 Jahren (n = 60)

Keine Barrieren/Hindernisse
- Nein gibt es nicht. (2 Äußerungen)
- Nichts.
- Kein richtiger Grund, es ergibt sich nicht.
- Ich halte mich selbst davon ab, es gibt keinen Grund, es nicht zu tun.
- Nichts Konkretes, es hat sich einfach nicht ergeben.
- Nein, eigentlich gibt es nichts, was mich davon abhält.
- Nein, es gibt nichts was mich abhalten könnte.
- Nein, da gibt es nichts, ich finde es toll.
- Nein.
- Das liegt an mir, ich muss mich damit beschäftigen. Mal lesen, was so auf dem Programm steht.
- Nein, es gibt keinen Grund diese Häuser nicht wieder zu besuchen. War die letzten drei Jahre nicht so möglich. Werde es aber in Betracht ziehen.

Persönlicher Geschmack / Vorlieben
- Nein, gibt es nicht. Habe eben andere Bereiche, die mich interessieren, die ich mit meiner Familie und Freunden besuche.
- Mir fehlt ganz einfach das Interesse.
- Mich interessiert es einfach nicht.
- Ja, das Interesse. Ich würde einfach nicht auf die Idee kommen, dort hin zu gehen.
- Kann ich gar nicht so genau sagen. Vielleicht bin ich zu jung dafür, ich interessiere ich einfach nicht so sehr dafür, und in meinem Umfeld ist auch noch keiner auf die Idee gekommen.
- Ganz einfach, ich interessiere mich nicht dafür.
- Entspricht nicht meinen kulturellen Freizeitvorstellungen. Ist so fest, schon wie man sich anziehen muss.
- Die Veranstaltungen sind mal sehr interessant, aber ich kann nicht jedes Jahr eine Oper besuchen, das ist inhaltlich zu schwer und anspruchsvoll.
- Bin ich noch nicht alt genug dafür, und interessiert mich auch nicht, langweilig, öde.
- Als Schüler war ich dort, aber auch nur weil es Pflicht war.
- Wir hatten es mal ausprobiert, aber das war nichts für uns. Der Staatsoper würde ich noch einen Versuch geben, wenn meine Freunde darauf Lust hätten.

- Es interessiert mich einfach nicht.
- Bin einfach nicht mehr so interessiert und habe die Stücke, die aufgeführt werden, nicht verfolgt.
- Ich schaue mir gern die Musicals von Stage Entertainment an, aber so klassisches Zeug ist nicht mein Ding.
- Ich hatte es mit meinen Eltern und von der Schule aus mal besucht. Ich würde allein oder mit Freunden nicht hingehen, da mir dazu das Interesse fehlt.
- Ich gehe derzeit lieber in Konzerte oder andere Veranstaltungen.

Soziales Umfeld

- Meine Familie. Da kommt keiner mit und alleine gehe ich nicht.
- Kommt nur in Betracht, wenn wir Besuch haben. Aber das war jetzt seit der Pandemie nicht der Fall.
- Kein großes Interesse, keine Begleitung.
- Ich habe niemanden der mitkommen würde und zudem finde ich es zu teuer.
- Hatte damals ein Abo mit meinem Partner, den Partner gibt es nicht mehr und das Abo auch nicht mehr.
- Eigentlich nur, dass ich nicht alleine da hingehen will.
- Unser Freundeskreis. Wir haben andere Interessen, mehr Bewegung und Aktivität. Staatsoper kann noch warten, wenn ich dann in Rente bin.
- Meine Frau ist gesundheitlich nicht mehr ganz so fit. Diese Aktivitäten wären ihr zu anstrengend und ohne sie möchte ich nicht hingehen.
- Ich kenne niemanden, mit dem ich diese Orte besuchen könnte.
- Es ist in meinem Freundeskreis nicht üblich, ich bin auch nicht über das Programm informiert.

Programm

- Zur Zeit nicht. Das hängt immer vom Spielplan ab.
- Keine modernen Aufführungen, sehr klassisch.
- Ich mag keine klassischen Sachen. Ich gehe liebe in bekannte junge Musicals.
- Ich denke nicht, dass da etwas läuft, das meine Generation interessiert.
- Es gibt nichts was mich davon abhält, die Angebote müssen mich ansprechen und ich muss mich auch motivieren einen Besuch zu planen.

Preis/Kosten

- Nach Corona habe ich es noch nicht geschafft. Das ist etwas ganz besonderes und nichts, was man jedes Jahr macht, ist ja auch eine teure Angelegenheit mit allem drum und dran.
- Ich war damals mit der Schulklasse da, ist schon eine Weile her. Ich bin aber gewillt, bald wieder hinzugehen. Ich kann's mir einfach gerade nicht leisten.
- Ist mir zu teuer.
- Aktuell ist es die Inflation und die hohen Energiepreise.
- Die Kosten halten mich davon ab.
- Ich kann es mir einfach nicht leisten. Es ist auch selten eine Veranstaltung die mich, oder meinen Partner begeistert. Alleine gehe ich nicht und zwei Karten sind echt nicht günstig.

Zeit

- Hauptsächlich Zeitmangel.
- Tatsächlich ein Zeitfaktor, ich habe nicht so viel Zeit und mittlerweile niemanden, der mit mir hingehen würde.
- Momentan finde ich nicht die Zeit fürs Theater. es gibt für mich grad nach Corona viele andere Veranstaltungen die teilweise nachgeholt werden, weil die durch Corona ausgefallen sind.
- Mich kann nichts abhalten. Wenn ich Zeit habe gehe ich gerne hin.

Atmosphäre / Anmutung

- Ich mag diese Art von Aufführung nicht, zu edel das Ganze.
- Die Oper ist mir zu hochgestochen, fein angezogen, die Aufführungen sind nicht mein Geschmack, altmodisch, zu traditionell.
- Ich finde die Atmosphäre dort sehr unentspannt. Ich kenne das aktuelle Programm nicht, aber früher fand ich es nicht so einladend.

Allgemeine Veränderungen im Freizeitverhalten, auch im Zuge von Corona

- Haben uns lange nicht darum bemüht, nach Corona, wäre aber wieder mal eine Idee, sollte öfter in der Öffentlichkeit in Erinnerung gerufen werden.
- Ich gehe da gerne hin, habe es nach der Pandemie nur noch nicht geschafft.

Persönliche Konstitution

- Barrierefreier Besuch. Ist sehr anstrengend für mich. Kann nur mit meiner Tochter oder deren Hilfe dahin gehen. Dazu ist aber das Interesse nicht mehr so vorhanden.

Befragte mit letztem Besuch vor mehr als 5 Jahren (n = 94)

Keine Barrieren/Hindernisse

- Nein (3 Äußerungen)
- Nein, war nicht so in meinem Blick.
- Nein, da ist nichts zu machen.
- Wenn ich wollte, könnte ich hin. Mich hindert niemand daran.
- Ich habe keinen Grund.

Persönlicher Geschmack / Vorlieben

- Wenn ich nicht in die Oper gehen muss, mache ich das nicht freiwillig. Ist nicht mein Metier.
- War da mal und fand es nicht gut.
- Solche Kulturangebote bringen für mich persönlich nichts.
- Passt nicht zu mir. Es gibt keinen richtigen Grund, weshalb ich dort nicht hin möchte.
- Nicht mein Metier, bin in der Klassik nicht so zu Hause.
- Müsste mich mehr mit den Angeboten beschäftigen, gehe aber lieber in Veranstaltungen, wo ich mich auch unterhalten kann.
- Mir fällt es nicht so leicht, mich mehrere Stunden in z.B. eine Oper zu setzen. Ich brauche etwas, um mich zu bewegen. Ich muss abwechselnd stehen und sitzen können.
- Mir fehlt das Geld und das Interesse dafür. ich bin eher sportbegeistert.
- Kein Interesse (2 Äußerungen).
- Ja, ich mag sowas einfach nicht. Das ist für mich Zeugs für alte Leute.
- Ja, das gibt es. Das ist so eine Kunst, die ich nicht verstehe.
- Ist schwierig von den Themen und der Musik und ich habe kein künstlerisches Verständnis dafür.
- Ist nicht mehr zeitgemäß, ist doch eher was zum Einschlafen. Also das soll jetzt nicht unhöflich sein.
- Ist eine schwere Kost, da Muss man mitdenken und alles verstehen.
- Interessiert mich nicht mehr so.
- Ich war da mal und mir hat es nicht gefallen. Ist was für Snobs.
- Ich verbringe meine Zeit lieber vor dem Rechner.
- Ich schau gelegentlich ins Programm, aber habe noch nie wirklich etwas für mich dabei entdeckt.
- Ich halte mich selbst davon ab, dieses Klassikzeugs mag ich nicht.
- Ich halte diese Form der kulturellen Veranstaltungen nicht für zeitgemäß. Das gesamte Konzept Theater, Bühne, Oper ist ein Relikt lang vergessener Zeiten.
- Ich hab dort einmal ein Stück gesehen, im Klassenverband, stehe nicht so auf klassische Kultur.
- Ich finde es befremdlich.
- Ich denke für so etwas bin ich zu jung.Ich habe auch niemanden in meiner Bekanntschaft, der sich dafür so richtig interessiert.
- Ich bin nicht der Typ für sowas.
- Ich bin ein Mensch, der gerne Sport schaut und nichts mit Musik oder Schauspiel verbinden kann.
- Ich bin eher der Typ, der langweilig vor der Glotze sitzt und sich Filme ansieht.
- Für mich keine angemessene und zeitgemäße Form der Unterhaltung.
- Fand ich noch nie spannend, so auch mit diesen klassischen Gesang, das ist für viele nicht deren Geschmack.

- Es gibt grundsätzlich nichts, was mich davon abhält, aber die dort angebotenen Inhalte entsprechen nicht meinem Interesse.
- Das mangelnde Interesse an diese Stücken. Das ist alles aus einer anderen Zeit, und die modernen Stücke sind so aufgesetzt, das ist mir zu künstlerisch.
- Das ist nicht mein Ding, ich gebe mein Geld lieber beim Fußball aus.
- Wir waren mal mit der Schule da, ist ja schon einige Jahre her. Ich interessiere mich nicht für Oper oder Theater.
- Wir haben kein Interesse daran, und waren nur mal mit Bekannten dort.
- Ich habe mit meiner damaligen Partnerin das Schauspielhaus besucht und mir hat es nicht wirklich zugesagt.
- Ich habe keine Lust darauf.
- Ich habe kein Interesse daran. Das letzte Mal war ich in der Schulzeit da.
- Ich habe daran nicht viel Spaß, ist nicht meine Form von Entertainment.
- Ich habe daran kein Interesse.
- Ich bin nicht der Mensch, der auf solch Art von Unterhaltung steht. Daher würde ich dort nicht hingehen. Mit der Schule früher mal da gewesen, aber danach nicht mehr.
- Ich bin der Mensch, der gerne Rock oder Pop hört, und sich auch nur in dem Spektrum bewegt. Daher weckt dies nicht mein Interesse.
- Mich hält die Art von Kultur ab. Ich kann mich nicht mit dieser Art von Musik oder Schauspiel in Verbindung setzen.
- Ist nicht mein Geschmack von Unterhaltung.
- Interesse und Geld.
- Ich sitze liebe vor einem gut gemachten Film als in einer klassischen Vorstellung.
- Ich sehe mich selbst nicht im Theater. Ich habe kein Gefallen daran. Mir ist das alles zu altbacken.
- Es ist nicht meine Unterhaltungskultur
- Es ist generell nicht die Art von Unterhaltung, die mir gefällt. Theater und Oper ist für mich nicht zeitgemäß.
- Es gibt einfach viel mehr andere Angebote, diese kann ich auch sehr sporadisch nutzen. Auf diese Veranstaltungen kann ich gehen ohne zu überlegen, was ich anziehe. Als Beispiel nur.
- Diese Art von Schauspiel oder Musik ist nicht mein Geschmack, daher würde ich dort nicht hingehen.
- Deckt sich nicht mit meinen Interessen.
- Das wenige Geld, das ich habe gebe ich lieber für Fußball aus. Für Oper und Schauspielhaus bin ich nicht geschaffen.

Persönliche Konstitution

- Mein allgemeiner Gesundheitszustand.
- Ich gehe da in meinem Alter nicht mehr hin. Die Aufführungen dauern viel zu lange, so lange kann ich nicht mehr sitzen.
- Ich bin nicht mehr so mobil, das hält mich davon ab.
- Eigentlich nicht, das ist nichts für mich, auch Probleme mit dem Hören.
- Da gibt es nichts, bin eben schon in einem Alter, wo man nicht mehr solche Veranstaltungen besucht.
- Da gibt es keine Gründe außer meinem hohen Alter.
- Bin zu alt dafür.
- Leider geht es mir gesundheitlich nicht so gut, das ich abends und für längere Zeit unterwegs sein kann.
- In meinem Alter sind mir die Veranstaltungen leider zu spät am Abend.
- Ich werde da einfach zu alt für.
- Ich kann nicht mehr so gut hören, und das erschwert den Besuch natürlich sehr.
- Ich bin dafür zu alt, das ist nichts mehr für mich.
- Das ist mein Alter, und dass ich keine Begleitung habe.

Soziales Umfeld

- Nein, gab noch keinen Anlass und alleine gehe ich da sowieso nicht rein
- Habe keine Begleitung und auch nicht die notwendigen Kleider, da kann ich nicht in Jeans losgehen.

- Mein Mann und ich haben daran wenig Interesse und die Anfahrt ist uns auch zu stressig. Meine Bekannten gehen dort auch nicht hin, zum Teil aus finanziellen Gründen.
- Ich mag dort nicht alleine hingehen. Und dann müsste ich mich auch entsprechend ankleiden und dazu habe ich, ehrlich gesagt, keine Lust. Das ist mir zu aufwendig.
- Ich habe niemanden, mit dem ich dort hingehen könnte.
- Das geringe Interesse von meiner Familie und mir plus allen Bekannten.
- Das Alter meiner Kinder. Wenn diese größer sind, dann gehe ich bestimmt mit ihnen dort hin. Meinen Mann interessiert das nicht und so ganz alleine macht das keinen Spaß.

Programm

- Wir schauen immer mal in die Programme, aber da gab es keinen Reißer.
- Nein. Konzerte wären gut, das wäre doch cool, Rockkonzert in der Staatsoper.
- Ich bin ja nun in Rente, so spezielle Angebote für Pensionäre, leichtes Theater.
- Grundsätzlich ist die Oper nicht interessant für uns, wir waren mal zu einer Veranstaltung aber es hat uns nicht angesprochen, an einem Besuch hindern uns lediglich die dort angebotenen Veranstaltungen. Wären dort auch nichtklassische Veranstaltungen zu sehen, würden wir sicher wieder hingehen.
- Die Veranstaltungen, die wir bis dato besuchten, haben mir nicht so gut gefallen, deswegen sind wir dort auch nicht mehr hingegangen.
- Die Art der Veranstaltungen sprechen mich nicht an, die Art der Inszenierung und die dargestellten Themen interessieren mich nicht.
- Es gibt zu wenig festliche Anlässe, um dort eine Aufführung anzuschauen.

Allgemeine Veränderungen im Freizeitverhalten, auch im Zuge von Corona

- Das haben wir irgendwie aus dem Auge verloren, wir haben uns nicht damit befasst.
- Während Corona kam es nicht in Frage und jetzt hatte ich noch nicht die Gelegenheit. Ich gehe auch nicht so gerne ins Theater.
- Alle paar Jahre gehe ich gerne in die Oper. Habe lange nicht dran gedacht, und es gar nicht so auf dem Schirm gehabt.

Zeit

- Wenig freie Zeit.
- Mir fehlt einfach die Zeit. Ich bin selbständig und für viele Kollegen verantwortlich.

Kulturelle und sprachliche Anschlussfähigkeit, auch im Zusammenhang mit Migration

- Ich kann mit deutschen kulturellen Angeboten nicht viel anfangen. Ich lebe bereits 35 Jahre in Deutschland, aber die Angebote dort haben mich nicht nie wirklich angesprochen.
- Ich besuche lieber das Theater in meiner Heimatstadt und in meiner Heimatsprache.

Preise/Kosten

- Man kann ja nicht immer überall hingehen. Ich versuche kulturelle Veranstaltungen in meinen Alltag einzubauen, aber Staatsoper und Schauspielhaus sind doch keine günstigen Angelegenheiten, die man ständig besucht.

Befragte, die mindestens eine Institution kennen, aber noch keine besucht haben (n = 212)

Keine Barrieren/Hindernisse

- Nein. (4 Äußerungen)
- Nein, das ist ja meine eigene Entscheidung.
- Nein, da gibt es nichts.
- Eigentlich gar nichts.
- Nein, so etwas gibt es nicht.
- Nein, gibt es nicht.
- Nein, da gibt es nichts.
- Eigentlich hält mich davon nichts ab.

Persönlicher Geschmack / Vorlieben

- Wir mögen solche Kultur nicht, dazu haben wir keinen Bezug.
- Wenn ich dort nicht hin muss, ist alles gut, ich habe dafür keinen Zugang.
- Was sollte mich abhalten? Ich entscheide frei, wenn ich dort nicht hinmöchte. Trifft meinen Nerv nicht.
- Viel zu hochgestochen und ich bin zu jung dafür.
- Trifft nicht meinen Geschmack, ist mir zu altbacken, gar nicht meine Musikrichtung.
- Trifft nicht meinen Geschmack, ist mir zu anstrengend und anspruchsvoll.
- Tatsächlich nicht meine Zielgruppe, ich kann mit Klassik und so Zeugs nichts anfangen.
- Schwere Stücke. Möchte mein Freizeit genießen, Oper und Schauspiel hört sich so nach Disziplin an.
- Schnöde, für ältere Menschen, zu elitär.
- Viel zu jung, bin überhaupt nicht daran interessiert. Ist teuer und sehr elitär, Veranstaltungen sind sehr traditionell und die aufgeführten Stücke nicht mein Geschmack.
- Oh nein, das ist mir viel zu spießig. Ich könnte das auch nicht ernst nehmen, es ist mir viel zu weltfremd.
- Nicht mein Interessengebiet.
- Nicht mein Interesse. Kann ich nicht ernst nehmen, solche Gesangsaufführungen.
- Nicht mein Fall, zu langweilig, zu altmodisch.
- Nicht die Musik, die ich höre. Die Theaterstücke interessieren mich nicht.
- Nein, trifft nicht auf mich zu.
- Nein, da gibt es nicht. Ich interessiere mich für andere Dingen.
- Mir sind Live-Konzerte einfach viel lieber.
- Mich interessiert diese Kunst nicht. Ist mir zu langweilig, da sind keine Emotionen.
- Mich hält nichts davon ab. Ich will das nicht, ist nicht mein Ding.
- Mein Leben ist eher die digitale Welt.
- Mein Desinteresse hält mich davon ab.
- Mag ich nicht, ist nicht meine Musikrichtung, und ins Theater gehe ich auch nicht gerne, weil es mich nicht interessiert.
- Leider ist das absolut nicht mein Interessengebiet.
- Konkret davon abhalten tut mich nichts Es geht eher um das Angebot an der Staatsoper, welches mich nicht anspricht, ich bin nicht klassikinteressiert.
- Kenne ich nicht, ist mir fremd.
- Kenne ich nicht und schreckt mich eher ab, das ist was für andere Menschen.
- Kein Interesse, nicht modern, zu eitel.
- Kein Interesse an den Vorführungen, ist nicht mein Geschmack.
- Kein Bock auf sowas. So eine Art von Unterhaltung gibt mir nichts, weckt kein Interesse.
- Ja, mich interessiert nicht, was dort gezeigt wird.
- Ja, alles. Ich bin kein Freund von so einem Kram.
- Ist überhaupt nichts für mich, viel zu altmodisch, langweilig.
- Ist nichts für mein Alter.
- Ist nichts für junges Publikum. Sehr nobel, eher für die reicheren.
- Ist nicht modern und zeitgemäß, kein Anziehungspunkt für jüngeres Publikum.
- Ist nicht meine Welt, zu altmodisch und zu spießig.
- Ist nicht meine Unterhaltung. Viel zu eintönig, elitär, langweilig, altmodisch.
- Ist mir zu langweilig und dafür bin ich viel zu jung. Das ist was für alte Professoren oder Ärzte oder Anwälte.
- Ist mir zu alt. Interessiert mich nicht. Geht auch niemand mit mir hin.
- Ist eingefahren, mir zu klassisch. Nicht unterhaltsam, nicht mein Geschmack.
- Ist eine spezielle Sparte, für mich ist das nicht wählbar.
- Ist bei mir total ausgeblendet, ist öde.
- Ist alles viel zu teuer und nicht mein Musikgeschmack.
- Interessiert mich überhaupt nicht.
- Interessiert mich null, gar nicht mein Metier.
- Ich würde mich selbst einfach nicht als kunstbegeistert beschreiben. Theater ist ein Relikt alter Zeiten. Mich interessiert es einfach nicht.
- Ich war noch nie in einer Oper, das ist etwas für reiche Leute.
- Ich stehe nur auf Rockmusik und nicht auf Oper.

- Ich möchte dorthin gar nicht gehen, das ist langweilig.
- Ich kann mit klassischen Sachen einfach nichts anfangen. Ich fühle mich dort nicht gut unterhalten.
- Ich interessiere mich weniger dafür.
- Ich interessiere mich nicht für Klassik.
- Ich habe kein Interesse an solcher Art von Unterhaltung
- Ich gehe in der Regel auf Heavy Metal-Konzerte. Alles, was dort gezeigt wird, ist genau das Gegenteil von dem, was mag.
- Ich fühle mich dort nicht willkommen, mir ist Theater bzw. Oper einfach zu gehoben.
- Ich finde es einfach nicht interessant.
- Ich denke, dass ist nicht zeitgemäß und für eine andere Generation gedacht.
- Ich bin zu jung dafür. Das ist mir oft zu schwer, und interessiert mich nur ab und zu. Da habe ich dann aber keine Zeit.
- Ich bin nicht an Oper, Ballett o.ä. interessiert.
- Ich bin für so etwas nicht geschaffen.
- Habe keine Ader für Kunst in egal welcher Form.
- Hab ich warum auch immer gar kein Interesse dran, langweilig, altmodisch.
- Generell wirklich kein Interesse.
- Für mich als Mann nicht mein Geschmack. Die Musik, der Gesang, alles zu hochgestochen, zu anspruchsvoll.
- Falsche Musikrichtung, wenig Spaß an Theater.
- Es ist nicht mein Geschmack, ist mir zu abgehoben.
- Es ist mir zu langweilig, und ich fühle mich zu jung dafür.
- Die Aufführungen sind nicht mein Geschmack. Es langweilt mich, wenn ich es so mal sagen darf, es entspricht nicht meiner Zeit. Und ich denke, dass ältere Menschen es gern mögen, aber keine Jugendlichen , es ist ziemlich altmodisch.
- Der Rahmen ist doch eher gezwungen und sehr anspruchsvoll. In der Freizeit werden lockere Veranstaltungen bevorzugt
- Das ist was für alte Leute.
- Das ist nur etwas für wohnsituierte Leute, so intellektuelle Leute.
- Die dort angebotenen Veranstaltungen entsprechen nicht meinen Interessen. Insgesamt ist es dort auch eher nicht mein Klientel.
- Die dort angebotenen Veranstaltungen entsprechen nicht meinen Interessen und Vorlieben.
- Die dort angebotenen Inhalte entsprechen nicht meinen Interessen.
- Die Vorstellungen sind nicht meins, zu traditionell und ich gehe lieber mit jüngeren Menschen zu Veranstaltungen.
- Die Veranstaltungen, sehr klassische Form der Unterhaltung, trifft nicht meinen Geschmack.
- Meine Eltern sind aus der Türkei, das einzige Theater was ich kenne, waren Pflichtveranstaltungen in der Schule. Es liegt absolut nicht in meinem Interesse, wieder eine Oper oder ein Theater zu besuchen.
- Mein Leben ist der Sport.
- Mein fehlendes Interesse an dieser Freizeitaktivität.
- An sich nicht, es ist einfach nur nicht mein Themengebiet.
- Abhalten tut uns nichts, wir haben nur kein Interesse darauf.
- Dafür habe ich kein Interesse, ist ganz weit weg für mich.
- Dafür bin ich zu jung. Das ist was für meine Eltern oder Großeltern, und nicht mal die gehen da hin, weil es so teuer ist. Ich finde das alles nicht gut, gehe lieber feiern oder ins Kino. Musical wäre noch was für mich, das haben wir mit der Schule mal gemacht.
- Da mich dies nicht anspricht, und nicht sehr modern ist, finde ich es für mich überflüssig. Bei anderen vermag dies anders zu sein, aber rein aus meiner Sichtweise.
- Da ich nichts damit anfangen kann, und auch in meinem Umfeld nicht, würde ich dort nicht hingehen.
- Das ist meine innere Stimme, ich lehne diese Kultur ab.
- Das ist für meine Eltern und Großeltern relevant.
- Das hat mich noch nie wirklich interessiert, und wird es wohl auch nie. Es ist einfach nichts für jüngere Leute.
- Das Angebot spricht mich nicht an. Ballett, Theater und Oper sind nicht die Veranstaltungen, welche ich in meiner Freizeit besuche.
- Dafür bin ich zu jung, da gehen meine Eltern oder Großeltern eher hin als ich.

- Bin nicht für so klassische Veranstaltungen.
- Bin kein Fan der Musik und von Theaterstücken schon gar nicht, nicht mein Geschmack, ist was für ältere.
- Alles! Mich interessiert einfach nicht, was da aufgeführt wird.
- Alles, was ich damit in Verbindung bringe, ist nicht mein Geschmack.
- Alles hält mich davon ab. Ist nur was für alte, studierte Menschen.
- Alles hält mich davon ab, die Musik und der Gesang, und alleine die ganzen alten Menschen.
- Weckt einfach nicht mein Interesse, ich bin eher der moderne Typ.
- Ich kann mich nicht damit identifizieren, daher würde ich dort nicht hingehen.
- Ich interessiere mich gar nicht dafür, und will es auch nicht besuchen, ist mir alles zu etepetete.
- Dafür bin ich zu jung, meine Eltern haben auch nie so klassische Events besucht. Ich kenne das nicht, wir waren manchmal mit der Schulklasse dort, aber nicht freiwillig.
- Bin eher an anderen Veranstaltungen interessiert, trifft nicht meinen Musikgeschmack.
- Bin damit nicht aufgewachsen, mag Popmusik und keine klassische Opernmusik, mag nicht ins Theater.
- Alles. Die Stimmung, das Klientel. Der Preis ist noch nicht mal das schlimmste, aber ich finde die Veranstaltungen lahm.
- Alles, die Atmosphäre ist so erwachsen, so eingestaubt, und ich finde das einfach nicht spannend.
- Trifft nicht meinen Geschmack, bin kein Fan von Klassik, oder im Allgemeinen von solchen Veranstaltungen.
- Die Veranstaltungen in Staatsoper und Schauspielhaus sind nicht die Veranstaltungen, welche mich interessieren oder ich mir gern ansehen wollen würde.
- Die Stimmung, die Veranstaltungen an sich.
- Die Musik, die Stücke, begeistert mich nicht.
- Das ist mir zu streng. Beschäftige mich nicht damit, gehört nicht zu meinen Interessen, würde nie freie Zeit in einer Oper oder einem Schauspielhaus verbringen.
- Leider spricht mich das Programm so überhaupt nicht an.
- Ist nicht mein Metier. Ist verstaubt. Schon vor den Gebäuden erstarrt man, so monumental.
- Ist nicht mein Ding, würde da nie hingehen.
- Ich denke, dies ist nichts für mich. Ich bin eher der neumoderne Mensch.
- Ich bin nicht interessiert genug, um dafür Geld auszugeben.
- Ich bin nicht die richtige Zielgruppe für Opern, daher würde ich dort auch nicht hingehen.
- Ich habe kein Interesse an Opern- oder Theateraufführungen, vielleicht ändert sich das ja noch mal.
- Ich habe dazu keinen richtigen Bezug.
- Ich habe dazu keinen Bezug.
- Ich bin an dem Programm nicht interessiert. Ich bin kein Fan von Oper und Theater.
- Gar nicht meins, viel zu jung für die Oper.
- Gar nicht mein Fall, nicht meine Form der Unterhaltung.
- Prinzipiell hält mich davon nichts ab, nur ich habe darauf keine Lust.
- Oper trifft nicht meinen Geschmack und das Schauspiel war bisher noch nicht mein Ziel, ich gehe nicht so häufig ins Theater.
- Ich würde mich als Kulturbanausen bezeichnen. Das Programm ist so gar nicht in meinem Interesse.
- Ich möchte gerne in meiner Freizeit andere Aktivitäten unternehmen.
- Ich bin für Kunst und Kultur sehr wenig zu begeistern. Mein Freundeskreis ist ebenso wenig in Opern unterwegs. Ich finde es nicht mehr zeitgemäß. Die Oper ist für mich etwas Elitäres. Ich würde mich dort einfach nicht wiederfinden..
- Ich bin einfach nicht so an Oper und Theater interessiert.
- Ich bin eher der Rock-Mensch und dies trifft bei Opern überhaupt nicht zu.
- Ich finde, ich bin eher ein moderner Mensch, und höre lieber das neuste und aktuellste, als das klassische.
- Ich bin kein Fan von solchen Veranstaltungen. Ich habe einfach kein Interesse an Oper oder Theater, ich bin eher der Kino- und Filmmensch.
- Ich bin an der Oper nicht so interessiert, mir fehlt der Zugang dazu. Theater im Schauspiel ist mir auch etwas zu abgehoben.
- Das ist nicht die Art von Veranstaltung, welche ich in meiner Freizeit nutzen möchte. Ich glaube nicht, dass ich mich dort entspannen könnte.
- Das ist einfach absolut nicht mein Verständnis von guter Unterhaltung.
- Das fehlende Interesse hält mich davon ab, das Staatstheater oder die Staatsoper zu besuchen.
- Das fehlende Interesse an dieser Freizeitaktivität.

- Die Menschen die in solch Locations unterwegs sind, sind mir zu gehoben und wirken arrogant, sodass ich mich damit nicht identifizieren kann. Ebenfalls ist dies nicht mein Musikgeschmack.
- Es ist nichts für mich, es interessiert mich auch gar nicht, und ich denke da gar nicht drüber nach.
- Es ist absolut nicht mein Musikgeschmack, ich bin eher der Musical-Gänger.
- Eigentlich alles, ist gar nicht mein Fall.
- Das ist mir zu ernst und anstrengend, erfordert Konzentration, die ich für solche Veranstaltungen nicht habe. Und so viele Menschenmassen mag ich nicht.
- Das ist mir zu anstrengend. Diese Ruhe, man darf nicht aufstehen, nur vorgegebene Pausen und es ist altmodisch.
- Ich habe bisher keinen Gedanken daran verschwendet.
- Ich bin zu alt dafür, ist nicht mein Geschmack.
- Habe ich noch nicht drüber nachgedacht.
- Dafür gibt es kein Argument, das fängt mich nicht ein.

Preis/Kosten

- Ich habe zu wenig Geld zur Verfügung.
- Ich habe das Geld nicht, und ich habe auch keine Klamotten für solche Events.
- Die Karten sind doch recht teuer, und Oper ist etwas ganz besonderes. Das macht man nicht ständig, und es gibt eben so viele gute Angebote.
- Das hat finanzielle Gründe.
- Bin nicht Zielgruppe, ist sehr teuer.
- Das ist nicht meine Liga, alles zu teuer
- Das ist für mich zu fein und nicht meine Preisklasse.
- Es ist mir zu teuer und etwas ganz besonderes, das macht man sehr selten.
- Es sollte sich um eine bezahlbare Aktivität für Familien handeln. Da meine Frau und ich schon geringes Interesse am Schauspielhaus und der Staatsoper haben, werden wir vermutlich erstmal nicht hingehen.
- Diese Art der Veranstaltungen ist nicht so mein Ding, ich sehe mir das einfach nicht gerne an. Und dann kommt noch dazu, dass es ja auch eher so eine feine Sache ist. Es kostet ein Heidengeld, ist sehr fein, und es sind ja auch nur alte Menschen dort.
- Die Stücke und Musikrichtung und natürlich das ganze Drumherum, es ist sehr elitär und teuer.
- Ich gehe nicht zur Staatsoper weil es nicht mein Interesse ist, fein angezogen, alles ist teuer, da gehen eher die obere Schicht hin.

Verständnisschwierigkeiten und Unkenntnis

- Ist für mich schwer zu verstehen.
- Ich verstehe es nicht, das ist zu schwer.
- Ich verstehe das nicht, ist zu kompliziert für mich. Ich mag das auch nicht, das ist so fremd.
- Ich verstehe das nicht, ist zu kompliziert für mich.
- Ich kenne mich zu wenig aus.
- Das ist nicht mein Ding, interessiert mich nicht, verstehe diese Aufführungen auch nicht.
- Ich würde da schon mal schauen, aber die Veranstaltungen kenne ich nicht.
- Oper oder Schauspielhaus, dafür bin ich nicht fit, später vielleicht.
- Die Angebote sind zu anspruchsvoll, besser wäre mehr leichte Kultur.
- Ich gehe lieber ins Musical. Theater und Oper sind mir immer etwas zu viel. Beim Musical kennt man die Geschichten, und bei der Oper würde ich gar nichts verstehen. Es ist auch nicht meine Musikrichtung und trifft einfach nicht meinen Geschmack.
- Gar nicht mein Fall, ist mir zu spießig und ich bin daran auch nicht interessiert. Ich muss auch gestehen, dass ich gar keine Ahnung in diesem Bereich habe. Also da fehlt mir auch total das Allgemein-, oder besser gesagt Vorwissen zu,
- Eigentlich nicht, haben lange nichts gefunden, was zu uns passt und was wir kennen.

Soziales Umfeld

- Nein, ich kenne kein Programm, da geht niemand von meine Freundinnen mit mir hin.
- Mich hält alles ab. Ich habe auf die Vorführungen keine Lust, es ist außerhalb meiner Preisklasse, es würde auch niemand mit mir da hin gehen, denn meine Freunde und mein Mann sind genauso wenig daran interessiert.
- Mich hat noch niemand eingeladen.

- Das Veranstaltungsangebot ist nicht für meine Leute und mich, wirkt irgendwie alt und will jung wirken, passt nicht zusammen.
- Meine anderen Hobbys, und dass sich innerhalb der Familie und im Freundeskreis keiner dafür interessiert.
- Ich habe meistens keine Zeit und nutze die Zeit dann lieber mit meinen Kindern und Enkelkindern.
- Mein fehlendes Interesse am Staatstheater bzw. der Staatsoper. Meine Partnerin und unsere Kinder haben auch kein Interesse daran.
- Ich würde mich wahrscheinlich unwohl fühlen, da keiner meiner Freunde mitkommen würde.
- Da ich aus meinem Freundeskreis keinen kenne, der dort hingehen würde, ist das keine Option für mich.
- Ich habe daran kein großes Interesse, es ist wahrscheinlich nicht billig und ich habe niemanden, der mitgehen würde.

Kulturelle und sprachliche Anschlussfähigkeit, auch im Zusammenhang mit Migration

- Nein, die Sprachbarriere.
- Meine Sprachkenntnisse, muss noch besser Deutsch lernen.
- Ich komme aus einer anderen Kultur. Ich verstehe zwar inzwischen Deutsch, aber solche Häuser haben für mich nichts im Programm.
- Ich verstehe es nicht so gut, wenn auf Deutsch leise geredet wird, oder es für mich zu leise ist. Ich gehe auch nicht gerne aus.
- Ich kann die Sprache nicht.
- Falsche Kultur und mein Deutsch ist nicht das beste.
- Ich spreche noch nicht so gut Deutsch, und kann das alles nicht so gut verstehen. Ich habe nicht genug Geld.
- Entspricht nicht meinem Kulturkreis.
- Meine Sprachkenntnisse, und ich habe kein großes Interesse daran.

Programm

- Wenn ich gehe wollte, würde ich das auch tun, haben viele neue Stück mit eigenen Inszenierungen laufen, sehr eigenwillig.
- Wenn auf der Bühne nicht nur Opern und so was gezeigt werden würde, könnten auch Musikshows sein.
- Ja. Das, was in dem Schauspielhaus läuft, nicht mein Geschmack, würde ich mir nie in meiner Freizeit anschauen.
- Ist wenig anziehend für Besucher. Liegt auch am Programm. Preise sind OK... Wegen Corona ist es recht ruhig geworden.
- Programmangebot.
- Ich denke, es sind eher klassische Dinge, und das trifft nicht meinen Geschmack, würden aktuellere Stücke gespielt werden, könnte man sich dies überlegen.
- Darüber habe ich mir noch Gedanken gemacht. Vielleicht mal etwas ganz anderes auf die Bühnen holen. Sport auf die Bühne und Oper ins Stadion.

Allgemeine Veränderungen im Freizeitverhalten, auch im Zuge von Corona

- Ich wohne noch nicht so lange hier und hatte bisher keine Gelegenheit. Vielleicht schaue ich mir sowas mal an, bin eigentlich nicht so kulturinteressiert.
- Ich besuche generell keine Veranstaltungen. Besonders nicht mir vielen Menschen.
- Momentan das Desinteresse an kulturellen Veranstaltungen.
- Ich mag keine Großveranstaltungen mit zu vielen Personen.

D Qualitative Straßenbefragung

Grundgesamtheit und Stichprobenprofil

Gesamtstichprobe: 180 Interviews

Altersgruppen

n = 171	Anzahl	Anteil
Bis 20 Jahre	18	11 %
21-30 Jahre	54	32 %
31-40 Jahre	21	12 %
41-50 Jahre	20	12 %
51-60 Jahre	26	15 %
61-70 Jahre	16	9 %
Über 70 Jahre	16	9 %

Geschlecht

n = 171	Anzahl	Anteil
Weiblich	112	65 %
Männlich	59	35 %
Divers	0	0 %

Höchster Bildungsgrad

n = 170	Anzahl	Anteil
Noch in der Schule	11	6 %
Hauptschulabschluss	9	5 %
Mittlere Reife	29	17 %
Abitur, Fachabitur	46	27 %
Hochschulabschluss, Fachhochschulabschluss, Berufsakademie	75	44 %

Wohnsitz

n = 166	Anzahl	Anteil
Stadt Hannover	129	78 %
Region Hannover (ohne Stadt)	22	13 %
Niedersachsen (ohne Region Hannover)	8	5 %
Deutschland (ohne Niedersachsen)	7	4 %

Migrationshintergrund

n = 166	Anzahl	Anteil
Befragte und beide Eltern in Deutschland geboren	106	63 %
Befragte in Deutschland, mindestens ein Elternteil außerhalb Deutschlands geboren	38	23 %
Befragte außerhalb Deutschlands geboren	24	14 %

Besuchsmuster und Freizeitaktivitäten

Bekanntheit und Besuch Staatsoper und Schauspiel Hannover

Staatsoper Hannover

n = 164	Anzahl	Anteil
Bereits besucht	109	66 %
Bekannt, aber noch nicht besucht	46	28 %
Nicht bekannt	9	5 %

Schauspiel Hannover

n = 164	Anzahl	Anteil
Bereits besucht	112	68 %
Bekannt, aber noch nicht besucht	34	21 %
Nicht bekannt	18	11 %

Beliebteste Freizeitaktivitäten

Aktivität	Anzahl	Anteil
Sport	70	39 %
Theater (inkl. Ballett, Oper, Tanz, Schauspiel)	55	31 %
Kino	42	23 %
Natur, Wandern, Spazierengehen	42	23 %
Konzerte	31	17 %
Lesen	28	16 %
Freunde treffen, Kaffee trinken	20	11 %
Familie, Kinder	9	5 %
Museum	9	5 %
Streaming	9	5 %
Tanzen	7	4 %
Zeichnen, Malen, Fotografieren	6	3 %
Zirkus, Kabarett	6	3 %
Handarbeit (Häkeln, Stricken)	5	3 %
Garten	5	3 %
Reisen	5	3 %
Musik machen	4	2 %
Gaming	3	2 %
Musicals	3	2 %
Zoo	3	2 %
Kochen	2	1 %
Shopping	1	1 %
Partys	1	1 %
Comedy	1	1 %

Erwartungen an die beliebtesten Freizeitaktivitäten

Erwartungen	Anzahl	Anteil
Ablenkung, Entspannung, bessere Stimmung, Zeitvertreib, Ausgleich von Alltag und Arbeit	57	32 %
Spaß	37	21 %
Geistige und körperliche Fitness	32	18 %
Anregungen, Nachdenken, Wissen	20	11 %
Schönes sehen, Freude	19	11 %
Menschen treffen	17	9 %
Unterhaltung	14	8 %
Erholung, Ruhe	10	6 %
Inspiration, neue Eindrücke	13	7 %
In andere Welten abtauchen	3	2 %
Kreativität	2	1 %
Live-Erlebnis	2	1 %
Vielfalt	1	1 %

Aussagen zu Veränderungen durch die Corona-Pandemie

Unter den Befragten insgesamt

Aussagen insgesamt: 150 Aussagen
Keine oder keine grundsätzlichen Veränderungen (66 Aussagen, 44 % der Aussagen) - Dass ich jetzt mehr oder weniger mache als vorher? Nein, es ist eigentlich gleich. - Der Garten war da, kochen kann ich. Fitnessstudio war grenzwertig, jetzt ist wieder alles normal. - Eigentlich nicht. (4 mal genannt) - Eigentlich nicht. Ich arbeite sowieso zuhause. - Eigentlich nicht. Während Corona schon, aber wir sind froh, dass wir jetzt wieder losziehen können. - Gar nicht. Ich konnte alles weitermachen. - Generell nicht. - Ich bin aus Protest nicht hingegangen, wegen der 2G-Regeln. Aber jetzt gehe ich wieder regelmäßig. - Ich habe mit Häkeln angefangen. [Haben Sie vorher andere Sachen gemacht?] Nee. - Ich musste mich an die neue Realität gewöhnen. Es hat Zeit gebraucht, aber jetzt ist es OK. - Im Prinzip hat sich nichts verändert - außer der Verfügbarkeit während Corona - Intensiver, sagen wir so. Bewusster, auf jeden Fall. - Ja, Spiele sind ausgefallen. Aber jetzt wird es wieder normal. - Jetzt ist schon alles wieder wie vorher. - Jetzt ist wieder alles wie vorher. - Jetzt nicht mehr, ich bin auf dem normalen Niveau wieder, und gehe auch wieder auf Großveranstaltungen. - Jetzt, wo alles wieder anfängt, sind wir auch wieder dabei. - Jetzt, wo es Lockerungen gab, gehe ich schon wieder. - Laufen hat sich nicht verändert. - Leider sehr wenig. - Man sieht mehr schlechte Nachrichten, wenn man so scrollt. - Mittlerweile ist es eigentlich wieder auf Normalniveau. - Nein, an den beiden Hobbies nicht. - Nein, eigentlich nicht. (3 mal genannt) - Nein, gar nicht. Es hat etwas gebraucht. Wir waren 2021 auf Konzert, es war dünn bestuhlt, das war noch komisch. - Nein, hat sich überhaupt nichts verändert. Gar nichts. - Nein, keine Veränderung. - Nein, nicht wirklich. - Nein, nichts. - Nein, tatsächlich nicht. - Nein, würde ich nicht sagen. Klar konnte man sich während Corona weniger angucken, aber an meinem Interesse hat sich nichts geändert. - Nein. (10 mal genannt) - Nein. Diese Aktivitäten konnte ich immer machen. - Nein. Ich habe ein, zwei Corona-Anzeigen von Freunden bekommen, aber ich bin dann trotzdem mit denen rausgegangen. - Nein. Natürlich ist man dann weniger auf Konzerte gegangen, hat man weniger Freunde getroffen. Aber das war den Umständen angepasst. - Nein. Spazieren gehen geht immer. - Nein. Während Corona habe ich kein Fußball gespielt. Seit einem Jahr wieder. - Nicht fundamental. - Nicht großartig, nein. - Nicht wegen Corona, würde ich sagen.

- Nicht wesentlich.
- Nicht wirklich. Wenn Corona nicht gewesen wäre, hätte ich mehr Sachen in der Stadt entdeckt, die ich jetzt entdecke.
- Nur während der Pandemie
- Sehr wenig. Jetzt wieder alles wie vorher.
- Vor der Pandemie sah es quasi so aus wie jetzt.
- Während Corona ja, aber danach ist so wie früher.
- Während der Pandemie, aber danach nicht.
- Während der Pandemie, weil es ja auch immer wieder Lockdowns gab, habe ich mehr Sport gemacht. Jetzt hat sich wieder alles eingependelt.
- Während der Zeit schon, aber jetzt ist wieder alles wie früher.
- Währenddessen ging es nicht, jetzt ist es wieder wie vorher.
- Wieder mehr, nächste Woche geht es nach Hamburg zur Philharmonie.
- Zwischendurch ja, aber jetzt, in Anführungsstrichen nach Corona, nicht mehr.

Weniger oder andere Aktivitäten (51 Aussagen, 34% der Aussagen)

- Absolut. Ich war vorher viel in Gruppen unterwegs, auch im Verein. Das fehlt jetzt, wir sind ganz aufs Fahrrad zurückgegangen.
- Alles ist teurer geworden, außer dem Mindestlohn. Mit 10 EUR kannst Du nicht viel machen.
- Am Anfang während Corona, da ging's natürlich auch nicht. Ich habe bis heute ein bisschen eine Scheu davor. Ich gehe bis heute nicht so gerne ins Theater oder in die Oper, weil man immer noch denkt: Es sind wieder so viele Leute, und man denkt gleich, wenn jemand hustet.
- Auf jeden Fall. Wir sind alle mehr zu Hause, wir haben uns dran gewöhnt.
- Die Preise steigen, die Gehälter nicht, da kann man sich nicht mehr alles leisten.
- Durch Corona hab ich weniger gemacht, und nachdem es durch Corona weniger geworden ist, gehe ich jetzt wieder etwas mehr ins Kino.
- Eigentlich findet nur Walken im Wald statt. Es geht langsam wieder los, aber ich habe davon Abstand genommen, da viel zu machen.
- Es ist ein bisschen weniger geworden. Es fährt alles langsam wieder hoch. Aber im Grunde weniger.
- Es ist weniger geworden. Ich bin halt weggezogen, durch Corona wieder zurück, der Freundeskries hat sich reduziert, so wird die Freizeitaktivität weniger.
- Es ist weniger geworden. Während Corona war das ja gar nicht. Ich versuche das wieder hochzuschrauben, aber das ist weniger als davor, auf jeden Fall.
- Es war vereinzelter, man war weniger vernetzt. Jetzt ist es immer noch nachhängend.
- Grundsätzlich nicht. Es ist ein bisschen schwieriger, wieder in Gang zu kommen, so für Theaterveranstaltungen.
- Ich bin mehr draußen als vorher.
- Ich gehe tatsächlich seltener ins Theater. Sehr viel seltener. Auch ins Kino gehe ich praktisch nicht mehr.
- Ich glaube, dass ich weniger ins Kino gehe und auch weniger in die Kneipe. Wenn nicht gleich das nächste Problem kommt, wird sich das vielleicht wieder einpendeln.
- Ich hab es nach der Pandemie weniger gemacht, und es geht jetzt erst langsam wieder los. [Interviewer: "Machen Sie es jetzt weniger als vor der Pandemie?"] Ja.
- Ich hab mich noch nicht wieder aufgerappelt, ist irgendwie vorbei, Kultur. Und ich bin nicht geimpft, ich hab die drei Jahre immer Verbot gehabt. Ich will schon, aber ich hab mich noch nicht wieder aufgerappelt.
- Ich habe das Gefühl, ich muss erst mal wieder reinkommen. Ich war erst kürzlich das erste Mal wieder im Kino.
- Ich lese mehr. Ich versuche weiter mehr zu lesen.
- Ich mache definitiv weniger. Das kam durch Corona und ist jetzt ein bisschen geblieben. Das kann ich nicht ganz auf Corona schieben.
- Ich mache jetzt Sport und Fitness.

- Ich mag nicht mehr zu Veranstaltungen gehen, wo viele Leute sind, ich mag eher zu kleineren Veranstaltungen gehen.
- Ich war viel mehr feiern, jetzt gibt es noch weniger Möglichkeiten durch Corona. Einiges hat zugemacht, die Clubs hier sind nicht mehr richtig gut oder haben zugemacht.
- Ich war zum Beispiel seit Corona nicht wieder im Kino, und ich glaube einmal im Theater.
- Ich würde sagen: Noch mehr draußen.
- Ich würde sagen: Vor Corona war es öfter. Das normalisiert sich jetzt langsam.
- Insgesamt ist es ein bisschen weniger geworden, aber wir sind jetzt mehr aktiv draußen.
- Ja, definitiv. Es ist weniger geworden.
- Ja, es fängt eigentlich jetzt erst wieder an, dass sich diese Decke hebt. Auch um mich herum, das geht jedem so.
- Ja, es hat sich auf jeden Fall mehr in den privaten Raum verlagert, und hat sich auch noch nicht ganz davon erholt.
- Ja, ich bin weniger hingegangen.
- Ja, ich mache seitdem weniger, bin irgendwie träger, fauler geworden.
- Ja, man macht weniger, man hat sich dran gewöhnt. Kino, das sind so Sachen, die weggefallen sind, und man hat sich dran gewöhnt, dass man das nicht mehr braucht.
- Ja, natürlich. Weniger.
- Ja, sehr stark, Ich versuche immer noch, wieder reinzukommen. Ich bin immer noch ein bisschen rückständig, muss ich sagen. Ich bin immer noch am suchen: Was macht man jetzt wieder neu, was durch Corona weggefallen ist. Ich denke, das braucht noch ein bisschen. Zu gucken, was ist wieder da. Es gibt Sachen, die weggestorben sind, dann gibt es neue. Da muss man sich komplett neu orientieren.
- Ja, wir gehen noch weniger raus als sonst. Ich bin mehr noch im Garten.
- Ja, wir gehen seltener weg, weil wir es uns abgewöhnt haben.
- Ja, wir haben seit der Zeit mehr zuhause geschaut.
- Klar. Ist ja logisch, die Leute haben sich dran gewöhnt, zuhause. Gerade was Kino angeht. Ich für meinen Teil gehe nicht mehr ins Kino, weil ich keine deutschen Filme mehr gucke, weil ich alles aus Englisch gucke. Wenn es deutsch im Original ist, ist es was anderes. Aber alles was synchronisiert ist, geht nicht mehr.
- Man ist lustloser geworden.
- Man ist träger geworden.
- Man muss erstmal wieder lernen zu leben. Man geht ungern ins Theater, da guckt man lieber Netflix. Oder mal ins Kino. Abgesehen davon, dass alles teurer geworden ist. Man muss sich mehr überwinden rauszugehen.
- Mannschaftssport weniger, weil sich die Mannschaft während Corona aufgelöst hat.
- Noch mehr Wald und Fahrrad und weniger Oper, Ballett und Theater.
- Schon. Ich bin nicht mehr so oft im Kino. Ich glaube, ich bin gar nicht im Opernhaus gewesen.
- Schwer zu sagen. Man ist ja auf jeden Fall mehr zu Hause gewesen. Man hat sich auch mehr Hobbies für zu Hause gesucht. Irgendwelche Bastelsachen oder zum zehnten Mal die Wohnung renovieren. Aber ich finde, man schätzt es anders wert, wenn man mal nicht zu Hause abhängen muss.
- Seit Corona weniger. Vor zwei-drei Wochen war ich bei einem Kurzfilm. Aber durch Corona immer Arbeit-zu Hause-Arbeit-zu Hause.
- Während der drei Jahre war es natürlich weniger. Aber ich habe das Gefühl, so langsam nimmt es wieder Fahrt auf. Ich werde auch langsam lockerer.
- Was sich verändert hat, ist die Kostensteigerung.
- Weniger, viel weniger. Früher bin ich sehr viel unterwegs gewesen. Jetzt, nach Corona, ist alles anders.
- Wir sind seit Corona nicht mehr ins Theater gegangen, weil das so kompliziert und blöd war.

Veränderung der Lebenssituation oder Weltsicht (15 Aussagen, 10 % der Aussagen)

- Auf jeden Fall. Ich bin hauptberuflich Artistin. Ich konnte aber mit den Kollegen zusammenhalten, um draußen zu performen, auf die Plätze zu gehen.
- Dadurch, dass wir jetzt ein kleines Kind haben, ist es jetzt schwierig mit Abendveranstaltungen.
- Die Menschheit ist egoistischer geworden, mürrischer geworden. Ich habe Freunde aussortiert.
- Es hat einen kreativer werden lassen. Man hatte mehr Zeit.
- Ich bin erst während Corona hierher gezogen. Im Norden habe ich mehr Sport gemacht. Hier kann ich es jetzt nicht sagen.
- Ich bin in einem Heim und kann nichts machen.
- Ich bin vor Corona mit der Familie nach Thailand ausgewandert und habe da vier, fünf Jahr gelebt. Durch Corona bin ich zurückgekommen. Da hat sich einiges verändert. Da war ich Tauchlehrer, nur Wasser, draußen.
- Ich hab in der Pandemie mehr Filme gekauft, das versuche ich jetzt ein bisschen zu reduzieren.
- Ja, damals war es ein relativ großer Freundeskreis, jetzt sind es nur noch so zwei-drei Freunde, weil wir während Corona nicht so viel Kontakt hatten.
- Ja, hat sich strukturell verändert.
- Man hat jetzt mehr Möglichkeiten
- Nach Corona ist eine neue Welt. Menschen treffen sich weniger auf den Straßen.
- Nein. Das Kind kam während Corona und hat eh alles umgeschmissen.
- Seit Corona, ich bin zweimal infiziert worden, habe ich Probleme mit Asthma.
- Wir treffen deutlich weniger Leute. Sonst nicht.

Unsicherheit (7 Aussagen, 5% der Aussagen)

- Definitiv. Ich war vor kurzem das erste Mal seit Beginn der Pandemie auf einem Konzert. Ich trage auch immer noch Maske in Bussen oder Bahnen, da ist mir schon nicht ganz wohl. Auch das erste Mal Kino ohne Maske war eine komische Erfahrung.
- Eigentlich nicht. Ich bin immer noch vorsichtig, trage auch immer noch Maske.
- Ich würde sagen, es ist wieder normal, aber es ist immer eine Angst dabei, sich zu infizieren bei größeren Veranstaltungen.
- Ja, extrem. Ich habe Probleme mit großen Menschenmassen. Es kommt einem komisch vor, dass man da mit so vielen Menschen rumläuft.
- Man hat weniger besucht, das wird jetzt langsam besser. Aber es ist immer noch eng, man muss mal auf Toilette gehen, überall so eng Räume.
- Man ist weniger weggekommen, weil man Angst hatte, dass man sich ansteckt. Auch heute: Man ist sich nicht mehr sicher. Wenn man am Bahnhof ist oder so: Man nimmt sich immer die zwei, drei letzten Plätze. Ich weiß nicht, ob man dazu Gewohnheit sagen kann.
- Natürlich war alles erstmal eingeschränkt. Ich finde, die Menschen haben sich nach Corona verändert. Krankheiten kann man nicht in der Luft aufhalten.

Mehr Aktivitäten (6 Aussagen, 4 % der Aussagen)

- Corona war für uns alle eine schwierige Zeit, da waren die Aktivitäten natürlich runtergeschraubt. Ich habe tatsächlich versucht, um die Branche ein bisschen am Laufen zu halten, danach ein bisschen zu intensivieren. Dass ich vielleicht einmal mehr essen gehe als früher. Es ist ein bisschen Verpflichtung, wenn ich es weiter haben will, muss ich ein bisschen dafür tun.
- Grundsätzlich, würde ich sagen, nehme ich nach Corona mehr an Veranstaltungen teil.
- Ich mache meine Hobbies mehr.
- Im Nachhinein ist es mehr geworden. Man hat es lange nicht gehabt, jetzt muss man es ausnutzen. Nicht, dass es wieder weg ist.
- Ja, ich hole gerade sehr viel nach, gehe fast zu viel aus.
- Man hat es mehr schätzen gelernt, und macht es jetzt mehr.

Mehr Wertschätzung, größeres Bedürfnis (5 Aussagen, 3 % der Aussagen)
- Das Bedürfnis danach ist wirklich stärker geworden, weil man ja einfach so ein richtiges Loch hatte. Man weiß das vielmehr zu schätzen, was das bedeutet: Kultur. - Dass man es bewusster wahrnimmt, wenn man hingeht, auf jeden Fall. Und dass man es jetzt viel mehr genießt, dass man endlich wieder hingehen kann. - Ich glaube, ich genieße es ein bisschen mehr. - Ich weiß es jetzt mehr zu schätzen. - Nach Corona ist alles freier geworden.

Unter Befragten, die unter anderem Theater, Oper oder Tanz als liebste Kultur- und Freizeitaktivität angegeben hatten

Aussagen insgesamt: 46 Aussagen
Keine oder keine grundsätzlichen Veränderungen (17 Aussagen, 37 % der Aussagen) - Dass ich jetzt mehr oder weniger mache als vorher? Nein, es ist eigentlich gleich. - Eigentlich nicht. - Ich bin aus Protest nicht hingegangen, wegen der 2G-Regeln. Aber jetzt gehe ich wieder regelmäßig. - Im Prinzip hat sich nichts verändert - außer der Verfügbarkeit während Corona. - Intensiver, sagen wir so. Bewusster, auf jeden Fall. - Jetzt wo alles wieder anfängt, sind wir auch wieder dabei. - Jetzt, wo es Lockerungen gab, gehe ich schon wieder. - Leider sehr wenig. - Nein, eigentlich nicht. - Nein, nichts. - Nein, würde ich nicht sagen. Klar konnte man sich während Corona weniger angucken, aber an meinem Interesse hat sich nichts geändert. - Nein. (2 mal genannt) - Nur während der Pandemie. - Während der Zeit schon, aber jetzt ist wieder alles wie früher. - Währenddessen ging es nicht, jetzt ist es wieder wie vorher. - Wieder mehr, nächste Woche geht es nach Hamburg zur Philharmonie.
Weniger oder andere Aktivitäten (17 Aussagen, 37 % der Aussagen) - Eigentlich findet nur Walken im Wald statt. Es geht langsam wieder los, aber ich habe davon Abstand genommen, da viel zu machen. - Es ist ein bisschen weniger geworden. Es fährt alles langsam wieder hoch. Aber im Grunde weniger. - Es ist weniger geworden. Während Corona war das ja gar nicht. Ich versuche das wieder hochzuschrauben, aber das ist weniger als davor, auf jeden Fall. - Es war vereinzelter, man war weniger vernetzt. Jetzt ist es immer noch nachhängend. - Grundsätzlich nicht. Es ist ein bisschen schwieriger, wieder in Gang zu kommen, so für Theaterveranstaltungen. - Ich gehe tatsächlich seltener ins Theater. Sehr viel seltener. Auch ins Kino gehe ich praktisch nicht mehr. - Ich hab es nach der Pandemie weniger gemacht, und es geht jetzt erst langsam wieder los. [Interviewer: "Machen Sie es jetzt weniger als vor der Pandemie?"] Ja. - Ich habe das Gefühl, ich muss erst mal wieder reinkommen. Ich war erst kürzlich das erste Mal wieder im Kino. - Ich würde sagen: Noch mehr draußen. - Ja, definitiv. Es ist weniger geworden.

- Ja, es fängt eigentlich jetzt erst wieder an, dass sich diese Decke hebt. Auch um mich herum, das geht jedem so.
- Ja, sehr stark. Ich versuche immer noch, wieder reinzukommen. Ich bin immer noch ein bisschen rückständig, muss ich sagen. Ich bin immer noch am Suchen: Was macht man jetzt wieder neu, was durch Corona weggefallen ist. Ich denke, das braucht noch ein bisschen, zu gucken, was ist wieder da. Es gibt Sachen, die weggestorben sind, dann gibt es neue. Da muss man sich komplett neu orientieren.
- Man muss erstmal wieder lernen zu leben. Man geht ungern ins Theater, da guckt man lieber Netflix. Oder mal ins Kino. Abgesehen davon, dass alles teurer geworden ist. Man muss sich mehr überwinden, rauszugehen.
- Noch mehr Wald und Fahrrad und weniger Oper, Ballett und Theater.
- Schon. Ich bin nicht mehr so oft im Kino. Ich glaube, ich bin gar nicht im Opernhaus gewesen.
- Während der drei Jahre war es natürlich weniger. Aber ich habe das Gefühl, so langsam nimmt es wieder Fahrt auf. Ich werde auch langsam lockerer.
- Weniger, viel weniger. Früher bin ich sehr viel unterwegs gewesen. Jetzt nach Corona ist alles anders.

Veränderung der Lebenssituation oder Weltsicht (4 Aussagen, 9 % der Aussagen)

- Auf jeden Fall. Ich bin hauptberuflich Artistin. Ich konnte aber mit den Kollegen zusammenhalten, um draußen zu performen, auf die Plätze zu gehen.
- Es hat einen kreativer werden lassen. Man hatte mehr Zeit.
- Man hat jetzt mehr Möglichkeiten.
- Wir treffen deutlich weniger Leute. Sonst nicht.

Unsicherheit (3 Aussagen, 7 % der Aussagen)

- Definitiv. Ich war vor kurzem das erste Mal seit Beginn der Pandemie auf einem Konzert. Ich trage auch immer noch Maske in Bussen oder Bahnen, da ist mir schon nicht ganz wohl. Auch das erste Mal Kino ohne Maske war eine komische Erfahrung.
- Eigentlich nicht. Ich bin immer noch vorsichtig, trage auch immer noch Maske.
- Man ist weniger weggekommen, weil man Angst hatte, das man sich ansteckt. Auch heute: Man ist sich nicht mehr sicher. Wenn man am Bahnhof ist oder so: Man nimmt sich immer die zwei, drei letzten Plätze. Ich weiß nicht, ob man dazu Gewohnheit sagen kann.

Mehr Aktivitäten (3 Aussagen, 7 % der Aussagen)

- Im Nachhinein ist es mehr geworden. Man hat es lange nicht gehabt, jetzt muss man es ausnutzen. Nicht, dass es wieder weg ist.
- Ja, ich hole gerade sehr viel nach, gehe fast zu viel aus.
- Man hat es mehr schätzen gelernt und macht es jetzt mehr.

Mehr Wertschätzung, größeres Bedürfnis (2 Aussagen, 4 % der Aussagen)

- Das Bedürfnis danach ist wirklich stärker geworden, weil man ja einfach so ein richtiges Loch hatte. Man weiß das vielmehr zu schätzen, was das bedeutet: Kultur.
- Ich weiß es jetzt mehr zu schätzen.

Aussagen zu Faktoren, die die Befragten grundsätzlich vom Besuch von Staatsoper und Schauspiel Hannover abhalten

Aussagen insgesamt: 87 Aussagen
Barrieren im persönlichen Bereich (78 Aussagen, 90 % der Aussagen) - Auf jeden Fall das Finanzielle, vor allem wenn man nicht Student ist. So für Geringverdienende. Und der Weg von Hildesheim. - Das Geld hält mich ab. Eigentlich mag ich Theater nicht besonders. Ich mag Kino. - Das ist definitiv nichts für mich. Ich hab das mal bei meinen Großeltern auf dem Fernseher mitgeguckt. Da dachte ich schon: Niemals in meinem Leben. - Das ist immer so lang, klassische Geschichten sind einfach nicht mein Ding. Das ist dann so anstrengend. Wahrscheinlich würde ich es auch nicht mitbekommen, durch die Kinder-Bubble. - Das Kind, die Zeitfrage. - Das Kind. - Dass ich nicht so oft in Hannover bin. - Die Antriebslosigkeit. Abends bin ich eher müde. - Die Motivation. Es steht immer ein bisschen auf der To Do, aber nicht so hoch. - Die sind nicht für mich. Es gibt ja Leute, die das genießen, aber für mich ist das so: Ok, kann man machen, aber … . - Die veränderten Gewohnheiten, die man angenommen hat. Man muss die Gewohnheit wieder aufnehmen. - Eigentlich fand ich das sogar interessant und kann mir vorstellen, auch privat hinzugehen. Aber ich habe im Moment nicht die Zeit dazu. - Eigentlich nicht. Das ist eher so - ich komme aus Dänemark. Deswegen bin ich auch viel hin und her. - Eigentlich nicht. Ich habe mir noch nie Gedanken darüber gemacht. - Eigentlich nicht. Ich müsste Zeit haben. - Einmal im Jahr gehen wir mit der Schule dahin, sonst gehe ich selten dahin. An sich bin ich nicht desinteressiert. Meistens sind die Karten ja auch nicht so günstig, aber eigentlich sollte man trotzdem das Geld mal in die Hand nehmen. - Es hat sich noch nicht ergeben, weil ich auch zugezogen bin. Seit einem Jahr. - Es ist einfach nicht so meins. Das letzte Mal war meine Begleitung sehr zufrieden, aber mich hat es sehr ermüdet. - Es liegt am Baby. Vorher hatte ich es nie gemacht. Dann hatten Freundinnen und ich das gerade für uns entdeckt und dann kam halt das Baby. - Es liegt vor allem daran, dass Abendveranstaltungen mit kleinem Kind schwierig sind - und an Corona. Man könnte sagen: Samstag oder Sonntag nachmittag - aber dann ist ja auch Familienzeit, dann würden wir irgendwo hingehen, was kindgerecht ist, wo er Bock drauf hat. Das sind die Phasen, wo die Kinder klein sind. Es gibt es schon, dass man sich Auszeiten nimmt. Aber das will schon langfristig geplant sein. Es kommt wieder eine Zeit, wo wir mehr kulturelle Angebote nutzen werden. - Faulheit. Eigentlich hält mich gar nichts davon ab. Meistens finde ich niemanden, der mitgeht. Ich hab nichts gegen allein sein, aber wenn ich eine Veranstaltung besuche, ist es mir lieber, mindestens eine Person ist dabei. Das macht einfach mehr Spaß. - Geld. So oft kann ich das nicht machen. - Gerade würde ich sagen: mein kleines Kind. - Grundsätzlich zu uninformiert - Ich arbeite sehr viel, auch abends und nachts, und dann schließt sich das ein bisschen aus. - Ich arbeite viel und mache viel Sport. Kulturelle Sachen eher selten. - Ich bin jetzt irgendwie nicht so kulturinteressiert. Dementsprechend spricht mich das nicht so an. Es ist in meiner Altersgruppe nicht so oft, dass man ins Theater gehen würde. - Ich bin noch ein bisschen vorsichtig mit geschlossenen Räumen. Ich gehe gerne auf Konzerte, aber im Moment nur Open Air. Sonst schon eher.

- Ich gehe immer mit einem Freund oder Freundin hin. Ich sitze im Rollstuhl und muss deswegen geschoben werden. Ich habe auch nur zwanzig Euro, das ist auch nicht viel. Meine Freundin, die lädt mich immer zu den Veranstaltungen ein.
- Ich glaube nicht, dass mich etwas grundsätzlich abhält. Wir wohnen auch nicht direkt in Hannover. Man bekommt einfach nicht immer direkt mit, was gerade ansteht.
- Ich glaube, dass ich nicht so mitbekomme, was da so läuft. Oper ist jetzt auch nicht so mein Stück, Ballett schon eher. Aber am Theater ist es vor allem mein Verdienst, dass ich nicht so oft hingehe.
- Ich habe abends halt nicht frei. Es ist immer organisatorisch - man muss sich das vorher einplanen. Das ist nichts, was ich spontan so mache. Da sind dann einfach Sachen näher, die man spontan machen kann.
- Ich kannte das nie im Elternhaus, und habe auch keinen Bezug dazu, in die Oper zu gehen. Da bevorzuge ich eher Musical als Oper. Weil es einfach lockerer ist und einfacher zu verstehen. Man muss sich ja mit den Opern und Operetten auseinandersetzen, um sie zu verstehen. Die sind wesentlich älter als so ein Musical, zum Beispiel König der Löwen, kennt man von den DVDs, mit denen man großgeworden ist.
- Ich kenne es nicht so gut. Ich weiß nicht, wie die Leute da hingehen.
- Ich kenne mich aktuell gar nicht aus.
- Ich kenne niemanden, der mit mir hingeht.
- Ich komme mit meinem Journalistenausweis überall rein.
- Ich komme nicht von hier. Wenn ich hier bin, habe ich nicht die Zeit.
- Ich kriege das Angebot, was da gerade läuft und so, nicht so oft mit. Und die Leute in meinem Alter gehen da nicht so oft hin, so dass sie mich mitziehen würden.
- Ich kriege einfach nicht so viel mit, was da angeboten wird. Erreicht mich nicht.
- Ich kriege nicht mit, was es da gibt.
- Ich lebe nicht mehr in Hannover, ich bin hier nur noch, um Freunde und Familie zu besuchen. Dann ist keine Kultur mehr angesagt.
- Ich liebe Musik, in der Oper. Wegen Corona war ich nicht dort. Jetzt überlege ich, aber noch nicht.
- Ich mach dann lieber was anderes. Vor allem im Sommer bin ich lieber draußen unterwegs.
- Ich mach das vor allem mit den Kindern.
- Ich war mit der Schule da gewesen, das ist lange her, und ich weiß noch nicht mal, was wir geguckt haben.
- Ich weiß gar nicht, was da aktuell läuft.
- Ich weiß nicht.
- Ich weiß nicht. Ich habe kein Interesse.
- Ich wohne ja in der Ecke von Jena.
- Ist nicht so meine Richtung.
- Keine Hemmnisse, die Zeit hat sich einfach nicht ergeben.
- Keine Zeit mehr, wir waren sonst viel im Theater, GOP zum Beispiel.
- Lieber Varieté und solche Geschichten.
- Löhne und Gehälter müssen steigen.
- Manche Sachen, die gezeigt werden, interessieren mich nicht, oder ich habe mich nicht so damit auseinandergesetzt. Und ansonsten braucht man jetzt immer einen Babysitter.
- Mein Job.
- Meine persönliche Situation. Flexibilität, meine familiäre Situation.
- Nein, gar nichts. Das Alter, ich kann schlecht laufen.
- Nein, hat sich nicht ergeben, einfach nicht dran gedacht.
- Nein.
- Nein. Grundsätzlich nicht, ich habe mich einfach lange nicht damit beschäftigt.
- Nein. Wenn es Programm gibt, dass mich anspricht, oder wenn ich Leute kenne, die da mitwirken, gehe ich da auf jeden Fall hin.
- Nein. Wenn ich sehe, dass was interessantes läuft, dann bin ich auf jeden Fall dabei. Im Moment habe ich mich noch nicht so damit auseinandergesetzt, aber das werde ich auf jeden Fall tun. Weil es auch wichtig ist, gerade Schauspiel.

- Nein. Zeit, mit Kind. Sonst nicht. Gut, Preise muss man immer abwägen - aber es ist Kunst, es ist Kultur, das kostet einfach, denn da gehört auch die Technik und so dazu. Ich habe in letzter Zeit nicht so drauf geguckt. Nun haben ja auch die Intendanten gewechselt.
- Oper - da bin ich nicht der ausgewiesene Opernfreund. Schauspiel - jetzt wo sie's sagen, da müsste ich mal wieder hingehen.
- Schwer zu sagen, Ich weiß ehrlicherweise überhaupt nicht, was im Staatstheater derzeit läuft. Ich weiß auch nicht warum.
- Vor allem, dass ich mich nicht damit auskenne, und keine Freunde habe, die hingehen und mal sagen: "Lass doch mal hingehen." Sonst würde ich da gut hingehen.
- Weil ich im Heide-Kreis wohne und man unter der Woche nicht einfach so hinkommt. Und Corona hat mich sowieso ganz viel davon abgehalten.
- Weil ich mich so selten darüber informiere, was da so ist. Ich glaube schon, dass es da Sachen gibt, die mich interessieren.
- Weil ich nicht den emotionalen Zugang zu dieser Art von Musik habe. Sodass ich das nicht so oft mache, sondern eher als Event. Ich war schon mal mit Freunden im Sprengel Museum oder in anderen Theatern. Aber das ist dann was Besonderes.
- Wenig Zeit, Nachwehen von Corona, alles so eng. Es muss sich alles noch normalisieren, sonst alles gut.
- Wenn es gefällt, würde ich hingehen.
- Wir sind nur dieses Wochenende hier, wir kommen aus Rostock.
- Wir wohnen nicht hier direkt, sondern weiter weg. Und Zeit ist ein Problem.
- Zeit - wenn ich das eine mache, kann ich nicht das andere machen.
- Zeitlich bedingt und finanziell.
- Zu wenig darüber informiert, auch nicht interessiert. Ich bin offen dafür, hab aber nie darüber nachgedacht.

Barrieren im Bereich der Institution (9 Aussagen, 10 % der Aussagen)

- Alles. Die Aufführungen waren nicht mehr so wie früher. Ist ja auch Geschmackssache, der eine mag's moderner, der andere nicht.
- Das Programm - die Opern haben mir nicht mehr so gut gefallen. Sie waren zu sehr an den Zeitgeist angepasst. Die Aufführungen in der Deutschen Oper, Unter den Linden. Dann war es ja auch wenig ruhmvoll, die Geschichte mit dem Ballett-Chef
- Der Preis. Es ist sehr teuer. Ich arbeite vierzig Stunden die Woche, wenn ich 40 EUR zahlen muss, ist das schon sehr teuer.
- Die Gelegenheit. Da in dem Haus sind einfach die Treppen, der Aufzug. Barrierefrei, das sind viele Sachen, das ist nicht einfach so ein Holzstück. Das sind die Toiletten oder so.
- Die Inszenierungen. Vor vierzig Jahren waren die bunt und schön. Und heute sind die nur noch schwarz, weiß, grau.
- Die Sprache ist im Theater schwer zu verstehen.
- Frau Berman hat viel gerissen, um auch in Covid-Zeiten Programm zu machen.
- Im Staatstheater hatten sie eine Phase, wo sie sich ständig ausziehen und sich mit irgendwelchem Zeug beschmieren mussten. Und ich bin einfach kein Opern-Fan.
- Kosten. Und kein Stück, was mich angesprochen hat.

Aussagen zu Veränderungen, die zu häufigeren, erneuten oder ersten Besuchen von Staatsoper oder Schauspiel Hannover motivieren könnten

Aussagen insgesamt: 114 Aussagen

Keine oder vorrangig Faktoren im persönlichen Bereich (56 Aussagen, 49 % der Aussagen)

- Alles Gut. Nichts zu verändern.
- Als ich in meiner Heimat am Theater war, habe ich mehrmals Theater besucht, in Deutschland war ich nur einmal im Theater. Da habe ich durch den Aktiv-Pass weniger bezahlt, jetzt wäre das Limit 30 Euro.
- Bin ich nicht so drin, kann ich spontan nichts zu sagen.
- Da fällt mir spontan nichts ein.
- Da ist das Interesse das Ding. Da bin ich eingeladen worden, und da bin ich dann auch mit hin. Aber selber würde ich es wahrscheinlich nicht machen. Es ist nicht meins.
- Dadurch, dass ich es nicht kenne, weiß ich auch nicht, was die da machen.
- Dass ich angesprochen werde.
- Das ist eine Geschmackssache. Entweder man hat da Bock drauf oder nicht.
- Das ist ja eine ganz andere Richtung. Ich höre zuhause auch mal Klassik, auch mal die eine oder andere Oper, aber ich muss das nicht jeden Tag haben. Ich mag auch das Drumherum, das man sich mal schick anzieht, sich einen schönen Abend macht. Aber … ich mische das so bei. Es ist alles gut, wie es ist.
- Das kommt auf's Programm an. Ich schau mir das in der Zeitung an, da ist ja immer die Beilage drin für den ganzen nächsten Monat, und wenn mich da etwas interessiert, dann kümmere ich mich darum, wenn es terminlich klappt. Als Stück vielleicht Draußen vor der Tür und Der Kirschgarten.
- Das weiß ich nicht.
- Die Leute, die einen motivieren. Jetzt soll ja dieses Ballett kommen, da haben wir schon besprochen, dass wir da hingehen. Ein Freund ist ja auch Tänzer.
- Die Preise sind hoch, aber ich verstehe das. Bei dem Personalaufwand, was da alles gebraucht wird, finde ich das schon OK, da würde ich auf keinen Fall meckern.
- Die selbst wahrscheinlich gar nicht so viel. Es geht eher um den Bezug, den ich selbst dazu habe.
- Einmal liegt es am Preis, und zum zweiten: um da hinzugehen, müsste ich meine Schwester einschalten. Das Programm ist OK.
- Es gibt genug Angebote, ich könnte nicht sagen: Das müsste es noch geben. Wenn ich das nicht so viel in Anspruch nehme, liegt es daran, dass ich es zeitlich nicht schaffe. Interesse ist da. Ich habe sogar gestern geschaut, was läuft.
- Es muss etwas sein, was mich anspricht. Dann gehe ich auch von alleine hin. Ich informiere mich auch im Internet, was da so läuft. Wenn mir etwas gefällt, gehe ich hin. Ich kann aber nicht sagen was, das ändert sich immer.
- Fällt mir jetzt nichts ein.
- Gute Frage, ich studiere ja an der Hochschule, da ist das Angebot mit den Studenten ja sehr präsent, daher würde mir spontan nichts einfallen.
- Ich bin immer offen und lass mich überraschen.
- Ich glaube nicht. Sie haben sich nicht verschlechtert. Das hat damit nichts zu tun.
- Ich glaube, auch in eine Nachmittagsveranstaltung würde ich nicht gehen.
- Ich habe mir das jetzt mit meiner Freundin vorgenommen, einmal im Monat etwas zu unternehmen.
- Ich habe nicht so viel Rente, auf jeden Cent muss man aufpassen, alles ist so teuer. Viele meiner Freunde sind geizig, ich kann nicht immer bezahlen.
- Ich komme demnächst!
- Ich komme nicht aus Hannover.
- Ich weiß ja nicht, wie das aufgebaut ist, was die da besser machen können. Ich kenne die ja gar nicht.
- Ich werde jetzt zu den kubanischen Tänzen gehen, im Juni.
- Jemand, der mit mir geht. Ich war mal als Schüler, aber seitdem hat es mich nicht hingerissen.
- Kann ich so nicht sagen.

- Kein Interesse.
- Keine Ahnung.
- Keine Ahnung, ich weiß nicht. Andere Stücke, ich weiß nicht. Das kommt ja auch darauf an, was einem gefällt. Das sind ja alles so Schulstücke. Ich würde da nicht nochmal hingehen.
- Nein, das gefällt mir halt.
- Nein, hätte ich keine großen Vorschläge.
- Nein, ich glaube nicht. Wenn ich mehr Zeit hätte, hätte ich auch wieder mehr Lust hinzugehen und würde mich informieren.
- Nein, ich suche proaktiv, da ist es bisher durch das Raster gefallen.
- Nein, interessiert einfach nicht
- Nein, speziell wüsste ich jetzt nicht. Mein Sohn hat da Ronja Räubertochter geguckt. Da waren die mit der Schule da.
- Nein. (2 am genannt)
- Nein. Aktuell ist bei mir auch das Interesse von Freunden nicht dabei, und deswegen kommt das Thema bei mir gar nicht auf den Tisch. Ich befasse mich damit aktuell auch gar nicht.
- Nein. Eigentlich finde ich immer mal Sachen, die mich ansprechen.
- Nein. Hat mir gefallen.
- Nichts, was mir konkret einfallen würde.
- Nichts. Ich gucke nicht so, was da läuft.
- Offensiver Medien? Zum Beispiel Social Media. Ich weiß es nicht.
- Schwierig, weil es mich nicht interessiert. Ich tanze gerne Ballett, so was würde ich mir angucken. Aber so ansonsten hätte ich keine Verbesserungsvorschläge.
- Tatsächlich liegt es an den Leuten. Ich gehe gerne mit anderen Menschen ins Theater. Ich bin in letzter Zeit sehr viel umgezogen. Und alleine muss man sich so dazu überwinden. Die Preise finde ich größtenteils gerechtfertigt, weil da eine Menge dahintersteckt. Der Hauptaspekt ist wirklich, dass ich jemanden finden muss, der mit mir dahin geht. Damit man danach noch jemanden hat, mit dem man diskutieren kann.
- Theater ist ja auch ein bisschen teuer. Aber das ist es nicht, sondern dass ich mich immer für anderes entscheide. Ich bin ja häufig den ganzen Tag unterwegs, mache auch viel Sport. So dass dann auch nicht für alles Zeit ist.
- Vielleicht andere Themen mal. Zum Beispiel in Richtung Umwelt, weil ich das auch studiere.
- Vielleicht ja, aber ich habe mich mit dem Gedanken noch nicht beschäftigt.
- Vielleicht liegt es auch an mir - aber: Wenn ich häufiger etwas davon sehe … also: etwas sichtbarer sein.
- Wenn das Baby etwas größer wird, wird es auch wieder gehen.
- Wenn ich alleine da sitze.
- Wenn ich Menschen kenne, die sich dafür interessieren.

<u>Faktoren im Bereich Marketing und Werbung (19 Aussagen, 17 % der Aussagen)</u>

- Auf den Plätzen. So wie jetzt bei dieser Statue, wenn man da jetzt was interessantes spielen würde, das wäre was.
- Eigentlich weiß ich nicht, wie es mich besser erreichen könnte, weil ich mich immer eher über das Hören-Sagen informiere.
- Es gibt ja auch immer die Flyer, die in Restaurants und Cafés ausliegen. Die nehme ich auch jedes Mal mit. Ich fühle mich schon gut angeworben.
- Es kommt zu wenig an junge Menschen ran. Dass man die Werbung mehr an die Zielgruppe anpasst.
- Flyer wären gut, im Internet würde ich jetzt nicht gucken.
- Ich bin selber Lehrerin, gehe also mit Schülern da hin. Im Sommer, wenn ich wieder da bin, werde ich auch wieder hingehen. Wenn man noch leichter an Informationen kommen würde, und wenn Veranstaltungen noch mehr an die Schulen herangetragen würden und man das nicht als Schule - jeder Lehrer sucht einzeln - machen muss.
- Ich bräuchte einen leichteren Zugang zum Spielplan. Ich bräuchte etwas mehr Werbung.

- Ich glaube, mehr Online-Werbung würde was bringen. Auf Instagram zu schalten. Das zieht mich dann immer an. So muss ich ja immer auf Eure Seite gehen oder es mir irgendwo hinhängen. Auch Werbung schalten, eine Anzeige.
- Ich glaube, sie macht schon viel Werbung. Aber nicht so sehr auf meiner Ebene. Also nicht so sehr auf Social Media, wo ja gerade unsere Generation unterwegs ist
- Ich muss auf die Werbung aufmerksam werden, wahrscheinlich.
- Ich muss ehrlich sagen, dass man im Zuge der Digitalisierung alles nur noch online suchen muss. Dass da so ein Kuddelmuddel ist, so dass es immer schwieriger ist, etwas zu finden. Ich fand es früher besser, als es überall große Flyer gab. Heute muss man wirklich suchen. Vieles ist nur noch online, und bis man da etwas findet. Es ist einfacher, wenn man weiß, wo man etwas findet. Das war früher besser. Mehr Sachen auch in Papierform.
- Man sieht schon auch Werbung, auf Instagram, oder so. Aber ich wüsste jetzt nicht, was es da gibt.
- Mehr Werbung dazu. In die Universität gehen.
- Mehr Werbung für Jugendliche machen.
- Mehr Werbung, in sozialen Netzwerken, und damit es bei Kindern ankommt auch an den Schulen
- Nein. Vielleicht - wenn ich der Oper auf Social Media häufiger begegnen würde, würde ich wahrscheinlich häufiger daran denken.
- Präsenter sein in meiner Wahrnehmung. Wenn ich öfter mal ein Plakat davon sehe.
- Vielleicht ein bisschen mehr Werbung dafür. Wenn man das gucken möchte, dass man dann recherchieren kann. Mehr Social Media und mehr in der Stadt.
- Werbung auf Instagram oder so zeigen.

Faktoren im Bereich Programm (16 Aussagen, 14 % der Aussagen)

- Am liebsten jedes Musical, das existiert. Ansonsten gehe ich in Staatsoper und Schauspiel überall gerne hin.
- Angebote, die etwas bekannter sind, auch was jüngere Leute mehr interessiert.
- Eher Musical. Ich war in der Schule in Carmen. Damals war ich 15, 16, und das hat mich weniger in Beschlag genommen, als Beispiel für Musical. Seitdem hat es mich auch weniger interessiert, in die Oper zu gehen.
- Ein bisschen was Modernes, mehr Musical.
- Ich mag Comedy-Nummern, die auch nicht zu ernst sind, so ein bisschen leichte Kost. Wo man auch nicht so viel Vorwissen haben muss. Manchmal habe ich das Gefühl, dass ich literarisch nicht genug gebildet bin für das Stück.
- Ich muss sagen - da war das mit der Omi aus Göttingen, die haben holländisch gesprochen, und da fand ich auch den Witz ganz cool. Yaras Hochzeit. Und dass die da so viel gesungen haben. Weil ich auch Musical ganz cool finde, den Mix fand ich ganz cool, weil ich das auch nicht so erwartet hatte. So was fände ich nicht schlecht.
- Komödie wär schön.
- Koproduktionen mit Zirkusleuten.
- Mehr Kinderangebote fände ich gut. Ich bin selber nicht so ein Theaterfan. Ich war das letzte Mal mit meiner Klasse im Theater.
- Mehr mit jungen Menschen machen.
- Oder auch versuchen, etwas draußen zu machen, vor allem im Sommer.
- Reklame machen sie ja. Aber vielleicht auch eine Gesprächsrunde machen: Was interessiert Euch denn. Dass man das Publikum mit einschließt. Das fände ich toll.
- Wenn es das gleiche wie in Hamburg wäre, so König der Löwen, das würde mich motivieren, Aber hier in Hannover gibt es das ja nicht.
- Wenn es draußen wäre, vielleicht. Im Sommer.
- Wenn ich da nochmal hingehen müsste, dann müsste es Disney oder so sein. Warum Disney? Ich werde irgendwann mal einen Festvertrag bei VW haben. Und dann nach Paris gehen und zum Disneyland gehen.

- Wieder Stücke bringen, die attraktiv sind. Opern von bekannten Komponisten, wie Verdi.

Faktoren im Bereich Preise, Aktionen und Verkauf (15 Aussagen, 13 % der Aussagen)

- 10 Euro würde ich zahlen.
- Beim Kino zahlt man vielleicht 10 oder 12 Euro. 15 oder 20 Euro, aber mehr nicht. Das ist schon teuer.
- Da kann ich keine qualifizierte Aussage machen. Wenn Puccini mal kommt. Tosca. Das ist die einzige Oper, die ich kenne. Da musste ich im Abitur was dazu machen, die fand ich tatsächlich ganz gut. Aber ich weiß nicht, was in Hannover da gerade kommt.
- Das einzige, was einen manchmal abhält, sind Dinge, die schnell ausverkauft sind. Da hat man nicht mehr die Chance, kostenlos an Karten zu kommen. Was einen eigentlich nicht davon abhalten sollte, aber wenn man es erstmal gewöhnt ist, kostenlose Karten zu haben, ist man nicht mehr so bereit, dafür Geld auszugeben.
- Die Preise. Wenn es besser von den Preisen wäre. Und es ein bisschen veröffentlichen. Von den Stücken lasse ich mich überraschen.
- Ein bisschen günstiger.
- Es gibt ja schon diese vergünstigten Tickets für Studenten, das finde ich schon attraktiv. Man geht dann auch eher hin. Ich weiß nicht, ob es auch möglich ist, das über Arbeitgeber zu machen. Mein Arbeitgeber macht das mit sportlichen Angeboten.
- Ja, wenn es weniger kosten würde, oder irgendwelche Sondersachen.
- Mehr Angebote.
- Mein Geldbeutel. Ich stehe auch auf modernes Theater, bin ich früher auch häufiger gegangen. Da stehe ich dann und denke: Jetzt haben sie wieder ein neues Stück. Aber die Plätze kosten auch eine ganze Menge. Das kann ich mir im Moment einfach nicht erlauben. Nicht mehr als 30 Euro.
- Nein, ich muss erst mal meinen Wald pflegen. Oder doch: Mehr Verkaufsstellen. Ich würde mir wünschen, dass ich hier viel mehr, überall, und wenn's bei Rossmann ist, Karten kaufen kann. Würde ich mir wünschen. In jedem Stadtteil eine. Könnte man ja auch in Büchereien ansiedeln.
- Niedrigere Preise. Kommt drauf an, was dann da ist und wer dann da ist.
- Niedrigschwelliger sein für junge Menschen, die nicht studieren.
- Was ich interessant fand, waren die vergünstigten Preise in der Nacht der Theater. Um jüngeres Publikum, das nicht so viel Geld hat, anzuziehen, oder um Restplätze vollzubekommen.
- Was sehr geholfen hat, war dieses 5 Euro-Angebot (Bring your Friends). Da war ich tatsächlich auch mit ein paar von meinen Freunden in der Oper. Ansonsten bekommt man nicht so viel mit, wenn man das nicht direkt in der Stadt mitbekommt. Da würde mehr Werbung, z.B. Social Media schon helfen, gerade in unserer Altersgruppe. Wir wohnen eine Station mit der Regionalbahn, da sieht man sonst nichts.

Faktoren im Bereich Inszenierung/Dramaturgie (11 Aussagen, 10 % der Aussagen)

- Eine offene Theaterlandschaft. Ich habe nichts gegen Multikulti. Aber ich mag nicht dieses zwanghafte "Wir müssen politisch korrekt sein." Auch modernes Theater. Aber ich mag nicht dieses politisch korrekte, wo sich jemand drei Tage lang einen Text durchliest, ob da irgendetwas drinsteht, wodurch sich irgendjemand beleidigt fühlen könnte.
- Früher war ich oft in der Landesbühne, und da habe ich sehr geschätzt, dass die da sehr originalgetreu und in der Zeit gespielt haben. Ich habe einmal Die Räuber in der Landesbühne gesehen, und da war das richtig eine Räuberbühne, und im Schauspiel, da kamen die so Mafia-mäßig rüber. Da habe ich gedacht: Uh, das ist mir ein bisschen zu schräg. Wenn ich mich in die Zeit von Schiller versetze, ist auch die historische Regie besser.
- Ja, ich liebe traditionelles Theater, traditionelle Oper. Und das, was ich manchmal lese, da denke ich: Muss das sein? Es ist auch schon vier Jahre her, da habe ich Mozart gesehen, Oper, war auch modernisiert. Aber… ich muss das nicht haben, dass man auf der Bühne pinkelt.
- Keine moderne Fäkaliensprache. Ich war mit unserer Tochter, da war die kurz vorm Abi, in Romeo und Julia. Weil ich gesagt habe, das ist ein Klassiker. Da sind wir nach der Pause gegangen, das war in einer

Sprache, dass mich meine Tochter angesehen hat und gesagt hat: Das soll die schönste Liebesgeschichte der Welt sein? So was brauche ich nicht. Man kann alte Texte durch Sprache in die neue Zeit holen.

- Manchmal werden ja auch alte, klassische Stücke gespielt, und dann werden die so modern gespielt. Ich bin da so ein, zwei Mal hingegangen und war hinterher enttäuscht. Das ist dann manchmal hinterher irritierend. Es soll auch irritierend sein, aber manchmal ist es so irritierend, dass ich keinen Ansatz finde.
- Mein Ding sind nicht die Neuinszenierungen. Ich finde eher die Klassiker gut. Mit den Neuinszenierungen hat sich das bei mir in letzter Zeit abgeschwächt. Nicht ganz so neu und abgefahren.
- Nicht zu lang, nicht zu modern.
- Wenn das Thema interessant ist. Ich mag nur diese ganz abstrakten Sachen, die - ich drück's mal böse aus - zu künstlerisch sind, nicht. Damit kann ich nichts anfangen. So Sachen mit Story finde ich immer ganz gut. Sonst komme ich mir vor, als wäre ich zu blöd.
- Andere Inszenierungen. Meine Augen müssen Farben sehen. Wieder schön.
- Bei Oper besteht kein Interesse. Beim Schauspiel gibt es jetzt auch viele Stücke, die aktuelle Themen ansprechen, das finde ich cool. Alte Klassiker, das ist nicht so mein Thema.
- Dann müssten sie die Inszenierung machen, wie sie die früher gemacht haben. Ein bisschen romantischer. Denn wenn ich die Aufführungen im Fernsehen sehe, die Intendanten, und diese modernen Inszenierungen. Sonst brauche ich doch nicht ins Theater zu gehen, da kann ich doch auf der Straße bleiben. Ich will Romantik.

Faktoren im Bereich Zugänglichkeit/Barrierefreiheit (3 Aussagen, 3 % der Aussagen)

- Aus Grundschullehrersicht: Das ganze etwas offener gestalten für Kinder.
- Wenn es auf Englisch wäre oder gut zu verstehen. Das Problem ist nicht das Geld, sondern die Sprache. Es ist das gleiche wie in der Schule: Die Sprache ist eine große Mauer, um sich zu integrieren.
- Zugänglicher für Alte werden. Mir fehlt nichts, nur die Motorik der Hände und der Zehen hat nachgelassen. Ich gehe mit Begleitung meiner Frau.

Aussagen zur Bedeutung von Staatsoper oder Schauspiel Hannover im persönlichen Umfeld

Aussagen insgesamt: 119 Aussagen
Keine oder geringe Bedeutung (63 Aussagen, 53 % der Aussagen) - Alles Gut. Nichts zu verändern. - Ab und zu mit meinen Eltern. - Auch nicht. - Außer, dass mein Vater dort arbeitet, gar nicht. - Bei wenigen Personen - Das Kulturelle wird abnehmen, die Verwahrlosung wird zunehmen. - Doch, meine Schwester. Die muss aber zwangsläufig hin, weil ihr Mann Arzt ist, die sind als Notarzt im Theater. - Eher eine geringere Rolle. - Eher gering. Ich habe so den Eindruck, die Jugend ist vielleicht noch theaterbegeistert, weil die das von der Schule gewöhnt sind. Aber von der Gesellschaft ist das ganz schön weit weg. - Eher nicht. - Eher nicht. Die gehen in andere Richtung, eher in Kino. - Eher weniger. - Eigentlich nicht. Zu Konzerten gehen wir öfter gemeinsam. Wenn jetzt zum Beispiel die Skorpions kommen. Mehr so im Rock-Bereich. Aber so zu Theaterstücken oder Opern, da gehen wir dann. Zu den Sinfoniekonzerten, da sind wir ab und zu, kommt auf den Komponisten an. - Ein Drittel meiner Freunde, die meisten eher nicht. Am meisten so mit meiner Freundin. Ich bin eher der, der die anderen mitzieht, nicht andersrum. - Ein Kumpel von mir ja, mit dem ich auch da hingehen würde. Aber sonst kenne ich keinen, der mit mir hingehen würde. Sonst nicht so, die gehen eher ins Kino, als Theater oder Oper. - Freunde und Bekannte gehen weniger. - Früher haben mich Freunde angesprochen, die da hingegangen sind. Sonst nicht. - Für meine Familie nicht, weil sie nicht hier wohnt. Und für meine Freunde auch eher nicht so relevant. Das ist vielleicht auch ein Grund, warum ich nicht so häufig hingehe. Das es für die anderen nicht relevant ist und ich dann niemanden habe, mit denen ich da hingehe. - Gar keine. (3 mal genannt) - Gar nicht so viel. Obwohl wir da waren vor eineinhalb Jahren. (Fragt einen Freund) Es ist nicht so super präsent. - Gar nicht. Nicht, dass ich wüsste. - Geht. Nicht so, ist nicht unsere Welt. - Ich glaube weniger. Bei ein paar schon, aber nicht bei allen. - Ich glaube, eher weniger. Meine Altersklasse, die sind dann schon wieder zu bequem: "Dann ist es schon wieder zu spät, wenn wir zurückkommen." Früher anfangen, zum Beispiel 18:00, das wäre schon ein Punkt. Das war bei uns immer wieder Thema. - Ich hab Freunde, die auch gerne mal in die Oper gehen, aber an sich ist das nicht so eine große Rolle, weil man böse gesagt bestimmt auch was anderes finden würde, wo man hingehen könnte. So Angebote wie der Poetry Slam sind ganz cool, aber die findet man auch woanders, deswegen ist es nicht Anlaufstell Nummer Eins. - Ich habe ein paar Freunde, die auch ins Theater gehen, aber die meisten eher nicht, das sind eher Kino- und Club-Gänger. - Ich habe so zwei, drei Freunde, die da auch dran interessiert sind, ansonsten nicht unbedingt. - Ich kannte Theater nicht aus dem Elternhaus, eher Musical. - Ich lebe allein, vorerst ist Priorität Arbeit und klarzukommen. - Im Freundeskreis ist es kein Gespräch - In meinem konkreten Freundeskreis eher nebensächlich.

- Ja, einige. Die Minderheit. War schon immer so. Kulturinteressierte muss man suchen.
- Keine große Rolle. (2 mal genannt)
- Keine große.
- Keine übergeordnete Rolle. Ich glaube, dass die auch eher wenig hingehen.
- Kleine Rolle. Ich gehe größtenteils mit meiner Family.
- Mein Nachbar ist da glaube ich hingegangen, der ist ein bisschen mehr in diesem intellektuellen Milieu drin.
- Meine Freundinnen direkt gehen nicht ins Theater. Die gehen viel zu Konzert, Rock-Konzert und solche Sachen.
- Nein, da ist keiner.
- Nein, gar keiner. Meine Mutter ist ja Deutsche, mein Vater ist Türke. Da fällt mir niemand ein. Ich habe einen Onkel, der sammelt gerne so Locks. Ich habe schon so viele Hobbies gehört, von meinen Onkeln und Tanten. Aber niemand geht ins Theater.
- Nein, gibt es nicht. Vielleicht später, wenn ich die Sprache besser sprechen kann.
- Nein, kein Interesse.
- Nein, nicht wirklich. Es sind schon auch immer spezielle Arten von Menschen, die ins Theater gehen. Das ist nicht mehr Gang und Gebe. Wer liest schon noch ein klassisches Stück. Außer in der Schule - da bin ich schon sehr dankbar, dass man das macht.
- Nein. (2 mal genannt)
- Nicht das Staatstheater, aber generell spielt Kultur eine große Rolle.
- Nicht so eine große Rolle. Auf einer Skala von 1 bis 10 vielleicht 2.
- Nicht so. Unsere Freunde gehen eher ins Kino.
- Nicht wirklich. Meine WG zum Beispiel nicht.
- Nur Operette, Oper nicht.
- Oper und Theater grundsätzlich eine kleine Rolle.
- Relativ wenig. Wobei viele sagen: Das und das wollten wir uns ganz gerne ansehen, und dann findet man doch keinen Termin. Und wenn wir mal zusammen gehen, dann so zu Poetry Slam, weil es einer zum Geburtstag geschenkt bekommt.
- Schauspiel weniger, Oper gemischt.
- Schwierig. Ich habe jetzt gelernt, Charlie hier geht mit mir, aber die meisten sonst interessiert es nicht so richtig.
- Staatstheater ist weniger wichtig, weil wir nicht so gut die deutsche Sprache sprechen. Oper ja.
- Tendenziell nicht so groß, aber durch Schule kommt man schon damit in Kontakt.
- Von meiner Familie kenne ich das tatsächlich gar nicht, das habe ich erst gelernt, als ich hierher gezogen bin. Zuhause – ich komme vom Land – da haben wir kein Theater. Ich habe auch ein, zwei Freundinnen, die sehr daran interessiert sind, mit denen habe ich aber gerade nicht so viel zu tun.
- Wenig.
- Wenig. Ich kriege es wenig mit in meinem Freundeskreis.
- Weniger.
- Weniger. Die haben sich alle von jüngeren Leuten, Kindern und Enkeln verleiten lassen, plötzlich wollen alle jünger aussehen. Und dann ist das wie vor zwanzig Jahren: Der Opa geht zur Oper.

Mittlere oder gemischte Bedeutung (31 Aussagen, 26 % der Aussagen)

- Bei einigen schon, aber ich könnte jetzt nicht sagen, mit welcher Frequenz. Das sehe ich dann immer nur, wenn sie das bei Instagram posten.
- Das ist genau wie bei uns gemixt: Wir haben welche, die gehen sehr häufig hin, und andere, die gehen einmal im halben Jahr.
- Das ist sehr aufgeteilt in die Freunde, die alle Lehrer sind, und nicht im Schulrahmen ins Theater gehen, sondern privat. Und die andere Hälfte, die eher so in Konzerte geht, aber für Theater nicht so viel übrig hat. Das ist dann eher nur filmbezogen.
- Die Familie meines Ehemanns geht ins Theater, die sonstigen Freunde kaum.
- Durchaus spielt das eine Rolle. Ich würde sagen, 30 oder 40% der Leute gehen auch in das Theater.

- Einige gehen sicherlich in Theater, aber genau weiß ich das nicht. Kino.
- Es hat ein relativ hohes Ansehen, und ich weiß auch, dass einige meiner Freunde da noch hingehen. Aber ich bin auch gerade keine Studentin mehr, das heißt die Tickets sind auch deutlich teurer geworden.
- Es ist ähnlich wie bei mir. Gute Freunde, Bekannte. Ich kenne viele, die zu Weihnachten, so zur Zauberflöte, mit ihren Kindern gehen.
- Es ist sehr unterschiedlich. Ein Kollege nimmt sich die Zeit und fährt einmal im Monat in die Oper. Und andere wissen kaum, dass es das gibt.
- Freunde in Berlin gehen ins Theater.
- Geht eigentlich so. Meine Eltern, die würden eigentlich gerne, kommen aber einfach nicht dazu. Freunde dann so wie bei mir: ab und zu, aber nicht regelmäßig.
- Ich hab ein paar Freunde die gehen da gerne hin.
- Ich habe ein paar Musik-Studierende in meinem Freundeskreis, die kennen das natürlich. Aber sonst nicht.
- Ich habe zwei Freudinnen, die manchmal gehen möchten. Besser als alleine.
- Ich weiß, dass der Sohn von Bekannten bei "Kinder an der Oper" oder so, mitmacht.
- Im Schauspielhaus waren wir mit dem Deutschkurs das letzte Mal. Und die Oper: meine Schwester singt dort im Chor und macht in den Kinderschauspielangeboten mit. Auch vorher sind meine Eltern mehr in die Oper gegangen.
- Ist so ein Ding bei mir. Einmal im Jahr mit meiner Tante, einmal mit meinen Eltern. Meine Freunde mögen das gar nicht
- Kommt ganz drauf an. Manche interessieren sich dafür und gehen hin, oder waren viel da. Andere wiederum gar nicht oder nur mit der Schule.
- Letzte Woche standen wir vor der Oper und sagten: "Da müssen wir mal rein. In größerem Kreis."
- Meine Freunde gehen eigentlich recht oft, würde ich sagen, aber es ist jetzt kein Gesprächsthema.
- Meine Nichten sind auch sehr interessiert, mit Oper und so. Aber Freundeskreis würde ich jetzt nicht sagen. Nur Familie, meine Nichten und meine Tochter.
- Meine Tochter - da kann ich mich nicht erinnern, dass sie schon mal da war. Ich gehe gerne hin, weil internationale Schauspieler dabei sind. Die Kostüme interessieren mich, weil ich selber Kostüme genäht habe. Ich war Dozentin und auch Tänzerin.
- Meine Verwandten, der Familienkreis, die sind auf jeden Fall immer mit dabei. Von meinen Freunden gibt es einige, die gerne in die Oper gehen, aber auch welche, die nicht gerne gehen.
- Mit den Eltern. Da gibt es ein, zwei, die das so machen. So traditionell.
- Schauspiel eher weniger, Staatsoper kommt's drauf an, was läuft. Von meiner Familie ist es eher wieder das Tänzerische, also Ballett, was man sich angucken würde.
- Sehr oft kann ich nicht sagen, Es gibt schon Freunde, die sich ab und zu ein Stück anschauen.
- Spielt schon eine Rolle. Es gibt welche, die auch gerne hingehen.
- Teilweise ja. Manchmal gehe ich mit denen. Das Abo habe ich mit meinem Mann, dann trifft man die. Man trifft ja immer die gleichen.
- Teilweise, aber nicht so präsent.
- Teilweise, würde ich sagen. Viele suchen nach Corona auch wieder in die Richtung.
- Teilweise. Im engeren Umkreis keine, im weiteren Umkreis schon welche, die auch gehen.

Größere Bedeutung (25 Aussagen, 21 % der Aussagen)

- Die gehen auf jeden Fall auch ins Theater
- Die machen das auch alle.
- Die meisten Freunde sind von der Musikhochschule, also ist dieser Ort unser Treffpunkt, wir gehen oft in die Staatsoper.
- Eine große Rolle. Ich habe aber auch viele Menschen, die selber Theater machen.
- Eine große Rolle. Meine Freundinnen gehen oft dahin, und wir reden davon.
- Einige Freunde sind bei der Statisterei, sind also aktiv am Mitmachen. Dadurch kommt man natürlich noch häufiger als sonst dorthin, wenn man sich auch deren Rollen anschaut. Ansonsten gehen wir doch auch sonst relativ häufig hin.

- Es gibt ein paar Leute, die Schauspiel machen. Manche, die auch gerne hingehen. Vor allem Studis, die diesen Rabatt kriegen.
- Es ist auch im Gespräch zwischen Freunden.
- Ich habe mit vielen Leuten zu tun, die mit Theater zu tun haben.
- Ich höre immer von meinen Eltern, dass die viel ins Theater gehen, und was es da gibt. Ich verfolge das auch.
- Im Freundeskreis. Ja, zum Teil schon, ich kenne sogar einige, die am Theater gearbeitet haben.
- Ist vorhanden, jedenfalls. Zumindest Schauspiel, Oper nicht so.
- Ja, meine Freunde und Freundinnen besuchen das. Eine Freundin von mir arbeitet im Schauspielhaus.
- Ja, obwohl ich selbst wenig dorthin gehe.
- Mein Sohn ist Regisseur. Er ist auch schon mal im Schauspiel aufgetreten, dann bin ich natürlich da. Aber er sagt auch so: Mama, da ist was interessantes.
- Meine Arbeitskollegen sind regelmäßig im Theater. Eine meiner Freundinnen geht regelmäßig.
- Meine Eltern haben ein Abo im Schauspielhaus. Da hat es also relativ große Bedeutung. Und das Weihnachtsmärchen, bei Kollegen auch.
- Schon groß. Aber meine Freunde wohnen alle in Hildesheim.
- Spielt große Rolle. Ich weiß, dass viele meiner Freunde regelmäßig in das Schauspielhaus, in die Oper gehen und dann natürlich davon berichten.
- Unsere Enkelin singt im Kinderchor da.
- Wenn man ein bisschen kulturell interessiert ist, dann ist es wichtig, dass es das gibt, dass es da ist. Ohne, dass ich da selbst hingehe, würde dem kulturellen Leben in Hannover ganz schön was abgehen.
- Wir gehen kulturmäßig viel ohne unseren jüngeren Freunde, mehr mit unseren älteren Freunden. Da sind wir aber schon öfter in der Oper und auch im Schauspielhaus gewesen.
- Wir haben so einen Freundeskreis, wo wir ein Theaterabonnement haben, wo wir dann vier, fünfmal im Jahr ins Theater gehen.
- Wir holen regelmäßig die Spielpläne, die verteile ich dann und dann schauen wir.
- Wir sind eine kleine Gruppe von vier bis sechs Personen.

Interviews mit einer Erheberin und einem Erheber der Straßenbefragung

<table>
<tr><td>

Wer kommt, wer kommt weniger oder nicht mehr, wer kommt gar nicht?

„Die, die kommen: Die, die Zeit haben, die das Geld haben, und die das sowieso schon machen. Wenn da regelmäßige Operngänger dabei waren, dann schon seit langer Zeit und oft auch irgendwie durch ein Art Sozialisierung durch das Elternhaus. Oder weil sie grob was mit darstellender Kunst zu tun haben."

„Diejenigen, die weniger kommen: Es gab ein Gefühl, was so hängengeblieben war, war: Dass schon relativ viel durch Corona gekommen ist. Dass die Leute sagen: Gut, das haben wir vor Corona gemacht. Jetzt hat sich die Gruppe zerschlagen, wir haben uns noch nicht so ganz wieder zusammengefunden."

„Oder – wobei das schon fast die dritte Gruppe ist: Die Leute, die mal da waren, aber nicht mehr da sind: Weil denen die Inszenierungen gar nicht gefallen. Das ist denen zu modern im Sinne von zu abstrakt, zu weit weg von textlichen Original. Und oft zu sehr auf Reaktion aus, und nicht auf Ausdruck. Im Sinn von: „Ich möchte etwas ganz extremes machen, damit ich eine Reaktion vom Publikum bekomme. Und wenn ein Teil nichts damit anfangen kann und es komplett Banane findet, ist das auch gut." Die Idee von Inszenierung wurden meines Erachtens als negativ bewertet und auch als Grund genommen, warum Personen, die schon mal da waren, nicht mehr kommen."

!Und natürlich die Leute, die das kennen aber noch nie da waren: Das Interesse ist einfach nicht da. Die sagen dann: „Das ist halt nichts für mich, da kann auch das Programm nichts ändern."

„Da kannst Du auch nicht viel machen, da sagen die dann: „Ja, Comedy, Musical, Disney."

</td></tr>
<tr><td>

Profil der Befragungsorte/Stadträume

„Kröpcke ist als Umstiegsort unglaublich divers. Da kommen alle Menschen allen möglichen Hintergrunds. Ich war ansonsten für die qualitative Umfrage nur am Engelbosteler Damm. Ich habe da sehr wenig wirklich junge Menschen gehabt. Mit wirklich jung meine ich U18. Die ich aber auch am Kröpcke kaum ansprechen konnte, weil die alle keine Zeit hatten. Zwei, drei hatte ich glaube ich, die waren dann sogar überraschend interessiert."

</td></tr>
<tr><td>

Rückgewinnung des „inaktiven" Publikums

„Das interessanteste sind ja die Leute, die schon mal da waren, und jetzt aus Trott gekommen sind. Die wissen ja ganz genau, wie das funktioniert. Das ist immer die Frage. Wirklich komplett neues Publikum zu akquirieren, ist unfassbar schwierig. Da redet man davon, irgendwie das Produkt zu den Leuten hinzubringen, wenigstens als Kostprobe. Es gibt ja die Kostprobe tatsächlich als Format. Irgendwelche Sachen, sei es an anderen Spielstätten, in der Stadt. So etwas wie Feinkost Lampe. Das macht man ja auch. Ich glaube, das ist etwas Gutes. Ich weiß nicht, ob man das auch mit Sachen schafft, die sich nicht dafür anbieten. Ich meine, dass man vom Don Giovanni irgendeine kleine Sache irgendwo spielt, eine Szene, die recht lustig ist und die Leute holt."

„Aber: Wie hole ich die Leute wieder, die nicht mehr kommen? Ich glaube, die üblichen Sachen werden ja schon gemacht: Die Leute, die mal was gekauft haben, kontaktieren. Natürlich ist diese Umfrage etwas sehr wichtiges: Was beschäftigt die Leute, vorauf sind sie scharf."

„Verständlicheres Theater, das die Leute auf verschiedenen Ebenen abholt. Handlungsstränge, die irgendwie nachvollziehbar sind. Es ist ja gerade dieser Trend, Postmodernes Theater, ich bin da selbst involviert und weiß um die Reize. Aber um eine breite Masse zu begeistern, muss man auch Geschichten haben, die nachvollziehbar sind. Geschichten aus der Gesellschaft erzählen, das wird ja am Schauspiel

</td></tr>
</table>

auch viel gemacht. Aber ich glaube auch, dass über Humor viel funktioniert. Komödien. Oder bekanntere Sachen.“

„Mit den Inszenierungen muss man schauen, wie man die, die nicht mehr kommen, anspricht. Wenn die weniger extrem sind, dass man die Leute davon überzeugt, dass das auch passiert. Dass man den Leuten ein Sicherheitsgefühl gibt. Wenn Sie diese Karte kaufen: Haben Sie keine Angst, es werden keine Leute nackt schreiend über die Bühne rennen, außer der Komponist hat's reingeschrieben.“

Spezifisches Publikum in Schauspiel:

„Ich denke da insbesondere an Ballhof und Schauspielhaus, weil ich da das Gefühl habe, dass die Themenbreite viel breiter ist als in der Oper. Weil es sich eingebürgert hat, dass man hier was großes macht. Da hat man dann eher so experimentelle Sachen, was neues. Ich habe das Gefühl, dass man bei den Leuten an den Schauspiel-Orten mehr Freiheiten hat. Da war ich selbst positiv überrascht. Wie viele Leute zu den ganzen Sachen hingehen, gerade diese neuen Stücke, diese neuen Sachen, die gerade geschrieben wurden, die sich noch nicht so etabliert haben, wie im Extremfall Goethes Faust.“

Was machen die Menschen nach Corona:

„Überraschend wenig Kino. Das Kinoleben ist eingeschlafen, nicht nur in meinem Freundeskreis, sondern auch, was ich so von den Umfragen gehört habe. Ich glaube nicht, dass das erst seit Corona ist, sondern dass es vorher schon war. Und wenn man die Themen anschaut – Kommt drauf an, welches Publikum man will. Natürlich ist gerade sehr viel Klimawandel, sehr viel soziale Gerechtigkeit, sehr viel Sichtbarkeit von verschiedenen Personengruppen, sei es ethnisch divers, sei es sexuelle Orientierung, sei es sexuelle Identität, die die Leute interessiert. Die Themen sind gerade hoch anzusetzen, insbesondere bei den Leuten in den jüngeren Generationen. Wenn ich es politisch auf den Nenner bringe: tendenziell eher links. Das sind die Themen, die da gerade als wichtig angesehen werden.“

„Wenn man sich die konservativen Themen anschaut: Da wäre ich tatsächlich neugierig. Wie man konservativ eingestellte Menschen wieder in Stücke kriegt, einfach durch Themenwahl. Ob man sich davon distanziert und sagt: Ich brauche beides: Die aktuellen Themen, den Klimawandel, und solche Dinge. Und gleichzeitig einen Block, der sagt: „Gut, wir ignorieren das einfach mal und sagen: Liebe, das ist immer noch was Schönes, und da kann man auch in 200 Jahren noch drüber schreiben.“

Publika mit Migrationshintergrund

„Im Opernhaus hat sich alles bestätigt, was ich vermutet habe: Auch wenn ich selber da bin: Man sieht immer wieder, dass es im Vergleich doch eine recht alte Publikumsgruppe ist. Wenn man in meinen Kinderjahren schon vom Silbermeer geredet hat, dann hat sich daran nicht so richtig was verändert. Da hat man zwar junge Leute drinsitzen, aber als Musikstudent muss ich sagen: Die meisten jungen kenne ich dann aus der Hochschule.“

„Da habe ich tatsächlich im Schauspielhaus und im Ballhof gedacht: Die Sachen, wo ich gedacht habe: Oh, die Sachen sind aber wirklich gut besucht. Wo ich nicht erwartet habe, dass das Schauspiel weniger als die Oper – wenn man es vielleicht ein bisschen stark macht – nicht ganz am Ende, aber doch schwach ist in der Gesellschaft. Wo ich gedacht habe: Die sind einfach auch unfassbar divers, die Leute, die da hinkommen. Zum Schauspielhaus, zum Ballhof.

„Wenn man sich das Publikum anschaut: Opernpublikum älter, weißer, wohlhabender, gebildeter. Und das Schauspielhaus, einfach von dem, was man nicht aufschreiben kann: weitaus lebhafter auch einfach. Die bringen weitaus mehr Energie mit, sind aber auch einfach jünger, bringen verschiedene Hintergründe mit. Der Anteil derjenigen, die seit vielen Generationen in Deutschland lebt, ist viel geringer. Und das hat mich tatsächlich überrascht. Positiv. Dass das Schauspiel nicht nur westliche

Hochkultur ist, sondern deutlich diverser. Und das geht auch durch die Altersschichten durch. Das ist nicht nur jung, sondern da sind auch Menschen jeden Alters dabei."

„Es gab schon eine Handvoll Menschen, die ich befragt habe, bei denen ich gemerkt habe, dass es auch eine Sprachbarriere ist. Ich habe am Kröpcke mit einer gesprochen, die noch nicht so gut Deutsch konnte, so dass so ein Besuch wie eine Schulstunde ist."

E Ausgewählte Folien aus dem Workshop „Erkenne die Lage“ zu Ausgangssituation und Kontexten

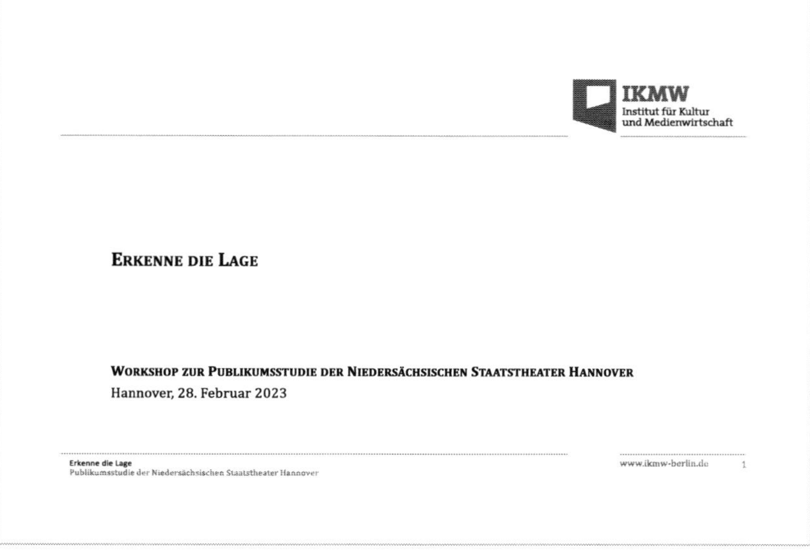

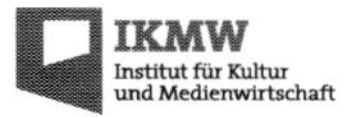

Was wir wissen – I

1) Seit den 00er Jahre kontinuierlich schrumpfender Theatermarkt
2) Keine Veränderung der Besucherstruktur bzw. Millieus
3) Unaufhaltsamer Niedergang der Besucherorganisationen (durchschnittlich unter 5%)
4) Sinkende Abos (unter 15%)
5) Stark steigender Tageskartenanteil (fast 50%)
6) Keinerlei signifikante Veränderung der Altersstruktur

Erkenne die Lage
Publikumsstudie der Niedersächsischen Staatstheater Hannover

www.ikmw-berlin.de 34

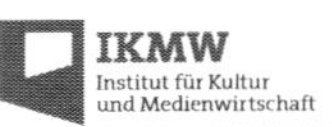

DAS PUBLIKUM AUS GENERATIONSSPEZIFISCHER PERSPEKTIVE

www.ikmw-berlin.de

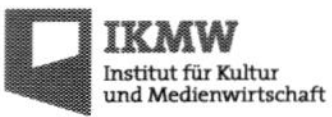

Generationen-Zyklus:

1) **Um 1940 bis Mitte 50er Jahre:** Heute Ü65J. bis Ü80J Jahre	Skeptische Nachkriegsgeneration 68er Studentengeneration
2) **Baby-Boomer, Mitte 50er bis Ende 60er Jahre:** Heute Ü50J. bis Mitte 60J.	Erste popkulturell sozialisierte, kulturkonfliktorientierte (Wirtschaftswunder-) Generation, Innenorientierung, Individualismus, Selbstverwirklichungsmilieu
3) **Generation X (Douglas Coupland):** **Ende der 60er bis ca 1980** Heute Ü40J. bis Anfang 50J.	Post-Babyboomer; Konsumgeneration: popkulturell, Konformismus, selbstverwirklichend, orientierungslos, Grenzen des Wachstums
4) **Generation Y (Millenials, „Why"-Generation/ Generation Golf):** **ca. 1980 bis Mitte/Ende 1990** Heute Ende 20J. bis Anfang 40J.	Ohne Systemalternative aufgewachsen, zwischen Sinnsuche und sozialer Sicherheit, unsicher, medienfixiert, „Ego-Taktiker"

Erkenne die Lage
Publikumsstudie der Niedersächsischen Staatstheater Hannover

www.ikmw-berlin.de 36

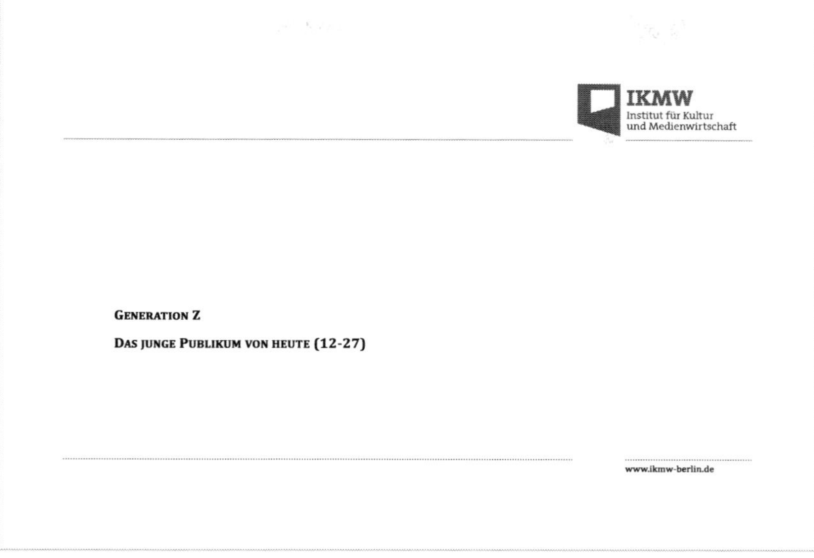
IKMW
Institut für Kultur
und Medienwirtschaft
GENERATION Z
DAS JUNGE PUBLIKUM VON HEUTE (12-27)
www.ikmw-berlin.de

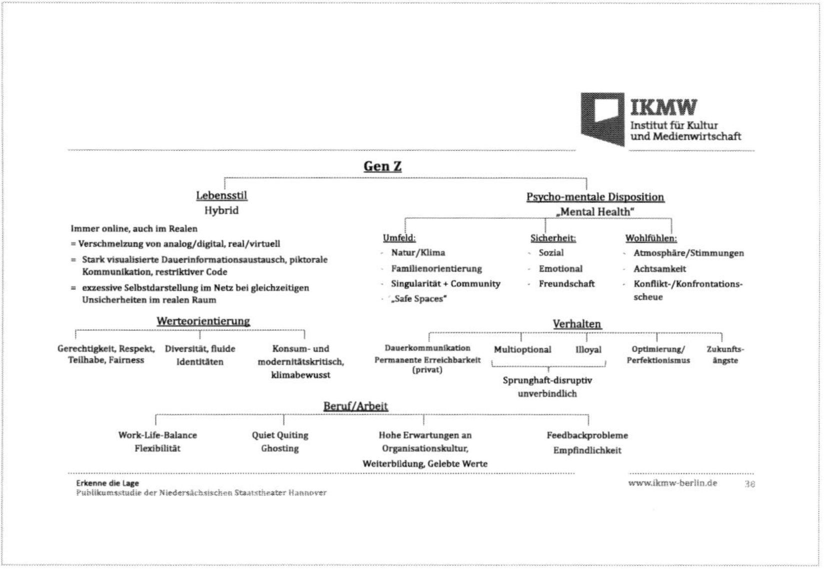
IKMW
Institut für Kultur
und Medienwirtschaft
Gen Z
Lebensstil
Hybrid
Immer online, auch im Realen
= Verschmelzung von analog/digital, real/virtuell
= Stark visualisierte Dauerinformationsaustausch, piktorale Kommunikation, restriktiver Code
= exzessive Selbstdarstellung im Netz bei gleichzeitigen Unsicherheiten im realen Raum
Psycho-mentale Disposition
„Mental Health"
Umfeld:
- Natur/Klima
- Familienorientierung
- Singularität + Community
- „Safe Spaces"
Sicherheit:
- Sozial
- Emotional
- Freundschaft
Wohlfühlen:
- Atmosphäre/Stimmungen
- Achtsamkeit
- Konflikt-/Konfrontations-scheue
Werteorientierung
Gerechtigkeit, Respekt, Teilhabe, Fairness
Diversität, fluide Identitäten
Konsum- und modernitätskritisch, klimabewusst
Verhalten
Dauerkommunikation Permanente Erreichbarkeit (privat)
Multioptional
Illoyal
Sprunghaft-disruptiv unverbindlich
Optimierung/ Perfektionismus
Zukunfts-ängste
Beruf/Arbeit
Work-Life-Balance Flexibilität
Quiet Quiting Ghosting
Hohe Erwartungen an Organisationskultur, Weiterbildung, Gelebte Werte
Feedbackprobleme Empfindlichkeit
Erkenne die Lage
Publikumsstudie der Niedersächsischen Staatstheater Hannover
www.ikmw-berlin.de
38

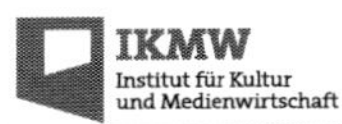

Gen Z

Ästhetische Präferenzen

|

Moodboards

|

Aesthetic Boards

= alltagskulturelle Ästhetik in Verbindung mit Konsumorientierungen („Brands), Mediennutzung, Freizeitverhalten, Kommunikation

=> Generationsspezifisches lebensweltliches „Set Design"

=> Paradigmatische Netflix-Serie: "Emily in Paris"

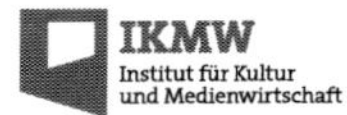

Gen Z

Typologie des Ästhetischen (Pinterest)

Art	Love	Witch	Grunge	Writing
Self-expression via Foto/Video „Art" als Lifestyle Piercing Tattoos Graffiti	"All you need is love" between everyone and anybody Fluid identities Peace Pride Acceptence of all kinds of sexual orientations	Subculture Feminism Lifestyle of witchcraft	Pop-Culture-Movement 80s/90s Anti-conformity Resisting Materialism Rebellious attitude	Poeting: Gefühlsprosa, Gebrauchslyrik Digital media Fan fiction Visual storytelling Character development Writing prompts (Schreibübungsmuster)

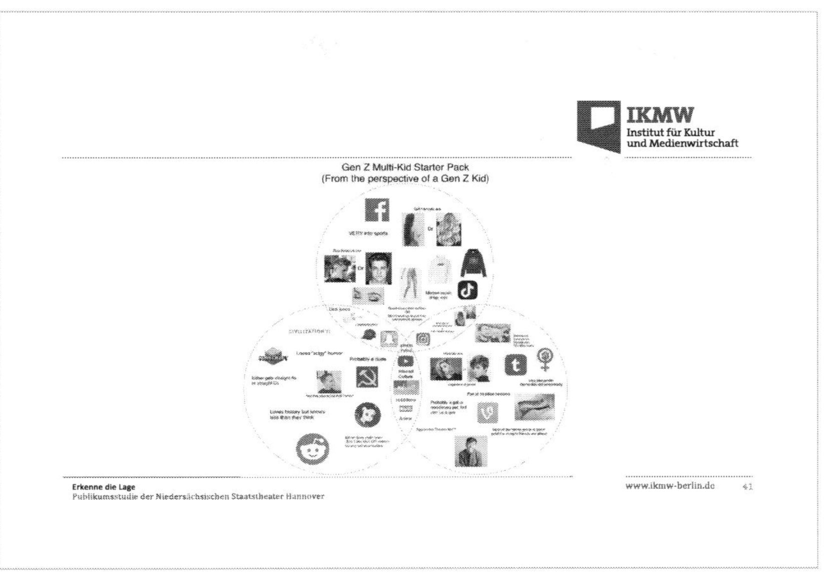
IKMW
Institut für Kultur
und Medienwirtschaft
Gen Z Multi-Kid Starter Pack
(From the perspective of a Gen Z Kid)
VERY into sports
Loves "edgy" humor
Probably a dude
Loves history but knows less than they think
Erkenne die Lage
Publikumsstudie der Niedersächsischen Staatstheater Hannover
www.ikmw-berlin.de
41

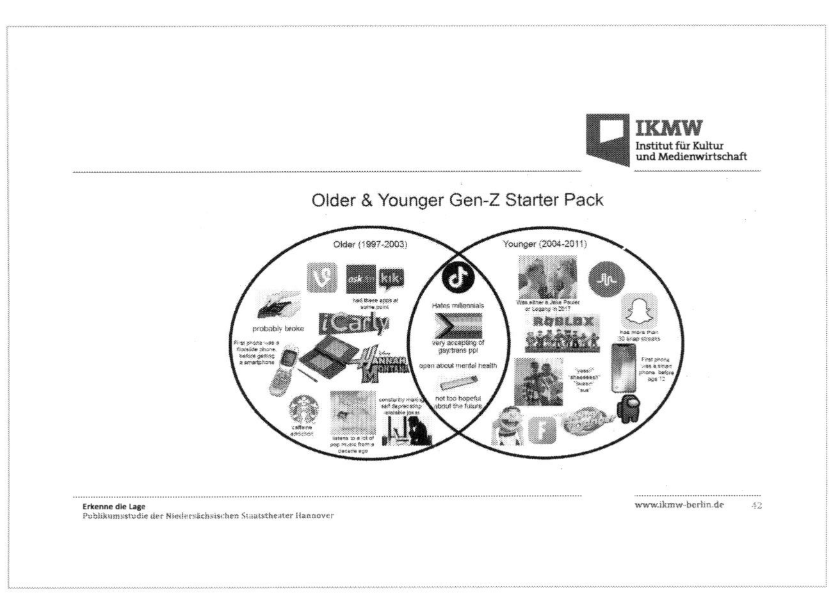
IKMW
Institut für Kultur
und Medienwirtschaft
Older & Younger Gen-Z Starter Pack
Older (1997-2003)
Younger (2004-2011)
had these apps at some point
probably broke
caffeine addiction
Hates millennials
very accepting of gay/trans ppl
open about mental health
not too hopeful about the future
ROBLOX
Erkenne die Lage
Publikumsstudie der Niedersächsischen Staatstheater Hannover
www.ikmw-berlin.de
42

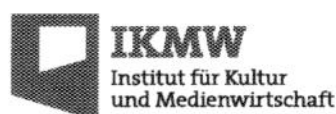

Hochkulturverhalten Gen Z

Eindeutige Präferenz für den zeitgenössischen Kunstbetrieb: Galerien, Biennale, documenta fifteen, spektakuläre Sonderausstellungen Museen

Generelles Verhalten Theaterbetrieb:

sporadisch-spontan, gezielt, (z.B. „Lars-Eidinger-Effekt"), nicht-kontinuierlich und viel geringere Frequenz als noch Ende des 20. Jahrhunderts, illoyal, keine Aussicht auf neues „Stammpublikum"

Erkenne die Lage
Publikumsstudie der Niedersächsischen Staatstheater Hannover

www.ikmw-berlin.de 43

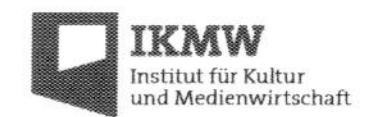

PROBE AUFS EXEMPEL:

PASS CULTURE 2021

INDIKATOR FÜR DIE KULTURNUTZUNG FRANZÖSISCHER JUGENDLICHER

www.ikmw-berlin.de

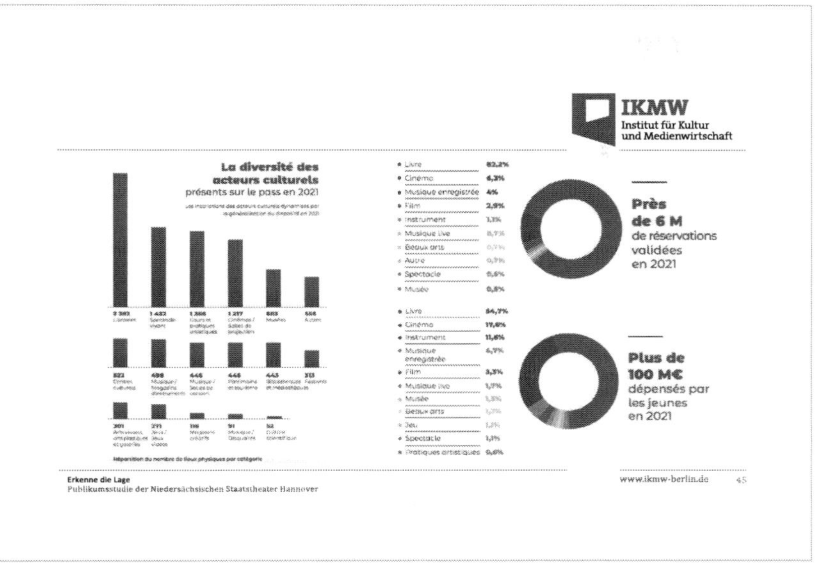

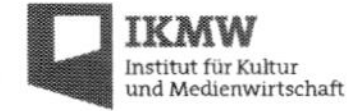

STAATSTHEATER HANNOVER AKTUELL

FORSCHUNGSSTAND, KRISENSZENARIO UND ERSTE ERKENNTNISSE ZUR LAGE

www.ikmw-berlin.de

Prolog:

(soziokulturelle) Verkehrsformen

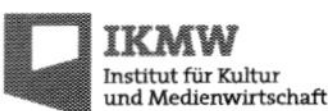

These:

Nach drei Jahren pandemischer Erfahrung verbunden mit weiteren krisenhaften, den Alltag tangierenden Erfahrungen zeichnen sich tiefgreifende, potenziell dauerhafte Veränderungen der Verkehrsformen (Verhalten, Beziehungsgestaltung, soziale Interaktion, Umgangsformen, wertebasierte Präferenzen / Priorisierungen, Alltags- und Arbeitsentwürfe) ab.

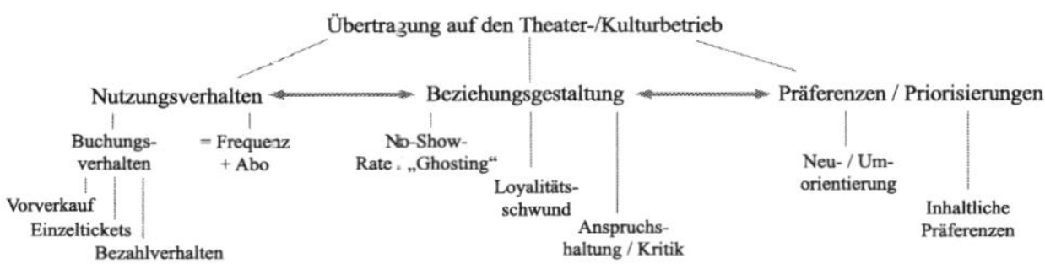

Daraufhin sollten wir das statistische Material ergänzen, differenzieren, strukturieren.

Erkenne die Lage
Publikumsstudie der Niedersächsischen Staatstheater Hannover
www.ikmw-berlin.de 47

Aktuell und dauerhaft:

Krisenszenario

IKMW
Institut für Kultur
und Medienwirtschaft

Programm / Besucher		Organisation / Produktion
Zurückhaltung / partielle Inaktivität des Publikums	—	Multiple Kostenexplosion und Anforderungssteigerungen (Nachhaltigkeit)
Unsicherheit bei Angebotsakzeptanz / Neue Prioritäten (Umorientierung)	—	Fachkräftemangel Technik / Gewerke / IT

= potenzielle, reale Veränderungen der Verkehrsformen (Nutzungspräferenzen, Nutzungsformen und -frequenzen etc.) sowie der Produktionsbedingungen

Externe Herausforderungen auf Dauer

- Extrem belastete, neuverschuldete öffentliche Haushalte mit veränderten Ausgabeprioritäten
- Expandierende Digitalkulturen: Hybridisierung der Alltags- und Freizeitkultur, Metaverse, KI

= neue ökonomisch-medientechnologische Rahmenbedingungen und Verhaltensformen (Wohlstandsverluste, Arbeits- und Alltagsverhalten, Mobilität, Freizeit)

Erkenne die Lage
Publikumsstudie der Niedersächsischen Staatstheater Hannover
www.ikmw-berlin.de 48

Kritik am Theaterbetrieb allgemein:

Was man hört /was man liest

IKMW
Institut für Kultur und Medienwirtschaft

Mediale Außenperspektive

Entkopplung/ Entfremdung/Entwöhnung beim Publikum ⟷ Müdigkeit/ Unzufriedenheit beim Publikum ⟷ Blasenbildung im Theaterbetrieb

durch:
- Bevormundung / Belehrung / Indoktrination
- Falsche Themen: „elitäre", „abgehobene" Spielplangestaltung und „Ästhetiken"

- Sehnsucht nach dem Kanon, nach Geschichten (erzählendes vs. diskursives Theater)
- Sehnsucht nacheiner anderen Wirklichkeit jenseits der Reproduktion des „Aktuellen"

- Identitätspolitische Segregation, abgespaltete Milieus jenseits des ökonomischen oder Bildungsstatus
= Reproduktion von Milieuidentitäten
= Ideologisierte geistige Homogenisierung
= „bunter gemachte Elite" (taz vom 16.11.2022)

Erkenne die Lage
Publikumsstudie der Niedersächsischen Staatstheater Hannover

www.ikmw-berlin.de 49

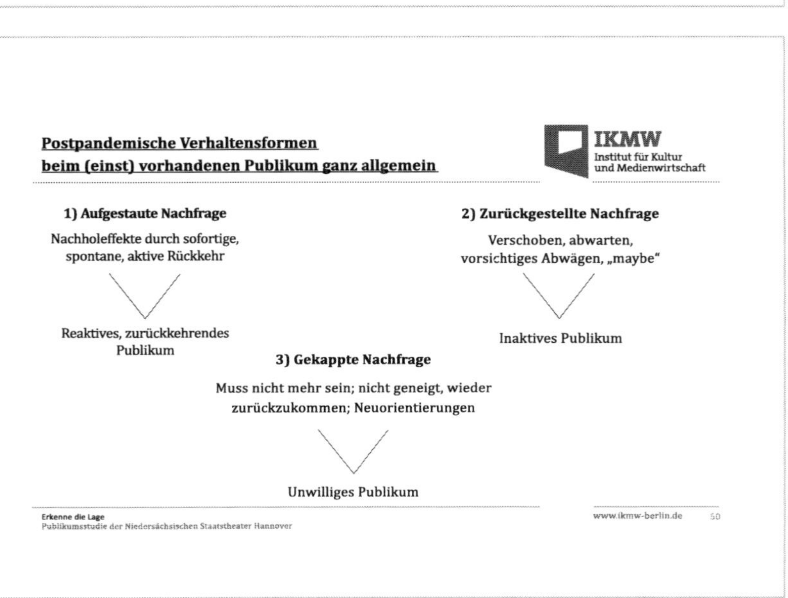

Systemische (Irr-)Wege aus der Krise

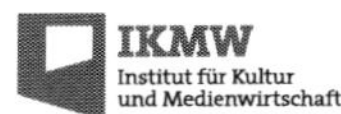

Wie bisher reagiert wird – systemische (Irr-)Wege aus der Krise

1) Rabattierungen aller Art
2) Strategische Allianzen unterschiedlicher Anbieter (Wien): Theater-Oper-Konzert-"Kartell"(databased tracking).
   Effekt: Konzentration des Angebots in Richtung Kanon
3) Diversifizierung ins Popkulturelle (aber: Einmaleffekte) bzw. diversitätsgetriebene Zusatzangebote
4) Kannibalisierung der Freien Szene (aber: kein Plus an Zuschauern bei immer kleinteiligeren Produktionen)
5) Verringerung der Zuschauerkapazitäten
6) Aussitzen, Warten auf „bessere Zeiten"

Erkenne die Lage
Publikumsstudie der Niedersächsischen Staatstheater Hannover

www.ikmw-berlin.de 51

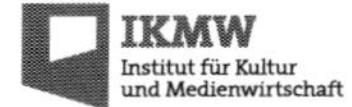

Was wir wissen – II

Mit der Pandemie nachhaltige Veränderung der Verkehrsformen:

- Große Teile des Publikums kehren allmählich zurück – aber anders:
- Partielle „Entkopplung vom System" in Bezug auf Auswahl und Programm = Entfremdung, Demonstration der „Mündigkeit"
- Fokussierung auf den Kanon
- „Wählerischer", gezieltere Nutzung
- Wiederbesuchszeitraum wächst (in USA: 29 Monate!) = gewachsene Besuchszyklen sind „disrupted", weniger ambitionierter Anwesenheits-"Glidepath"
- Viel stärkerer Wettbewerb um „Freizeit" in 2023 (s. Thomas Krens-Revival!), veränderte „Präferenzen", „Home" (in den USA +40%)
- Das Besondere, Supervisitors etc. kaufen mehr denn je (Konzertbranche)

Erkenne die Lage
Publikumsstudie der Niedersächsischen Staatstheater Hannover

www.ikmw-berlin.de 52

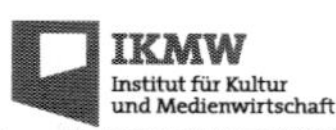

Was wir wissen – II

Mit der Pandemie nachhaltige Veränderung der Verkehrsformen:

- Große Teile des Publikums kehren allmählich zurück – aber anders:
- Partielle „Entkopplung vom System" in Bezug auf Auswahl und Programm = Entfremdung, Demonstration der „Mündigkeit"
- Fokussierung auf den Kanon
- „Wählerischer", gezieltere Nutzung
- Wiederbesuchszeitraum wächst (in USA: 29 Monate!) = gewachsene Besuchszyklen sind „disrupted", weniger ambitionierter Anwesenheits-"Glidepath"
- Viel stärkerer Wettbewerb um „Freizeit" in 2023 (s. Thomas Krens-Revival!), veränderte „Präferenzen", „Home" (in den USA +40%)
- Das Besondere, Supervisitors etc. kaufen mehr denn je (Konzertbranche)

Erkenne die Lage
Publikumsstudie der Niedersächsischen Staatstheater Hannover

www.ikmw-berlin.de 52

IKMW
Institut für Kultur
und Medienwirtschaft

Was wir wissen – III

Sehr hoher und bleibender zusätzlicher Kostendruck:

Energie, Dienstleistungen, Löhne und Gehälter, Nachhaltigkeit, Gebäude- und Techniksanierungen

Erkenne die Lage
Publikumsstudie der Niedersächsischen Staatstheater Hannover

www.ikmw-berlin.de 53

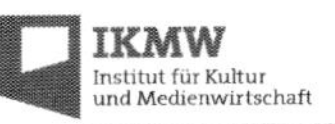

Was machen die Staatstheater Hannover?

www.ikmw-berlin.de

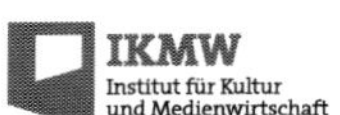

Was wir aktuell wissen, gehört und wahrgenommen haben.

1) Datenbasierte Erkenntnisse

- Besucherentwicklung im Vergleich 2018/19 zu 2022/23 (jeweils von Spielzeiteröffnung bis 31.1.)
- Rückgang der absoluten Zahlen bei verringertem Angebot und leicht rückgängiger Auslastung.

Keinnzahlen für die Leistungsfähigkeit des Theaters
für die Spielzeiten 2018/2019 und 2022/2023
(Zeitraum jeweils 01.08. - 31.01.)

	2018-2019 Gesamt	2022-2023 Gesamt
V. Gesamtergebnis		
Angebotene Vorstellungen	**560**	**389**
Angebotene Plätze	**227.346**	**173.675**
Anzahl Besucher	**189.924**	**136.943**
Auslastungsgrad	**83,54%**	**78,85%**

Theaterleistung nach Sparten	2018-2019 Gesamt	2022-2023 Gesamt
I. Sparte Oper		
Angebotene Vorstellungen	167	136
Angebotene Plätze	123.268	107.171
Anzahl Besucher	107.598	81.678
Auslastungsgrad	87,29%	76,21%
II. Sparte Schauspiel		
Angebotene Vorstellungen	359	214
Angebotene Plätze	100.868	63.152
Anzahl Besucher	79.514	51.931
Auslastungsgrad	78,83%	82,23%
IV. Theatermuseum		
Angebotene Vorstellungen	34	39
Angebotene Plätze	3.210	3.352
Anzahl Besucher	2.812	3.334
Auslastungsgrad	87,60%	99,46%

Erkenne die Lage
Publikumsstudie der Niedersächsischen Staatstheater Hannover

www.ikmw-berlin.de 55

Was wir aktuell wissen, gehört und wahrgenommen haben.

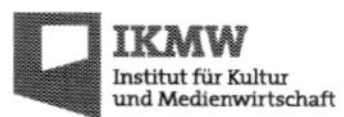

1) Datenbasierte Erkenntnisse

- DBV-Besucher-Statistiken jeweils von Spielzeiteröffnung bis 31.01.

Spielzeit	Rapport -anzahl	Platz-angebot	1 Tages-kasse	2 Abonne-ment	3 Besuch.-Organ.	4 Schüler Student	5 Ermäss.-Karten	Summe 1-5	Aus-lastung 1-5	6 Gebühr. -karten	7 Ehren-, Frei-, Dienst-karten	8 Zähl-karten	Summe 6-8	Summe 1-8	Aus-lastung 1-8
2018/19	560	227.346	61.920	27.351	0	50.618	30.295	170.184	74,86%	6.648	9.678	3414	19740	189.924	83,54%
2022/23	389	173.675	42.401	14.871	0	40.984	29.020	127.276	73,28%	2.510	7.157	0	9.667	136.943	78,85

Was wir aktuell wissen, gehört und wahrgenommen haben.

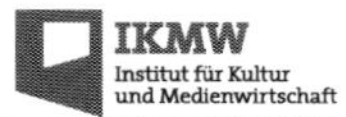

1) Datenbasierte Erkenntnisse

- Keine gravierenden Veränderungen nach Preisgruppen: Auswertung und Vergleich der Verkaufsstatistiken bestätigen das ebenso wie die aktuellen Beobachtungen/Erfahrungen des Kassenpersonals; einzige Ausnahme: Die billigen Kategorien „h" und „i" in der Oper werden stärker nachgefragt.
- Aber: signifikanter Einnahmeverlust durch verringertes Angebot und damit geringere absolute Besuchszahlen sowie geringeren durchschnittlichen Kartenerlös: 1,14 Mio. EUR!
- Der Erlös aus verkauften Karten zu Vollpreis geht zurück: nur noch gut ein Drittel ggü. 43% 2018/19.
- Zurückgegangen ist zugleich der Anteil von Frei- und Steuerkarten.
- Der Anteil an Schüler-/Studenten-/Lehrlingskarten ist leicht auf unter 30% gesunken (Repertoire <u>und</u> Schüler-Sonderveranstaltungen).
- Der bundesweite Trend zum „Kanon", die verstärkte Nachfrage nach vertrauten, populären Titeln bestätigt sich auch in Hannover: „Woyzeck", „Hamlet", „Der Schimmelreiter", „Hänsel und Gretel", „La Bohème", „Tosca", „Luft", „Der Nackte Wahnsinn" etc.

Was wir aktuell wissen, gehört und wahrgenommen haben.

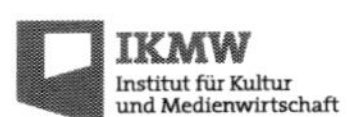

1) Datenbasierte Erkenntnisse

- Kontinuierlicher Rückgang im Abo-Bereich hält an:

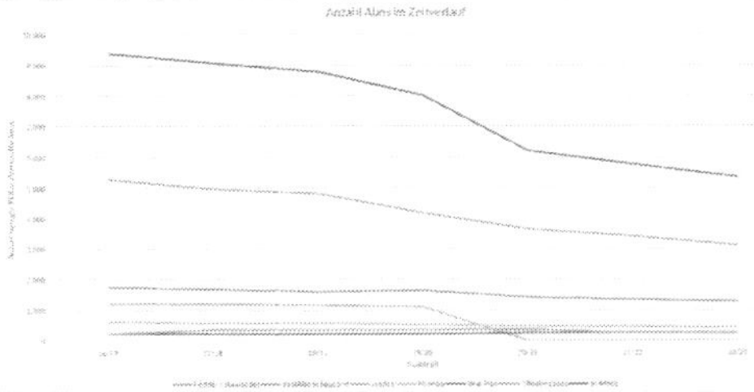

Was wir aktuell wissen, gehört und wahrgenommen haben.

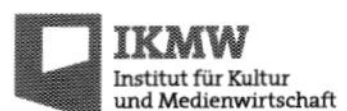

2) Was sagt das Kassenpersonal - Zusammenfassung

- Immer noch eine gewisse Zögerlichkeit, Zurückhaltung, Verzicht. => Fragen nach weniger belegten Sitzreihen, Maske
- Jan./Feb. 2023: Zurückkehrer:"Wollen mal vorsichtig wiederbeginnen."
  Aber: Abo und Laufkundschaft gleichermaßen verlorengegangen.
- Preispolitik:
- „Bring your Friend" erfolgreich - Sept./Okt. in allen Vorstellungen
- In allen Vorstellungen: Stammbesucher bringen Nachbarn, Freunde mit (Community), aber es sind weitgehend Ältere
- Einmaleffekt ohne (Neu-)Bindungen
- Ab Dez. 2022: je zwei Vorstellungen Oper und Schauspiel: gezielte Nachfrage, aber auch Kritik daran(Auswahlkriterien der Produktionen nicht klar)
- Preispolitik generell: zu komplex. Das Kassenpersonal bieten Vergünstigungen an, da ansonsten nur die Rentner nachfragen. (Wird ein Thema.)

Was wir aktuell wissen, gehört und wahrgenommen haben.

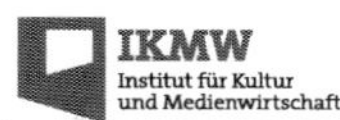

2) Was sagt das Kassenpersonal - Zusammenfassung

- Im Unterschied zu anderen Studien keine gesteigerte „No-Show-Rate".
- Die Anforderungen an Service/Beratung/soziale Kontakte sind im physischen Karten(vor-)verkauf eher gestiegen; auch die statistische Vergleichsgrafik zeigt trotz des dynamischen digitalen Wandels der Verkehrsformen ein ungebrochen großes Bedürfnis nach physischem Kartenkauf.
- Bezüglich der Anzahl der verkauften Tickets ist der Inhouse-Verkauf auch 2022/23 mit über 50% der verkauften Tickets immer noch der häufigste Vertriebskanal, allerdings mit deutlich geringerem Anteil als noch 2018/19 (72%)
- Beim Gesamtumsatz hat der Online-Verkauf 2022/23 mit 55% den Inhouse-Verkauf (42%) überholt.
- Dazu tragen die im Online-Verkauf deutlich höheren durchschnittliche Ticketerlöse bei: 2018/19 lagen die durchschnittlichen Online-Umsätze bei rund 30 EUR gegenüber rund 18 EUR im Inhouse-Verkauf. 2022/23 lagen die durchschnittlichen Online-Kartenerlösen zwar deutlich niedriger bei 24 EUR, während die durchschnittlichen Inhouse-Erlöse stabil bei 18 EUR lagen - jedoch immer noch hoch genug, um der umsatzstärkste Vertriebskanal zu werden.

Erkenne die Lage
Publikumsstudie der Niedersächsischen Staatstheater Hannover

www.ikmw-berlin.de 60

Was wir aktuell wissen, gehört und wahrgenommen haben.

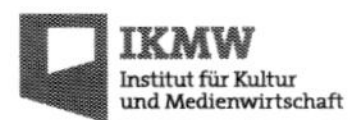

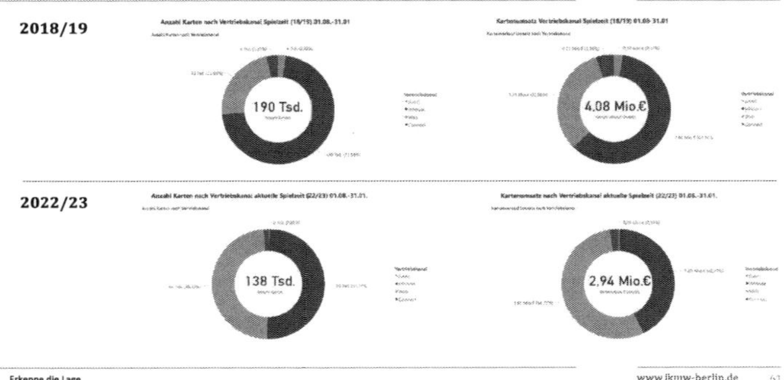

Erkenne die Lage
Publikumsstudie der Niedersächsischen Staatstheater Hannover

www.ikmw-berlin.de 61

Was wir aktuell wissen, gehört und wahrgenommen haben.

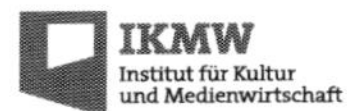

2) Was sagt das Kassenpersonal - Zusammenfassung

- Die direkten Reaktionen auf den Goecke-Skandal fielen vergleichsweise unaufgeregt oder auch eher überschaubar aus: Meinungen ja, Empörung nicht („Es ist halt passiert“); die häufigste Frage ist, ob die Produktionen weiter gezeigt werden.

Erkenne die Lage
Publikumsstudie der Niedersächsischen Staatstheater Hannover

www.ikmw-berlin.de 62

Was wir aktuell wissen, gehört und wahrgenommen haben.

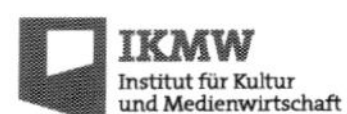

3) Was berichtet der Abenddienst – subjektive Eindrücke aus allen Spielstätten

- Das Stammpublikum ist wieder da, man freut sich, gute Stimmung allenthalben, „alles wie vorher“!
- Das Publikum reagiert eher müde auf „Problemsachen“, prächtige Atmosphäre bei „Der Nackte Wahnsinn“ und „Luft“.
- Auch viele junge Leute („Flatrate ist ein voller Erfolg.“), aber Disziplinprobleme bei Schülern und Studenten
- Im Ballhof Austausch des Publikums durch das veränderte Programm, älteres Publikum bei bekannten Titeln („Der Schimmelreiter“)

Erkenne die Lage
Publikumsstudie der Niedersächsischen Staatstheater Hannover

www.ikmw-berlin.de 63

Für eine bessere Lesbarkeit und im Sinne der Barrierefreiheit verwenden wir entweder die weibliche oder die männliche Form von personenbezogenen Substantiven. Wenn nicht anders erwähnt, sind damit beide Geschlechter gemeint.

Graphische Gestaltung: mmS|Design|Berlin
Satz Dokumentation Teil 2: Bild1Druck, Berlin
Umschlagfotos: Niedersächsische Staatstheater Hannover (NST)/
Clemens Heidrich (l.o.); KSC (r.o., Mitte, unten)
Druck: Bookpress.eu
ISBN 978-3-949111-15-0

www.ikmw-berlin.de

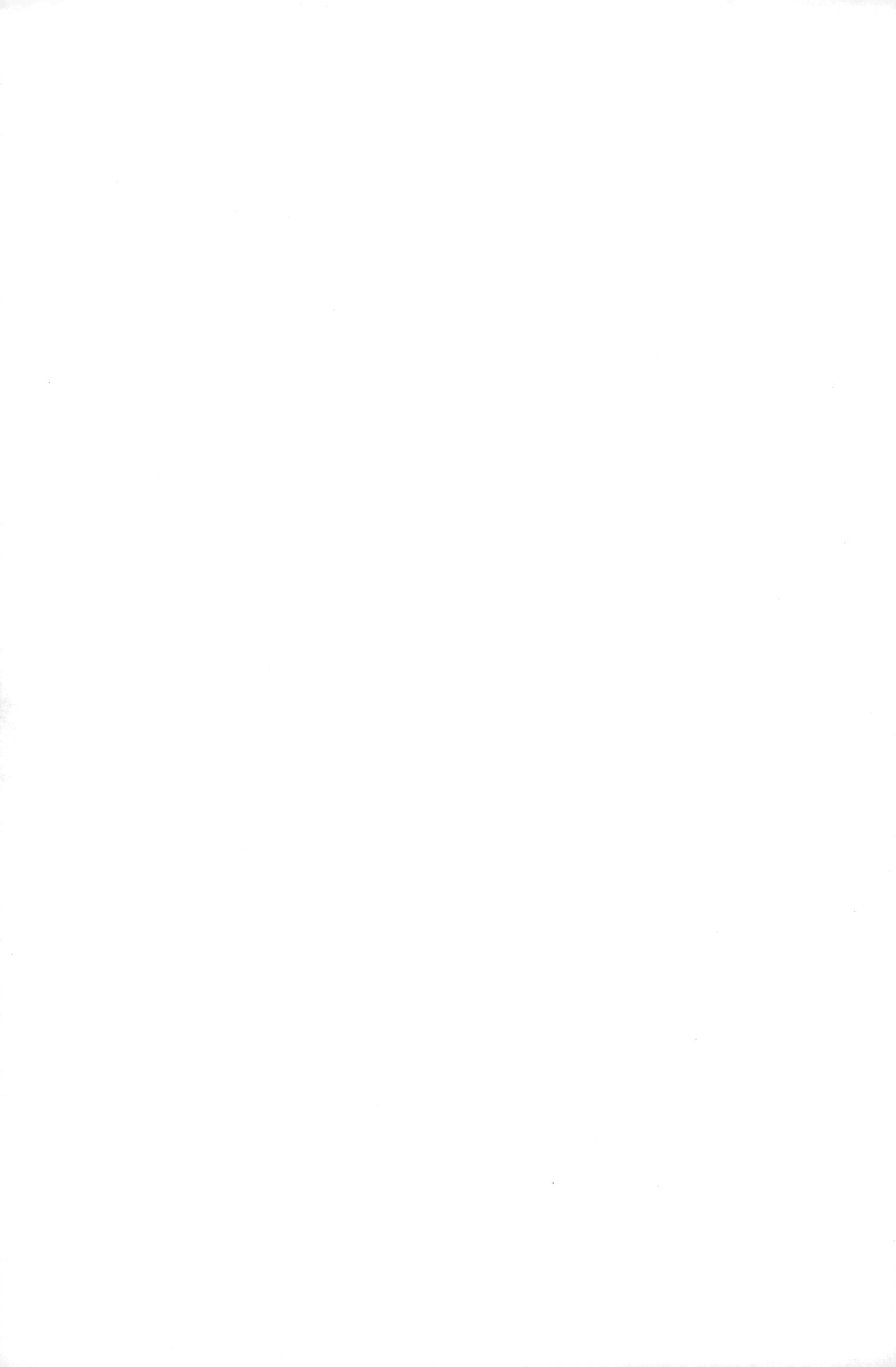